2017年 ICT深度观察

CAICT Insight ON ICT-2017

中国信息通信研究院◎编

人 民 邮 电 出 版 社

北 京

图书在版编目（CIP）数据

2017年ICT深度观察 / 中国信息通信研究院编. -- 北京 : 人民邮电出版社, 2017.4
ISBN 978-7-115-45580-2

Ⅰ. ①2… Ⅱ. ①中… Ⅲ. ①信息产业－经济发展－研究报告－中国－2017 Ⅳ. ①F492

中国版本图书馆CIP数据核字(2017)第071730号

内 容 提 要

本书主要内容为中国信息通信研究院 2017 年在 ICT 服务业、互联网、无线与移动、信息网络、ICT 制造业、两化融合、网络与信息安全、法律与监管八大软科学研究领域的深度观察、研究报告，具有较强的时效性、权威性和实用性。

本书的主要读者对象为国内外电信运营商、设备制造厂商、增值服务提供商及相关政府机构、行业协会、研究机构的相关人员。

◆ 编　　　　中国信息通信研究院
责任编辑　杨　凌
责任印制　彭志环

◆ 人民邮电出版社出版发行　　北京市丰台区成寿寺路 11 号
邮编　100164　　电子邮件　315@ptpress.com.cn
网址　http://www.ptpress.com.cn
北京隆昌伟业印刷有限公司印刷

◆ 开本：787×1092　1/16
印张：14.25　　　　2017 年 4 月第 1 版
字数：236 千字　　　　2017 年 4 月北京第 1 次印刷

定价：298.00 元

读者服务热线：(010) 81055488　印装质量热线：(010) 81055316
反盗版热线：(010) 81055315

编委会

主　编：刘多

副主编：余晓晖　蒋林涛　陈金桥　王育民

编　委：刘高峰　刘越　万屹　曹蓟光　许志远　朱敏　魏亮　马源　韦柳融　邬明罡　张雪丽　覃庆玲　李乃青　魏凯　李珊　果敢　李原　魏薇　陈雷　郝也　党梅梅　刘铁志　李海花　彭征波　郑永亮　潘娟　马科　李海英　胡善冰　毕春丽

作　者

ICT 服务业篇　刘高峰　张悦　韦柳融　邬明罡　张雪丽　陈才　崔颖　陶承怡　刘今超　王锐　屠晓杰　尹昊智

互联网篇　刘越　魏凯　李乃青　覃庆玲　石霖　李昭涵　闵栋　李强治　陈慧慧　李洁　王秀梅　王跃　刘亦珩　刘寒　黄金　路博　高华蕾　庞妹　王亦澎　郭智慧　崔颖　罗珞珈　张媛媛

无线与移动篇　万屹　李珊　宋颖　陈晓贝　徐晓燕　李侠宇　朵灏　黎卓芳　罗振东　杜滢　曹磊

信息网络篇　曹蓟光　宋菲　李原　汤子建　马军锋　金夏夏　沈辰　李向群

ICT 制造业篇　许志远　卢玥　周兰　陈曦　黄伟　王冲鹳　袁媛　硕天鸾

两化融合篇　朱敏　刘默　田洪川　刘棣斐　刘钊　李铮　蒋昕昊　杨希　王晓玲　刘贺贺　刘丽辉　胡碧波　张田　魏云峰　刘国君　李强

网络与信息安全篇　马科　陈湉　丰诗朵　戴方芳　赵爽　张振涛

杜霖　陈婉莹　杨彬　于成丽　陈其云　魏翔　周东

法律与监管篇　马源　李海英　胡善冰　毕春丽　何波　李强治　张倩　石立娜　姚财福　贺佳　马慧　彭云

序

网络信息技术发展日新月异，已全面融入社会生产生活，带来生产力新的飞跃，驱动新工业革命与数字经济蓬勃兴起，与我国新旧动能接续转换、经济发展方式转变形成历史交汇。党中央、国务院高度重视网络信息技术的创新驱动作用，大力发展ICT产业，国家信息化发展战略纲要、“互联网+”、“中国制造2025”、大数据等重大战略相继实施，为ICT产业的创新发展创造了良好的发展环境，提供了广阔的发展空间。

2016年，我国ICT产业保持平稳快速发展态势，对经济社会发展的支撑和带动作用不断增强，全年总收入突破17万亿元。从ICT服务业来看，全年收入规模超过2.4万亿元，同比增长22.5%。收入结构实现历史性转折，互联网企业收入超过基础电信企业收入，移动数据业务收入超过移动话音业务收入，4G用户规模超过2G/3G用户规模。从ICT制造业来看，虽然全球ICT制造业增长乏力，但国内市场的强劲需求有力支撑着我国产业逆势突围，增长速度和市场规模持续位居全球领先地位，企业效益和贸易结构进一步改善，5G移动通信、核心芯片、北斗导航、液晶面板、超级计算、人工智能等各领域的关键技术也取得了实质性进展。从信息化应用来看，ICT与经济社会各领域的融合应用不断深化，工业、交通、能源、电力、教育、医疗等传统行业数字化、网络化、智能化转型提速，“互联网+”、工业互联网、分享经济等新业态、新模式成为培育壮大新动能、改造升级传统动能、驱动经济转型发展的关键力量。

2016年，中国信息通信研究院顺应行业发展趋势，围绕建设“国家高端专业智库 行业创新发展平台”的目标要求，聚焦ICT服务业、互联网、无线与移动、信息网络、ICT制造业、两化融合、网络与信息安全、法律与监管八大研究领域，在5G、工业互联网、网络强国等重大战略研究中发挥了主力军作用，高端智库的影响力进一步显现。

《ICT 深度观察》是我院重要的科研成果之一，今年已经步入第九个年头，深受业界的关注和好评，品牌效应日益彰显。本次报告集中了上述八大领域的最新研究成果，希望能为社会各界深入了解 ICT 产业的最新态势和发展趋势提供有价值的决策参考。书中难免有不当之处，敬请广大读者批评指正。

余晓晖

2017 年 3 月于北京

目 录

ICT 服务业篇

导 读

2016 年，我国信息通信服务业发展稳中有进，收入规模超过 2.4 万亿元，同比增长 22.0%，较上年提升 9.3 个百分点。信息通信服务业收入结构实现历史性转折，互联网企业收入超过基础电信企业，移动数据业务收入超过移动话音，4G 用户规模超过 2G/3G 用户。

2016 年是“十三五”规划的开局之年，党的十八届五中全会通过的《中共中央关于制定国民经济和社会发展第十三个五年规划的建议》明确提出了实施“网络强国”战略，信息通信服务业肩负全面构建新一代国家信息通信基础设施、与经济社会各行业各领域深度融合发展两大历史使命。2016 年我国信息通信基础设施建设起飞加速，高速宽带网络建设和普及全速推进，海外信息基础设施和空间网络平台建设加快，NB-IoT 等物联网基础设施加速布局。数字化转型成为全球电信运营商的共识，我国三家基础电信运营商的“十三五”新战略启动。互联网服务业务快速发展，新业务不断兴起、传统业务逐渐下沉，移动化、智能化、富媒体化成为重要趋势，服务体验和能力持续提升。ICT 服务企业积极投身“互联网 +”政务，促进服务手段及渠道多元化发展，助力政务信息化走向平台化、集约化新阶段。

2017 年我国信息通信服务业收入将继续保持高速增长，基础电信业平稳增长，IPTV、物联网等融合业务成为增长新动力。上市互联网企业总市值平稳增长，初创企业融资规模持续增加，并有望初步迎来新一波互联网企业上市高峰。“互联网 +”融合业务持续拓展，并呈现垂直化发展趋势。人工智能应用将向各领域加速渗透，企业融资规模有望继续提高。

本篇作者：

刘高峰　张悦　韦柳融　邬明罡　张雪丽　陈才　崔颖　陶承怡　刘今超　王锐　屠晓杰　尹昊智

一、2016 年信息通信（ICT）服务业发展综述

（一）2016 年信息通信服务业整体情况分析

2016 年我国信息通信服务业发展稳中有进，收入规模超过 2.4 万亿元，同比增长 22.0%，较上年提升 9.3 个百分点。其中，基础电信企业收入 11 893 亿元，同比增长 5.6%；互联网企业收入 12 425 亿元，同比增长 43%。互联网企业收入占比超过 50%，首次超过基础电信企业，信息通信服务业收入结构实现历史性转折。2012—2016 年我国信息通信服务业收入规模如图 1 所示。

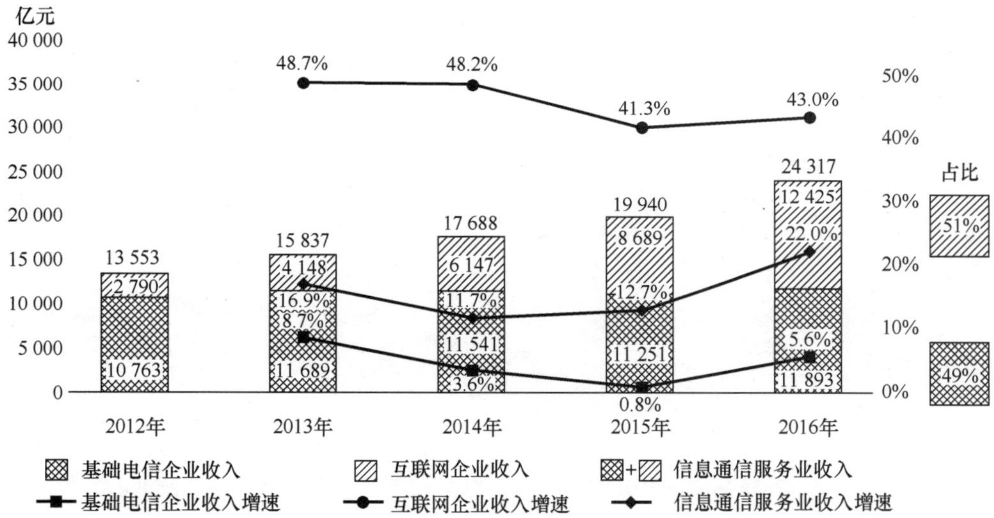

图 1　2012—2016 年我国信息通信服务业收入规模

（基础电信企业收入数据来源：工业和信息化部，收入规模为实际口径，增速为可比口径；互联网企业收入数据来源：互联网企业营收，包含非传统增值电信业务的收入）

（二）2016 年基础电信业整体情况分析

1. 基础电信业总体运行向好，收入增速企稳回升

全球基础电信业收入增速自 2014 年以来持续缓慢回升，预计 2016 年全球基础电

信业务收入将达到 1.65 万亿美元，同比增长 1.8%，较上年增加 0.6 个百分点。2012—2016 年全球基础电信业收入增长情况如图 2 所示。

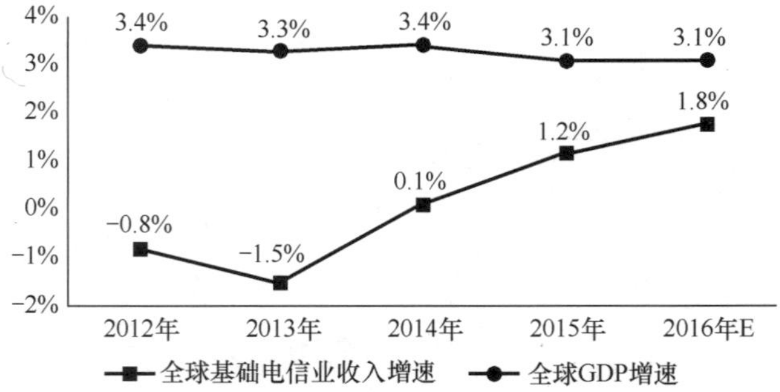

图 2　2012—2016 年全球基础电信业收入增长情况

（数据来源：Gartner，IMF，电信业收入增速为可比口径）

2016 年我国电信业务收入增速呈现企稳回升态势，同比增长 5.6%，较上年提高 4.8 个百分点。2012—2016 年我国基础电信业收入增长情况如图 3 所示。

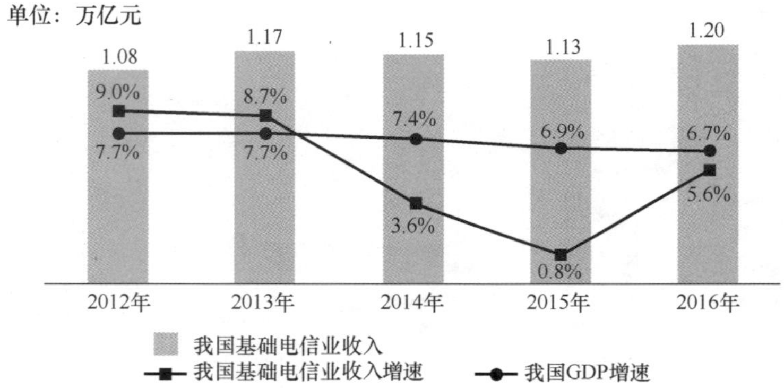

图 3　2012—2016 年我国基础电信业收入增长情况（数据来源：工业和信息化部）

2. 移动数据业务收入超过移动话音，成为核心驱动力

2016 年，我国移动数据业务收入超过移动话音业务，占比达到 36.4%，成为电信业收入的首要来源。2011—2016 年我国电信业务收入结构如图 4 所示。

从各业务对电信业务收入增长的贡献率来看，移动数据及互联网业务、固定数据及互联网业务是电信业务收入增长的主要动力。移动数据及互联网业务收入对电信业务收入增长的贡献持续提升，2016 年拉动电信业务收入增长 10.6 个百分点。移动话音业务自 2014 年以来持续负增长，对电信业务收入增长的下拉作用继续加大，2016 年下拉 4.9 个百分点。移动增值业务持续下滑，2016 年下拉电信业务收入增长 1.9 个百分点。移动数据业务对移动话音和移动增值业务的替代效应明显。2011—2016 年各类业务对电信业务收入增长的贡献情况如图 5 所示。

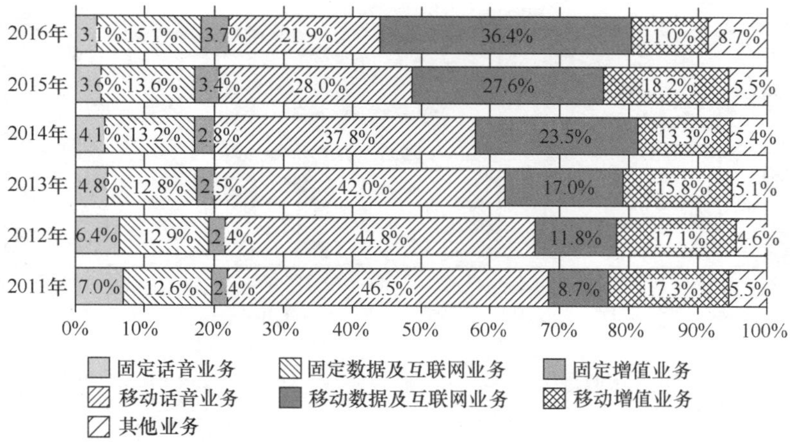

图 4　2011—2016 年我国电信业务收入结构（数据来源：工业和信息化部统计数据）

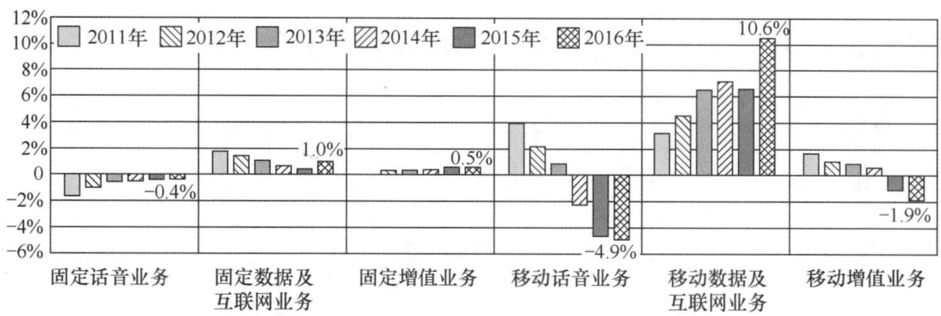

图 5　2011—2016 年各类业务对电信业务收入增长的贡献（数据来源：工业和信息化部统计数据）

2016 年“提速降费”工作取得新的重要进展，固定数据及互联网业务收入快速增长，拉动电信业务收入增长 1.0 个百分点。宽带网络的建设和用户普及带动 IPTV 业务快速发展，2016 年固定增值业务拉动电信业务收入增长 0.5 个百分点。

3. 4G 用户超过 2G/3G 用户之和，成为主流用户群

2016 年我国移动电话用户规模达到 13.2 亿户，其中，移动电话用户结构不断优化，2G 和 3G 用户加速向 4G 用户迁移，4G 用户全面超越 2G 和 3G 用户之和，达 7.7 亿户，占移动电话用户规模的比重首次过半，达 58%，成为全球规模最大的 4G 用户市场。受 4G 用户快速增长的带动，移动宽带用户（3G+4G）达 9.4 亿户，占比达 71.2%，相比 2015 年继续提升 11 个百分点，比全球平均水平（55%）高出 16 个百分点。2012—2016 年全球及我国移动电话用户结构如图 6 所示。

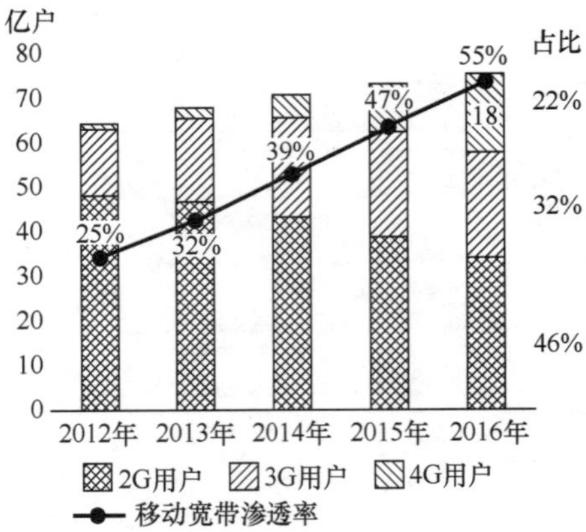

（a）全球移动电话用户结构

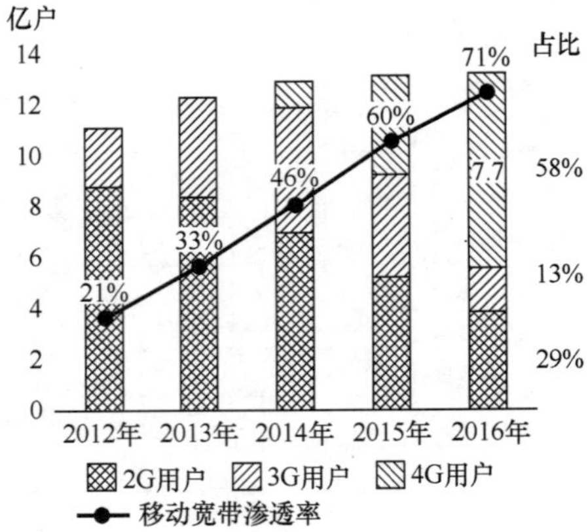

（b）我国移动电话用户结构

图 6　2012—2016 年全球及我国移动电话用户结构

（数据来源：Gartner、国际货币基金组织（IMF）、工业和信息化部）

4. 移动互联网用户月均流量突破 1GB，持续迅猛增长

移动数据流量资费保持下滑态势，2012—2016 年 5 年间流量资费下降了 72%，2016 年每 MB 综合资费约为 0.045 元，如图 7 所示。

移动互联网用户消费加速升级。2016 年移动互联网用户月均使用移动互联网接入流量 772MB，同比增长 98.3%；其中，12 月单月户均移动互联网接入流量突破 1GB，达 1088MB，如图 8 所示。

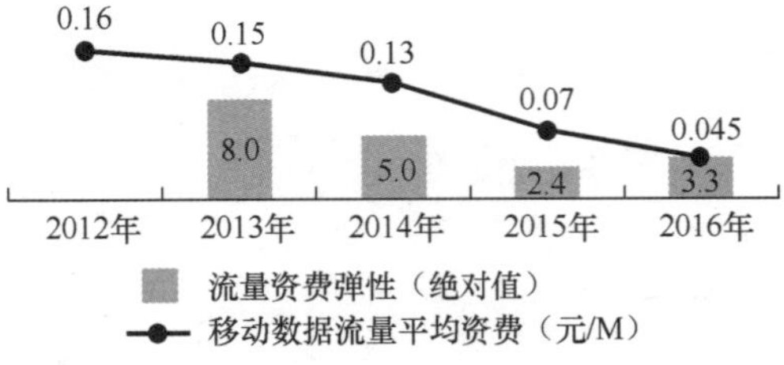

图 7　2012—2016 年我国移动互联网流量资费呈下降趋势

（数据来源：工业和信息化部统计数据）

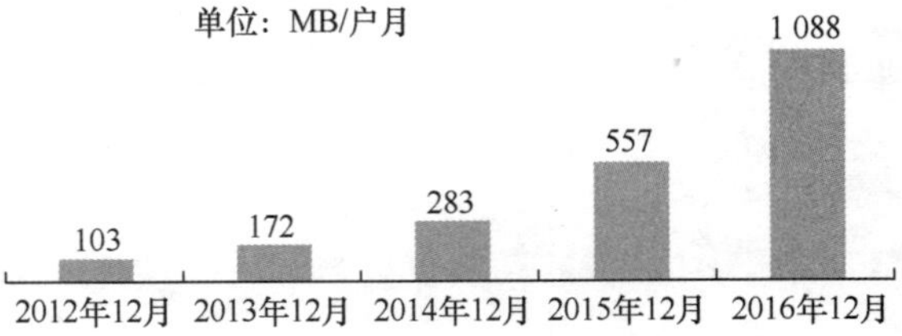

图 8　2012—2016 年我国移动互联网用户月均流量（DOU）

（数据来源：工业和信息化部统计数据）

受资费下降和 4G 用户快速增长的带动，移动互联网接入流量快速攀升，全年累计达 93.6 亿 GB，同比大幅增长 124%，较 2015 年增长 20 个百分点。2012—2016 年我国移动互联网流量增长情况如图 9 所示。

5. 光网改造工作成果显著，光纤渗透率加速增长

我国持续推进高速网络建设，光纤用户占比持续提升。截至 2016 年年底，我国光纤用户累计达 2.3 亿户，占固定宽带用户总数的比重达 76.6%，较 2015 年大幅提高 20.5 个百分点，达到全球领先水平；光缆线路长度同比增长 22.3%，FTTH/O 端口同比增长 52.9%。2012—2016 年全球光纤宽带用户发展情况如图 10 所示。

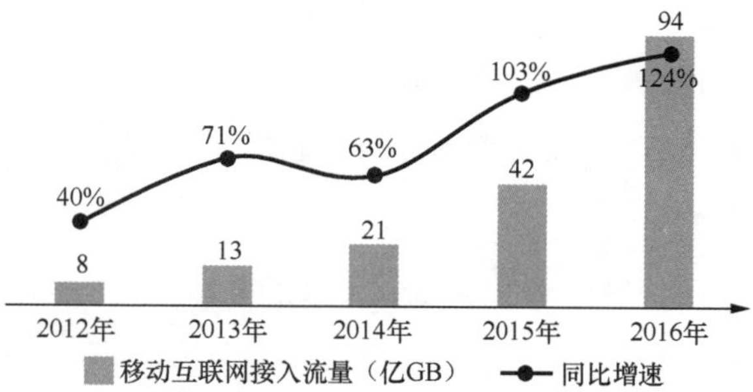

图 9　2012—2016 年我国移动互联网流量增长趋势
（数据来源：工业和信息化部统计数据）

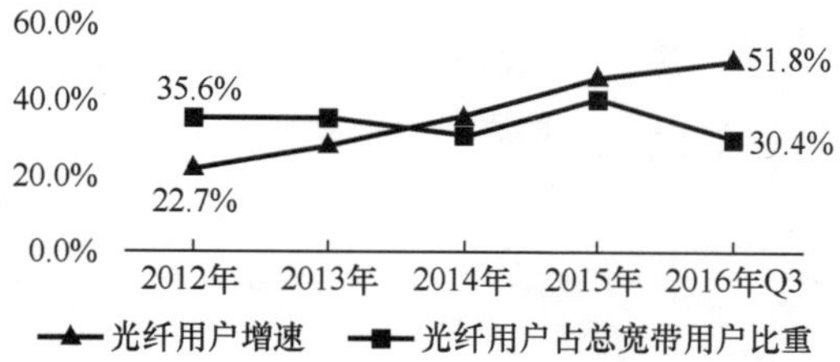

图 10　2012—2016 年全球光纤宽带用户发展情况
（数据来源：PT、联合国宽带委员会、德勤）

全光网城市由点及面全面推开，全光化进程不断加快，四川成为全国首个光网省，安徽、福建、江西、江苏、山东、河南、河北、山西、辽宁、内蒙古自治区等省（区）实现光网覆盖，全国近半数省或自治区已完成光网改造，预计其他各省（区）将在 2017 年完成光网改造工作。千兆宽带建设计划启动，深圳市政府与广东电信合作，力争将深圳建成“千兆全光网标杆城市”；华为与上海电信合作，2016 年年底完成 269 个小区千兆宽带接入，2018 年完成全市覆盖。

6. 电信运营商竞争实力不断增强，在全球排名稳步提升

我国基础电信运营商的全球竞争力不断增长。2016 年最新数据显示，我国三家基础电信运营商在全球财富 500 强中的排名稳步攀升。中国电信、中国移动和中国联通在全球财富 500 强中的排名由 2012 年的第 221 位、第 81 位和第 333 位持续提升至 2016 年的第 132 位、第 45 位和第 207 位，具体见表 1。

表 1　2012—2016 年我国三家基础电信运营商在全球财富 500 强中的排名

排名	2012 年	2013 年	2014 年	2015 年	2016 年
中国电信	221	182	154	169	132
中国移动	81	71	55	55	45
中国联通	333	258	210	227	207

（三）2016 年互联网服务业整体情况分析

1. 互联网行业保持高速增长，总体规模持续提升

截至 2016 年年底，我国上市互联网企业总市值达 5.23 万亿元，同比增长 7.6%，五年间增长了 5 倍之多。2016 年，我国互联网行业投融资总额为 6683 亿元，同比增长 27.2%；投融资案例数 7859 起，同比下滑 6.0%，受“资本寒冬”影响，市场观望情绪严重，年投资总金额不足募资额的六成。2012—2016 年上市互联网企业市值增长情况如图 11 所示。

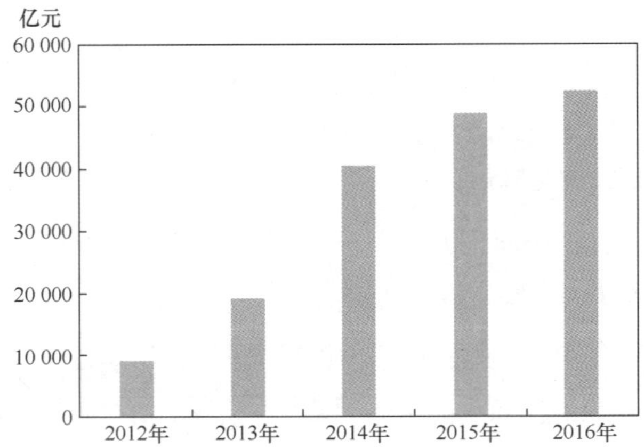

图 11 2012—2016 年上市互联网企业市值增长情况

（数据来源：包括 87 家在中国内地、中国香港地区、美国上市的互联网企业）

2. 资源向少数优质企业倾斜，市场结构愈发集中

受大企业规模优势、平台生态效应等因素的影响，市场集中度显著增强。上市企业方面，前十强企业收入占比提升至 83.8%，较 2015 年同期大涨 9.2 个百分点，腾讯、阿里巴巴市值合计占比接近六成。初创企业方面，融资中位数保持平稳而均值出现明显跳涨，包含种子天使轮和 A 轮的投资金额占比较 2015 年下滑 8 个百分点，凸显资金向优质成熟企业集中。2015—2016 年上市互联网企业市值占比情况如图 12 所示。

3. 互联网服务业务快速发展，新兴业务蓬勃兴起

随着网络基础设施不断完善、技术持续演进和“互联网 +”的深入推进，我国互

联网服务业得到快速发展，新业务不断兴起，传统业务逐渐下沉，移动化、智能化、富媒体化成为重要趋势，服务体验和能力持续提升。尤其在人工智能、网络直播、共享单车等新领域得到了快速发展，技术基础不断夯实，市场规模持续增加，未来发展前景将十分广阔。2016 年互联网新兴业务如图 13 所示。

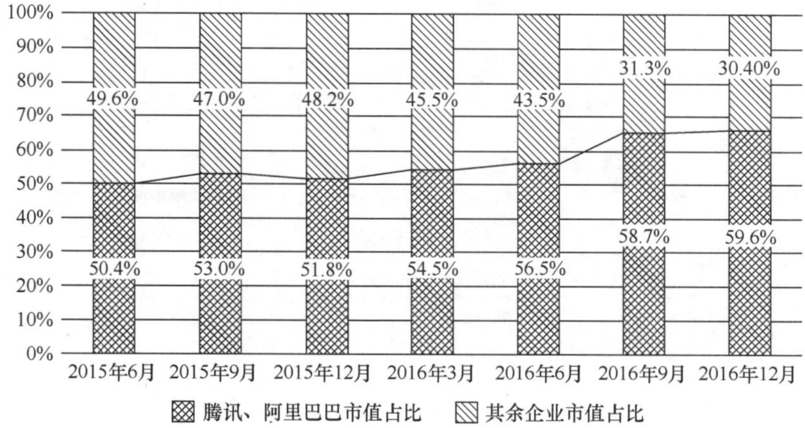

图 12　2015—2016 年上市互联网企业市值占比情况

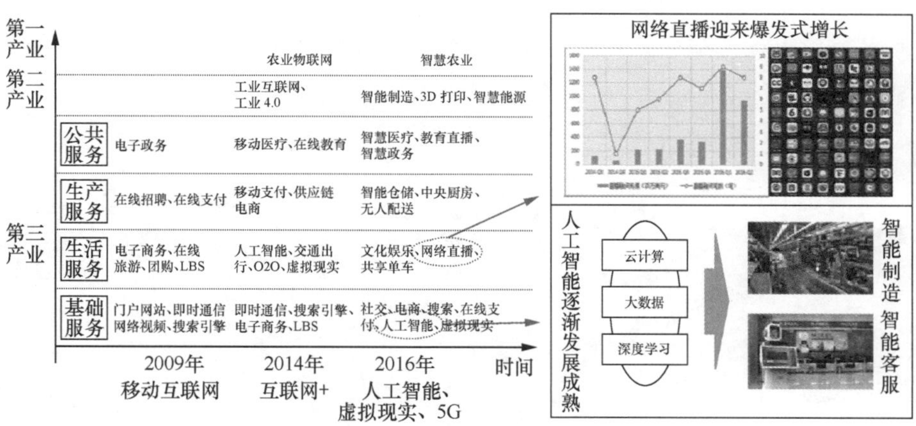

图 13　2016 年互联网新兴业务

4. 中美企业收入差距明显，创新模式各有侧重

从业绩增长来看，中、美三大互联网巨头企业营收差距始终保持在 5 倍左右，国外企业的净利润更是呈现翻倍增长态势，差距仍十分明显。从创新模式来看，美国企业更注重技术创新，而中国企业则多以商业模式创新为主，主因是我国互联产业发展仍处在技术跟随的发展阶段，同时国内线下产业发展不健全、人口稠密令线下推广的成本优势明显。2013—2016 年中、美三大互联网巨头企业收入增长情况如图 14 所示。

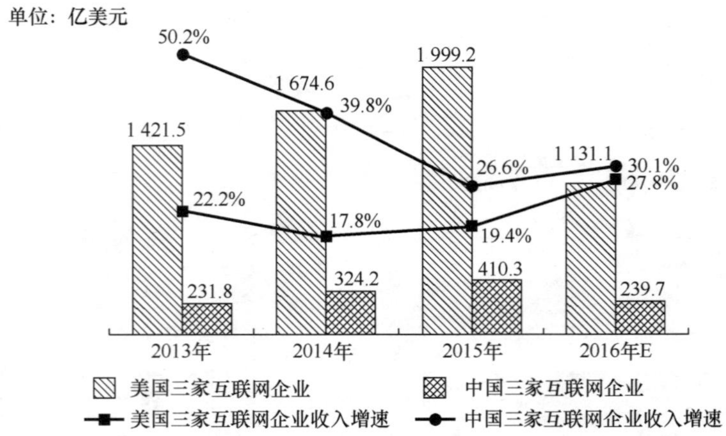

图 14　2013—2016 年中、美三大互联网巨头企业收入增长情况

（数据来源：上市公司财报）

二、2016 年信息通信（ICT）服务业热点分析

（一）“十三五”大幕开启，ICT 服务业积极谋篇开局

信息通信（ICT）服务业是国家战略性、基础性产业部门，新一代信息基础设施是支撑经济社会转型发展的基石，信息通信服务为经济增长和社会进步提供新动能。党的十八届五中全会通过的《中共中央关于制定国民经济和社会发展第十三个五年规划的建议》明确提出了实施“网络强国”战略，信息通信服务业肩负全面构建新一代国家信息通信基础设施、与经济社会各行业各领域深度融合发展两大历史使命。2016年，高速率、全覆盖、泛在化、智能化的新一代信息通信基础设施建设起飞加速，信息通信应用服务的范围和领域不断拓展，向区域均衡、惠民共享、融合创新、开放协同的发展目标持续迈进。

1. 信息通信基础设施建设起飞加速

高速宽带网络建设和普及全速推进。2016 年，全国新建光缆线路长度 554 万公里，同比增长 26%；新增 FTTH/O 端口 1.8 亿个，同比增长 70%；4G 基站总规模达到 263 万个，占全球 50% 以上。

海外信息通信基础设施和空间网络平台建设加快。基础运营商参与新的登陆海缆建设，中巴跨境光缆项目开工。云服务企业加快海外数据中心和节点建设。中国首颗移动通信卫星发射成功，第一个自主可控卫星宽带全球服务网正式开通。

NB-IoT 等物联网基础设施加速布局。2016 年，基础运营商确定了物联网频段，开通了首个标准化 NB-IoT 商用网络，完成了端到端 NB-IoT 网络应用测试。

智能化前沿技术领域持续探索，基础网络智能化重构方向确立。互联网企业大力布局人工智能、搭建 VR 生态，努力提升互联网服务的智能化水平。基础运营商推动传统网络的转型升级，构建支撑互联网业务发展的新型网络。

2. 信息通信应用服务的范围和领域不断拓展

互联网新兴业态不断拓展，向各行业渗透助力提升社会服务水平。2016 年，共享

经济、医疗服务和娱乐生活成为互联网热点应用领域。共享单车兴起，再拓互联网与线下服务结合新空间。知识共享大幅降低知识传递边际成本，有效提高了知识的社会化效用。互联网企业加大在远程医疗、家庭医生、商业健康险方面的合作和新模式探索。网络直播平台数量超过 200 个，经营模式多样化，用户规模达到 2.6 亿，连续四个季度投融资笔数增长 60%，金额增长 378%。

基础电信业务更加均衡、实惠。基础电信服务的发展目标从网络通达向服务普及转变，城乡光网改造进入收关阶段，普遍服务补偿机制取得突破性进展。共建共享、市场开放等举措推动基础电信服务成本下降，基础设施共建共享深入推进，新建铁塔共建共享率达到 81%，实现降本增效。宽带接入网业务开放试点城市范围进一步扩大，三网融合全面推进，移动转售用户数保持快速增长。

（二）运营商转型战略逐步清晰，数字化转型加速

1. 数字化转型成为全球电信业的共识

面对传统业务收入增长乏力，全球更多的领先电信运营商推出了清晰的数字化战略。AT&T 制定了“成为全球领先的一体化通信服务提供商”这一新的中长期战略目标；德国电信宣称要成为“数字化未来的缔造者”，从当前的“纯电信公司”演进到“运营商 +”（telco plus）；曾经的产业链霸主 NTT DoCoMo 也降低姿态强调合作，提出了新的中期发展战略，要通过合作创新转变为“Value Co-Creation Company”（价值共创公司），由产业链主导者变为聚合者；SK 电讯发布的新增长战略则明确将打造一个开放的生态圈，成为“下一代平台提供者”；Singtel 的战略目标是要成为“亚太地区最佳多媒体解决方案集团公司”。

2016 年，中国三大基础电信运营商也启动了新阶段的数字化转型战略：中国移动提出要“成为数字化创新的全球领先运营商”，中国电信要做“领先的综合智能信息服务运营商”，中国联通明确了“实施聚焦战略、创新合作发展”的战略主线。

综合国内外电信运营商当前数字化转型的共识，可以清晰地看到，在数字经济大背景下，数字化转型是各行业传统企业的共同转型方向，而电信运营商的转型使命是通过实现自身的数字化转型来帮助其他行业转型。这一转型过程既涉及电信业、互联网业等 ICT 服务业内部的深度融合，也涉及 ICT 与其他传统产业的深度融合，包含电

信运营商自身运营能力的变革和提升，以及新领域、新业务的拓展两个层面的转型，当前具体聚焦于内容和视频、网络重构、产业互联网、物联网四个主要方向，如图 15 所示。

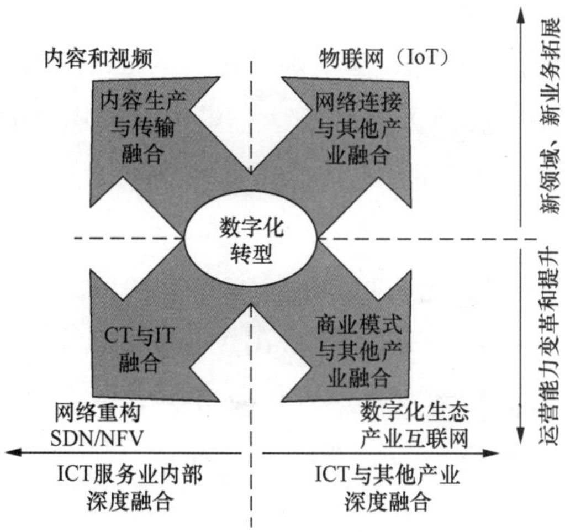

图 15　全球电信业数字化转型方向共识

2. 媒体内容领域布局，国内外运营商拓展手段不同

投资并购是国外电信运营商拓展媒体内容新增长领域的主要手段。2016 年，国外领先运营商在该领域的并购频发，希望通过数字内容资源的获取来掌控用户需求，提高内容生产的主动性，标志性事件是 AT&T 收购时代华纳。

AT&T 在媒体内容领域早已布局多年，2014 年即收购 YouTube 重要内容提供商 Fullscreen，拓展在线内容资源；2015 年通过收购 DirecTV，成为美国最大的付费电视服务提供商；2016 年计划收购时代华纳，旨在通过双方渠道 + 内容 + 广告的整合和优势互补，推进业务模式和创收渠道更加多元化。双方协议达成的收购价高达 854 亿美元，为 TMT（电信、媒体、科技）融合的里程碑式事件，如收购完成，未来 AT&T 从电视和媒体服务方面获得的收入将占其总收入的 40%。

与国外运营商相比，国内运营商对视频内容领域的拓展除了开发咪咕视频、爱看 4G 等重流量业务，通过免流量推广、定向流量套餐以及捆绑内容收费外，主要以与内容 / 服务商进行流量后向经营合作为主，如中国联通推出的“搜狐视频联通版”，以及中国电信推出的“优酷添翼卡”等，投资并购媒体企业受到体制机制和监管的约束。2016 年，中国联通被纳入国有企业混合所有制改革试点，未来有可能探索通过资本运作手段促进产业深度融合。

3. 网络重构路线清晰，加快传统电信网络智能化升级

“互联网 +”、万物互联需要开放、通用、可快速迭代，支持业务不断创新的网络构架，传统电信网以云化、软件化、功能虚拟化为特征的网络重构是运营商“十三五”期间的核心战略举措之一。2016 年国内三大运营商均发布了新一代网络架构白皮书，明确了网络重构方向。中国电信的 CTNet2025，将引入 NFV/SDN/ 云等新技术，打造一张网络可视、资源可选、用户自服务的“知化网络”；中国移动的 NovoNet2020，其目标是构建基于 NFV 技术的新型数据中心和基于 SDN 技术的新型网络；中国联通则提出了 CUBE-Net 2.0，以超宽网络和数据中心为载体，通过云化服务平面，实现网络集约化运营。三大运营商的网络重构路线图总体一致，将于 2020 年前后逐步引入 SDN/NFV，2025 年实现全网统一部署，如图 16 所示。

图 16　我国电信网络重构路线图

4. 跨界合作部署加快，依托连接和平台构建产业生态

2016 年国内电信运营商聚焦垂直行业应用，通过加快能力开放和产品孵化，形成了包括车联网、智能家居、智慧医疗、智能制造等典型的行业应用，打造融合创新生态。中国电信聚焦工业互联网，开展“互联网 +”工业制造探索与实践，包含纵向集成（即工业网络 IP 化 + 智能生产数据链连接客户）以及横向集成（即实现全产业链数据交互）两个层面。中国移动以远程抄表、环境监控、智能物流、智能家居等典型应用解决方案聚焦垂直市场，利用 4G/5G 替换原有的以太网、短距离通信，利用网络打通工厂内外部端到端信息链，加强协作和相互理解，创新增值服务。中国联通发布 CUII（产业互联网）1.0，定位于智能连接、服务集成、应用使能、产业合作，与华为、思科、Jasper、金雅拓、奇瑞等公司合作，加强车联网、智能路灯、智能穿戴等重点应用行业的运营。

总体而言，全球电信运营商对产业生态系统的“T 形”架构已形成共识（如图 17

所示），即横向上依托管道，向终端和平台层拓展，实现能力开放；纵向上聚焦重点行业，实现解决方案突破，孵化潜力产品。但不同运营商的构建方式和举措存在差异。

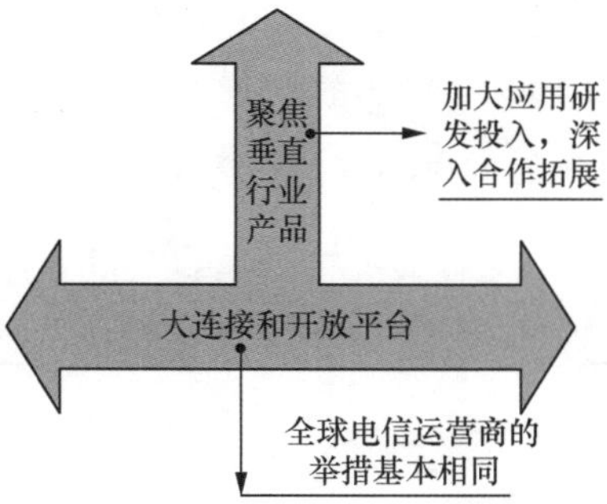

图 17　产业互联网生态系统“T 形”架构

5. 数字化转型初始阶段，经济效益显现尚需时日

尽管电信业的数字化转型已历经多年，但从 2016 年全球领先运营商的财报表现来看，目前转型业务的经济效益尚未完全显现，大部分运营商还处在转型初始阶段，需要长时期的投资和扫清障碍。2016 年 1 ～ 9 月全球 TOP 运营商收入及利润情况如图 18 所示。

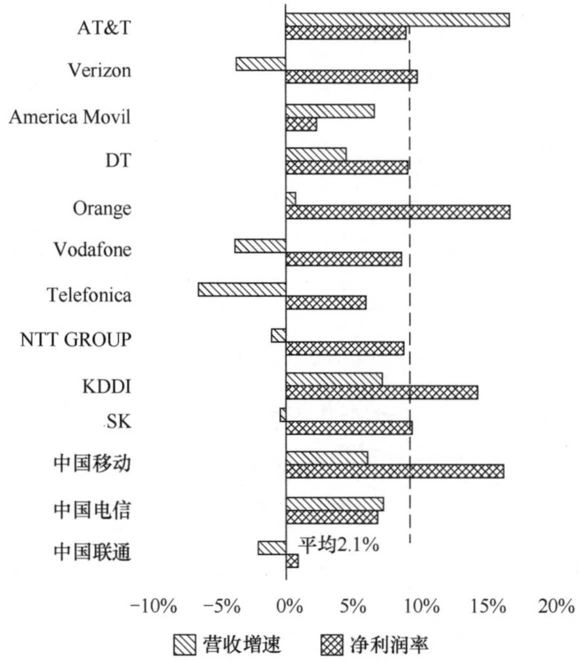

图 18　2016 年 1 ～ 9 月全球 TOP 运营商收入及利润情况

（数据来源：运营商财报）

在美国，AT&T 凭借 2015 年收购 DirecTV 和海外业务维持了 16.5% 的收入增长，并启动网络软件化有效降低成本；Verizon 推出了“在全球平台的基础上发展新业务”的转型战略，与出版传媒巨头 Hearst 合作创建聚焦移动内容的合资企业，加强移动视频服务，但 2016 年营收仍呈负增长态势，依靠裁员、关闭门店削减成本，维持盈利。在欧洲，多数国家市场下滑，DT、Orange 营收增速不足 5%，通过出售 EE 获得高额利润；Vodafone、Telefonica 营收陷入负增长。DT 希望抓住数字化发展机遇，成为数字化未来的缔造者，正在推进泛欧网络架构，Telefonica 也推出了 2020 Onlife Telco 计划。日韩方面，NTT DoCoMo 和 SKT 的营收增速均为负，SKT 新战略突出两大变化，即做平台提供者，并跨出通信业边界，同时受监管政策影响降低营销费用，保持盈利能力。KDDI 则通过加速向行业外拓展，同时积极拓展海外市场业务，实现了营收和盈利的正向增长。相比国外，我国的电信市场 2016 年正处于流量发展黄金期，4G 迁移带动流量红利释放，收入增速回升，三大运营商先后发布了“数字化创新”“智慧运营”“创新合作”新战略，除中国联通营收小幅下降外，中国电信和中国移动均保持了良好的营收和盈利表现。

（三）信息服务企业助力，“互联网 + 政务”攻坚克难

ICT 服务企业积极投身“互联网 + 政务”，助力破解资源共享与协同难题。第一，**从行业自身发展趋势来看**，ICT 服务业版块加速向外拓展空间，积极向经济社会重点领域信息化布局，其中政务管理服务成为 2016 年重点方向之一。传统运营商如中国联通、中国移动纷纷针对以“互联网 + 政务”为主的重点行业，加强打造系统集成与运营服务能力；互联网巨头阿里巴巴也以支付宝为切入点，抢占城市公众服务领域。第二，**从政策来看**，2016 年国家级政务信息化政策密集发布，包括《互联网 + 政务服务实施方案》《政务信息资源共享管理暂行办法》《“互联网 + 政务服务”工作的指导意见》等，政策聚焦资源共享与业务协同这一难啃的硬骨头，政务信息化发展进入攻坚克难新阶段。正是通过从产业及政策方面的双轮驱动，ICT 企业利用信息技术新优势，重点围绕前端服务及后端资源的协同共享，全面助力政务信息化发展，攻坚克难推动“互联网 + 政务”政策实施落地。

前端：ICT 服务企业促进服务手段及渠道多元化发展。2016 年，以互联网企业为代表的 ICT 服务企业积极拓展政务信息化市场，发挥海量用户规模与渠道优势，成为

“互联网 + 政府”服务的有力补充，积极促进政务服务的渠道多元化、内容个性化发展，共促政府服务“最后一公里”可达。目前支付宝的“城市服务”已覆盖 347 个城市、1 亿人口，内容多达 100 项城市服务（社保、交通、警务贡献 80%），超过 6 亿人次使用，其中 98% 都是通过移动手段支付。微信政务类公众号从 2014 年的 4 万个发展到 2016 年 6 月的 10 万个，覆盖 68 个城市、2 亿人口，服务包括出入境、交通、税务等 800 多项。正是通过这些大型互联网企业以产品化及平台化方式整合政务服务，以信用数据为基础，多渠道惠及了民生，通过远程缴费、信息调度、信用追溯等方式解决了多种民生问题。目前支付宝已经无缝对接地税金税三期，南京、广东、潮州等地的纳税人可通过扫码完成税务缴费。杭州 103 家医院实现支付宝挂号，广州妇女儿童医疗中心通过“先就诊后付费”流程的改善，就诊时间缩短 50% 以上。在联合惩戒方面，支付宝通过信用追溯，已协助最高法联合惩戒失信被执行人超过 28 万人，超过 2.3 万人还清债务，还款率提高 60%。

后端：ICT 服务企业助力政务信息化走向平台化、集约化新阶段。目前集约共享式一体化政务云中心已成为电子政务后端系统发展的必然趋势，这也促使了传统运营商和互联网企业成为该方向的主要发展力量。互联网企业掌握新兴技术，利用技术先发优势已具备数据资源集约化解决方案及能力，目前的发展重心在于如何更好地利用大数据分析能力发挥数据价值。2016 年杭州市与阿里巴巴开展了 9 个方面 27 项合作项目，内容涉及云计算、大数据、智能物流、智慧城市、信用杭州等，其中云计算和大数据为各应用领域的发展基础。同年，深圳市政府也与阿里巴巴签署战略合作协议，利用大数据和云计算，在公安、海关、水务、交通、医疗、教育、社会保障等领域开展合作。传统运营商则抓住“互联网 + 政务”的契机向网络化和数字化方向转型，积极布局物联网、大数据。2016 年 6 月，电信天翼云出手“互联网 + 政务”云服务，发布“天翼云 3.0”满足政企客户在安全、高性能、资源共享等方面的需求。同时，联通也在积极规划筹建十大集团级云数据中心，总机架数超过 32 万个，总带宽超 30T，共有 400 多万台服务器。但由于传统运营商不具备技术深度研发优势，目前仍在资源汇聚、基础设施能力构建方面积攒能量，深度挖掘行业数据、提供高匹配度应用能力相对较弱。

三、2017 年信息通信（ICT）服务业趋势展望

（一）2017 年我国信息通信服务业收入持续快速增长

2017 年我国信息通信服务业收入将继续高速增长，预计收入规模超过 3 万亿元，同比增长 24.2%。其中，互联网企业收入达到 1.8 万亿元，占比 58%，如图 19 所示。

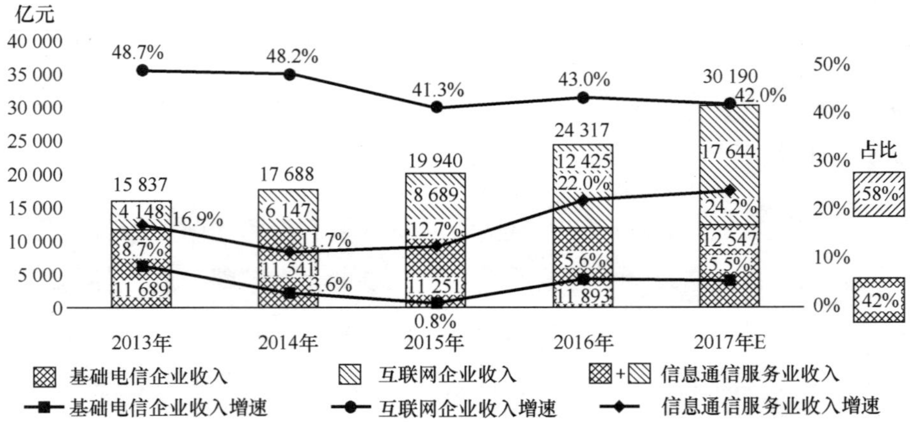

图 19　2017 年我国信息通信服务业收入规模预测

（二）2017 年我国基础电信业平稳增长，融合业务成为新动力

流量继续推动电信业平稳增长，消费升级需要新驱动。2017 年，我国基础电信业务收入将继续平稳增长，预计收入达到 1.25 万亿元，同比增长 5.5%，如图 20 所示。

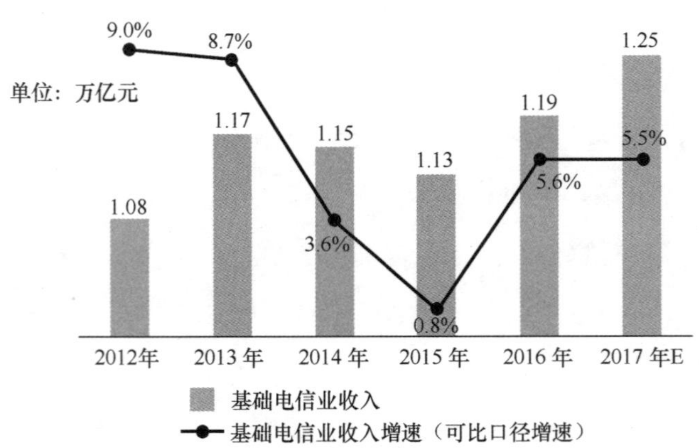

图 20　2017 年我国基础电信业收入规模预测

从收入增长驱动力来看，2017 年移动数据流量、高速宽带业务仍是主要的增长动力，4G 用户迁移基本完成，智能终端换机窗口期即将结束。商务、娱乐和生活类应用的全方位渗透将成为流量增长的新驱动力。预计到 2017 年年底，我国 4G 用户占比超过 80%，移动互联网用户 DOU 突破 2GB，50Mbit/s 以上固定宽带用户占比突破 60%。

融合业务进入快速增长期，新动力日益增强。2017 年，IPTV 用户保持快速增长态势，视频将成为网络承载的主流业务，运营商在宽带市场的竞争从单纯的管道层面提升到业务层面，以 IPTV 为代表的视频业务就成为了运营商的首要选择。预计到 2017 年年底，我国 IPTV 用户将达到 1.5 亿户，如图 21 所示。

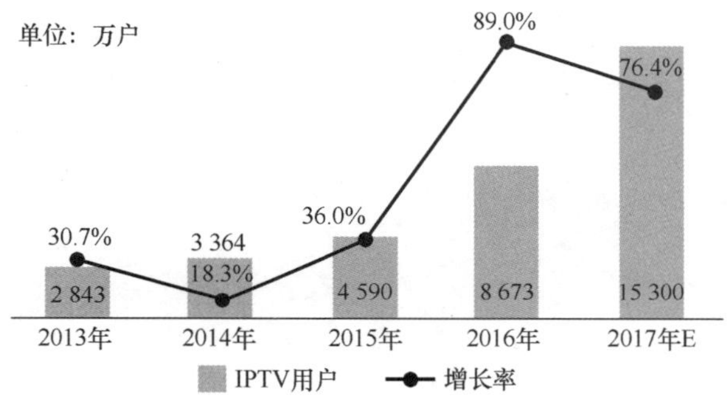

图 21　2017 年我国 IPTV 用户规模预测

2017 年，物联网终端用户最具成长潜力，窄带物联网（NB-IoT）标准将明确，NB-IoT 建设迅速开展，运营商的物联网平台能力逐步增强，基础运营商的物联网战略已经明确，面向物联网的组织运营体系逐步完善，2017 年将是物联网业务腾飞的一年。预计 2017 年我国物联网终端用户规模将达到 1.4 亿户，如图 22 所示。

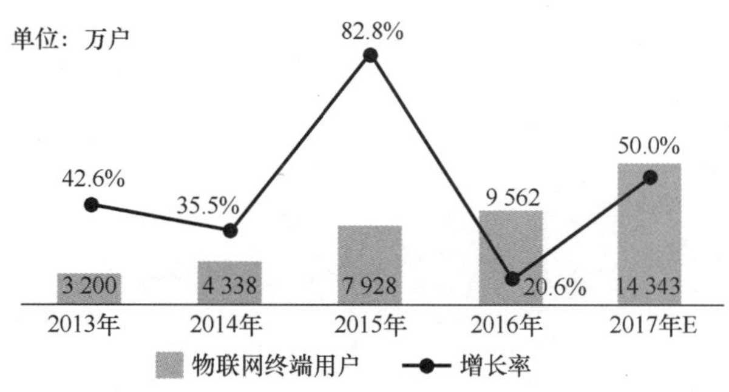

图 22　2017 年我国物联网终端用户规模预测

（三）2017 年我国互联网持续健康发展，新格局加速形成

从企业发展来看，预计 2017 年我国上市互联网企业的总市值平稳增长，初创企业

融资规模持续增加，并有望初步迎来新一波互联网企业上市高峰。腾讯、阿里巴巴增长持续强劲，市值依旧遥遥领先，两超格局不断凸显。从业务发展来看，“互联网 +”融合业务持续拓展，并呈现出垂直化发展趋势。受“迪士尼效应”推动，以网络直播、内容产业为代表的泛娱乐业仍将受到追捧。人工智能应用将向各领域加速渗透，企业融资规模将有望继续提高。

互联网篇

导　读

2016 年，中国作为全球互联网第二极的地位和作用更为突出。从市场规模来看，在移动互联网蓬勃发展的带动下，网民总体规模达 7.31 亿户，普及率增加到 53.2%；互联网企业收入约 1.24 万亿元，继续保持 40% 以上的高速增长。从移动应用市场来看，我国领军全球主流移动应用市场，应用数量和分发规模持续增长。从应用基础设施来看，云服务能力及相关设备创新能力显著提升，大数据发展渐入佳境。从热点应用来看，文化娱乐业掀起发展新浪潮，追求数字内容品质成为新动力，付费模式取得较大进展，网红逐步进入专业化发展轨道，网络直播迎来发展元年。从融合发展来看，“互联网 +”政策加快落地，引导规范与鼓励发展并行；“互联网 + 医疗健康”加快“移动化 + 垂直化”创新，互联网医院迎来发展小高峰；“互联网 + 教育”调整航向，不断深化创新探索；“互联网 + 创业创新”迎来多方推动下的众创空间建设高潮。从网络治理来看，国内大力加强平台治理探索，政府加强监管立规实践，同时强调政企协同，注重发挥各方作用；国际上积极推动全球互联网共享共治，G20 杭州峰会、第三届世界互联网大会等主场外交平台成果丰富。

全球互联网发展与治理也有多项进展可圈可点。一是创新网络可信机制的区块链成为新的技术热点。区块链在金融领域率先获得应用，受到各国政府的高度重视，非金融领域探索更加广泛，可信物联网、工业互联网有望成为创新尝试的重点领域。二是资本市场继续保持较高的活跃程度。全球市值排名前五的互联网公司市值都有大幅增长，进一步拉大与后面企业的差距；互联网创业投资数量和金额相比 2015 年出现理性回调，但仍保持高位运行而未进入寒冬；互联网领域通过并购实现加速行业整合的趋势愈发明显，以转型升级为目标的跨界收购则连续爆出天价。三是全球互联网治理迎来重要变革。美国政府正式将域名系统根区管理权移交给国际社会，ICANN 国际化进程开启新阶段。

展望 2017 年，全球方面，缩小数字鸿沟将带来全球互联网用户新的增长空间，HTML5 迎来移动互联网发展的新空间，互联网发展迎来智能化时代，蓬勃兴起的分享经济有望成为新的经济增长点。国内方面，网民规模持续稳定增长，互联网企业收入延续高增长态势，继续加大海外创新投资，利用全球创新资源与广阔市场，将迎来新的发展空间。

本篇作者：

刘越　魏凯　李乃青　覃庆玲　石霖　李昭涵　闵栋　李强治　陈慧慧　李洁　王秀梅　王跃　刘亦珩　刘寒　黄金　路博　高华蕾　庞妹　王亦澎　郭智慧　崔颖　罗珞珈　张媛媛

一、2016 年互联网领域发展综述

（一）我国互联网企业收入规模持续增长，网民数突破 7 亿

互联网企业收入规模持续高速增长。在网络强国战略、“互联网 +”行动、“宽带中国”战略等的有力推动下，互联网企业收入实现高增长。2016 年，我国互联网企业收入约为 1.24 万亿元，相比 2015 年增长 43%，增速略有下降，但仍保持了 40% 以上的高速增长。主要上市互联网公司增长迅速且规模较大，成为带动互联网企业收入增长的重要力量。其中，阿里巴巴 2016 年第四季度营收高达 532.5 亿元，同比增长 54%，2016 年营收则高达 1438.8 亿元；腾讯 2016 年前三季度营收接近 1100 亿元，同比增长近 50%；百度 2016 年前三季度营收则超过 500 亿元。2012—2016 年我国互联网企业收入如图 1 所示。

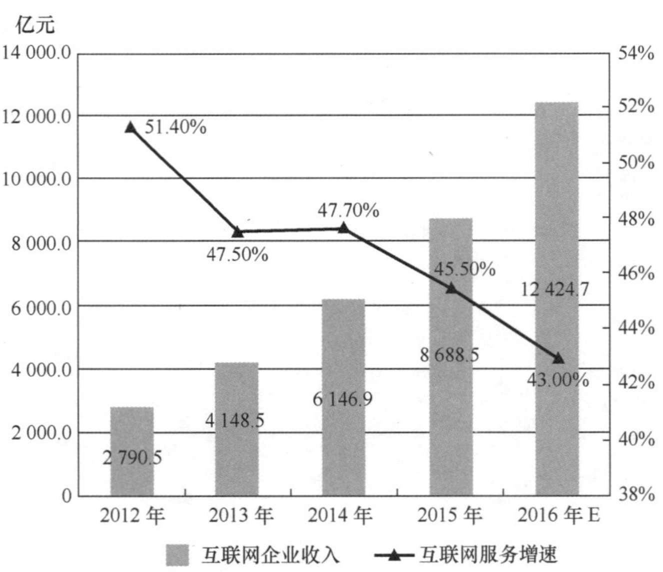

图 1　2012—2016 年我国互联网企业收入

（数据来源：工业和信息化部、CNNIC、中国信息通信研究院）

我国网民总体规模达 7.31 亿，迈上 7 亿关口。2016 年共计新增网民 4299 万人，互联网普及率上升至 53.2%，较 2015 年年底增长 2.9 个百分点。其中，手机网民规模为 6.95 亿人，较 2015 年年底增加 7550 万人，在总体网民中占比高达 95.1%。移动互

联网发展是带动网民增长的首要因素，2016 年，我国新增网民中使用手机上网的群体占比达到 80.7%。2010—2016 年我国互联网网民数如图 2 所示。

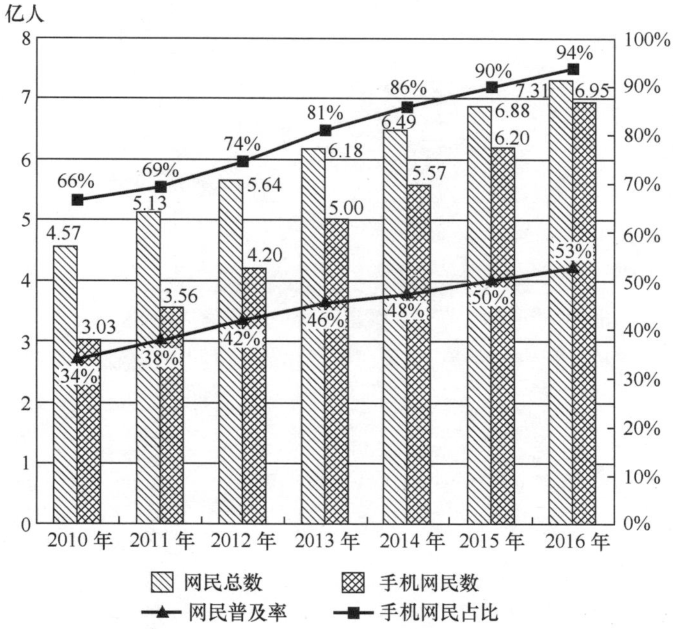

图 2　2010—2016 年我国互联网网民数

（数据来源：工业和信息化部、CNNIC、中国信息通信研究院）

（二）全球 APP 数量超千万，我国移动互联网应用规模领先

我国移动互联网应用数量和分发规模领军全球。中国信息通信研究院移动互联网应用监测平台数据显示，截至 2016 年第三季度，全球主流应用商店移动应用累计数量超过 1143 万款，我国市场移动应用累计数量超过 800 万款。其中，**在安卓市场**，我国本土第三方应用商店移动应用累计数量由 2015 年的 459 万款增长至超过 600 万款，应用数量超越苹果、谷歌两大全球领军商店；累计下载量超过 1.5 万亿次，分发数量更为谷歌的两倍。中国的百度应用商店分发规模位列全球第二、国内第一。**在 iOS 市场，**中国区 iOS 快速发展并在应用分发与收益两大维度位居榜首。继 2015 年第一季度中国区 iOS 下载规模超过日本、美国，成为全球第一后，2016 年第三季度，中国区收益首次超过美国，成为全球第一。2016 年前三季度主流安卓应用商店的应用规模和下载规模分别如图 3 和图 4 所示。

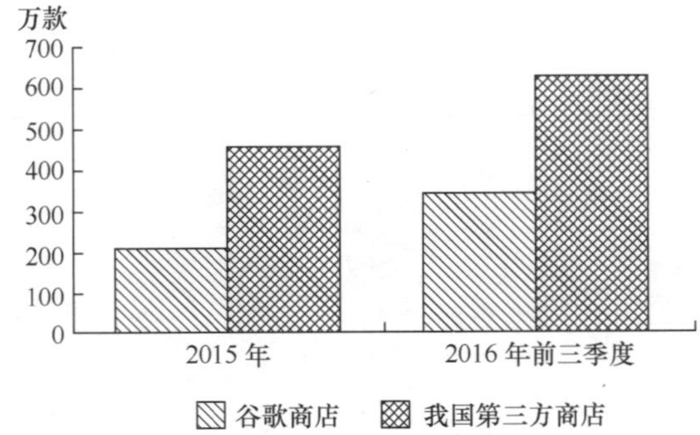

图 3　2016 年前三季度主流安卓应用商店应用规模

（数据来源：中国信息通信研究院移动互联网应用监测平台）

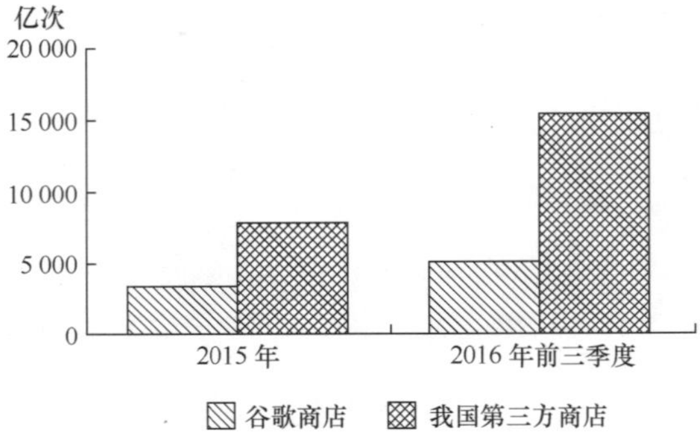

图 4　2016 年前三季度主流安卓应用商店下载规模

（数据来源：中国信息通信研究院移动互联网应用监测平台）

在全球主流移动应用市场中，游戏占据应用数量和分发规模的首位。截至 2016 年第三季度，**游戏类**应用规模已超过 370 万款，下载量超过 3750 亿次，占总体下载量的 25%。**外文类**应用开发数量超过 190 万款，位列第二，排名紧随其后的**主题壁纸类**、**资讯阅读类**应用的开发数量分别达到 80 万款、68 万款，但两类应用的下载数量较低，仅为 600 亿次和 900 亿次，分别占比 4% 和 6%。与主题壁纸和资讯阅读领域应用数量众多而市场分发有限的市场格局相比，在 O2O 概念驱动下兴起的**生活服务类**应用，产品数量和分发规模均持续扩张。**社交通信类**应用的下载规模位列第三，约 1700 亿次，占比约为 11.5%。随着提速降费工作的进一步推进和大众娱乐需求的上涨，**影音播放类**应用的下载规模也颇为可观。可穿戴、远程医疗等则成为当前业界布局的关键趋向，用户数量有所增加，但仍处于探索布局期，与此相关的**运动健康类**应用第三季度下载量的占比为 2.05%，还有较大的增长空间。

（三）全球互联网创投理性回调，上市企业 TOP5 扩大市值优势

互联网创业投资市场逐步回归常态。受经济增长放缓、被投企业估值过高、退出机制受限等原因影响，2016 年国际和国内互联网创业投资数量和金额相比 2015 年出现回调，但仍保持高位运行。2016 年 1 ～ 9 月，全球（除中国）披露的投资数量为 8831 起，投资金额 523 亿美元，较 2015 年均有下降。2016 年前三季度我国国内披露的投资数量总计 3011 起，较 2015 年同期下降了 29%；投资金额达到 4273 亿元，较 2015 年同期上升了 8%。在整体投资回调的大背景下，文化娱乐、企业服务等领域占投资总量的份额较 2015 年有明显增加，成为 2016 年的投资热点。全球（除中国）及中国互联网投资数量和金额分别如图 5 和图 6 所示。

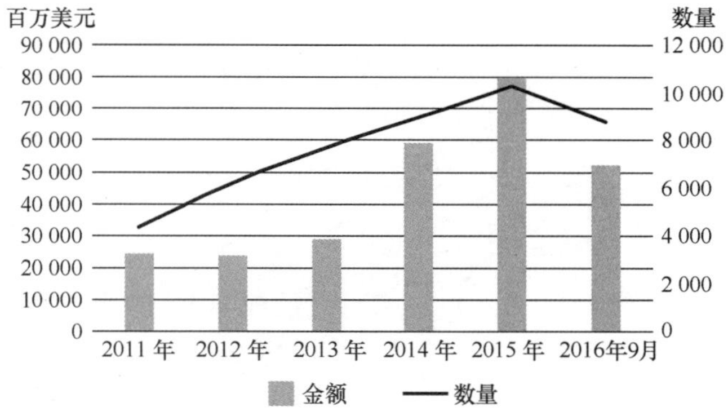

图 5　全球（除中国）互联网投资数量和金额（数据来源：KPMG）

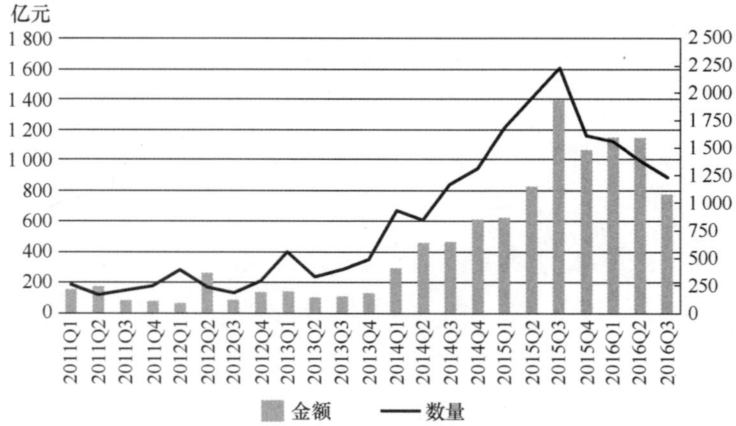

图 6　中国互联网投资数量和金额（数据来源：IT 桔子）

全球市值排名 TOP5 的互联网公司都有大幅增长。2016 年 10 月的统计结果显示，

相比一年前，排名第一的谷歌公司市值增长近 50%，Facebook、Amazon 市值增长超过 100%，阿里巴巴、腾讯市值增长超过 80%。排名第 6 ～ 10 位的公司市值总和几乎未变，与前 5 名公司的差距进一步拉大，互联网企业的马太效应进一步显现。基于内容付费的互联网公司 Netflix 首次晋身前十，显示其商业模式获得市场认可；而 eBay 拆分后跌出前十，分拆后独立上市的 PayPel 进入前十则尚需时日。中国互联网公司在全球 TOP10 中占据 4 席，分别是阿里巴巴、腾讯、百度和京东；凭借游戏业务的快速增长，网易公司从 2015 年的第 19 位大幅上升至第 11 位，2017 年有望进入前十。

（四）并购加速行业整合，天价跨界收购旨在实现企业转型

互联网领域通过并购实现加速行业整合的趋势愈发明显。2015 年以来互联网领域出现了多起大规模并购，主要集中于垂直领域的领先企业通过同业并购方式希望巩固行业领先优势，寻求市场突破。2016 年，这一趋势得以延续，代表性案例包括滴滴并购优步中国，占据了网约车市场 80% 以上的份额，形成了一家独大的局面，让竞争对手很难追赶；蘑菇街并购了美丽说，整合成为美丽联合集团，成为服装导购领域的绝对领先者。同业并购的目的是减少同质化竞争，降低经营成本，同时在特定的市场内提高市场份额，获得垄断地位。然而，并非所有并购后的企业发展都尽如人意，一方面，有效整合存在一定的困难；另一方面，也仍可能遭遇创新发展带来的降维打击或受巨头背后博弈而遭遇困境。

多家非互联网企业通过跨界并购，意图实现转型升级。国内代表如平安金融以 16 亿美元收购汽车之家，欲借此拓展基于互联网的汽车服务生态和相应业务。国外方面，IT 巨头微软 262 亿美元收购 LinkedIn，将用 LinkedIn 连接职场社交与职场办公产品服务，加强在企业级互联网服务的地位；美国两家运营商大举收购，寻求转型，其中 Verizon 以 48 亿美元收购 Yahoo 核心资产，尝试“运营商＋门户广告”的模式，AT&T 更是以 854 亿美元的天价收购时代华纳，跨界拓展互联网、媒体、娱乐等业务，发展内容服务。

（五）中国大数据发展渐入佳境，云服务能力显著提升

我国大数据政策相继落地，大数据在各行业的创新应用已扬帆起航。2016 年 1 月

7 日，为贯彻落实《国务院关于印发促进大数据发展行动纲要的通知》，国家发展和改革委员会办公厅正式印发了《关于组织实施促进大数据发展重大工程的通知》，拟组织开展促进大数据发展重大工程。2016 年 2 月 25 日，国家发展和改革委员会、工业和信息化部、中央网信办发函批复，同意贵州省建设首个国家级大数据综合试验区——国家大数据（贵州）综合试验区。10 月 8 日上述三部委再次发函批复，同意在京津冀等七个区域推进建设第二批国家大数据综合实验区。2017 年 1 月 17 日，工业和信息化部正式印发《大数据产业发展规划（2016—2020 年）》，明确了“十三五”时期大数据产业的发展思路、原则和目标，并提出“到 2020 年，技术先进、应用繁荣、保障有力的大数据产业体系基本形成”。习近平总书记在“10 • 9”重要讲话中也强调，要深刻认识互联网在国家管理和社会治理中的作用，以推行电子政务、建设新型智慧城市等为抓手，以数据集中和共享为途径，建设全国一体化的国家大数据中心，推进技术融合、业务融合、数据融合，实现跨层级、跨地域、跨系统、跨部门、跨业务的协同管理和服务。“十三五”时期是我国大力实施国家大数据战略的重要时期，相关大数据政策的不断落地为我国大数据产业的发展提供了坚实的保障。根据中国信息通信研究院测算，2016 年大数据及开放数据对经济的增量贡献已达到 GDP 的 0.64% ～ 1.14%，大数据核心产业（数据分析、数据存储、数据交易、数据安全、大数据中心等）规模达到 168 亿元人民币，较 2015 年增长 40% 以上，如图 7 所示。2016 年大数据产业构成愈加丰富多彩，其创新应用不断渗入电信、金融、政府、公共安全等行业领域中。制造业也伴随着大数据等新一代信息技术和应用迎来了又一轮革命，我国以大数据为支柱，正在从“制造大国”向“制造强国”迈进。

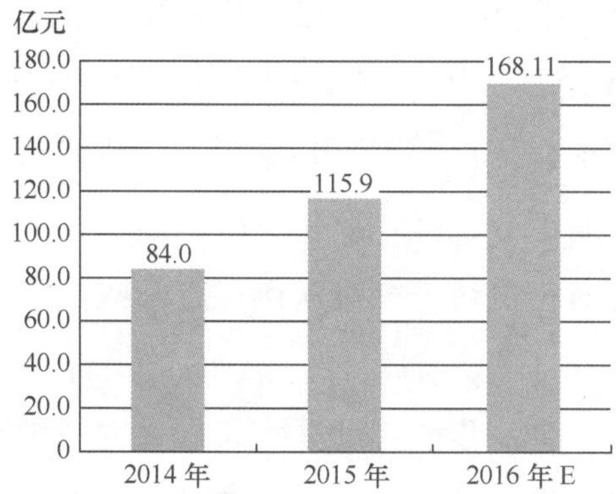

图 7　大数据核心产业规模情况（数据来源：中国信息通信研究院，2016 年 10 月）

我国政务云建设如火如荼，云计算技术创新能力显著提升。截至 2016 年年底，我国已有超过三分之二的省级行政区发布了政务云建设专项规划，东部沿海甚至出现了部分县城搭建政务云平台的情况。我国的政务云逐渐形成了以下特点：（1）政务云部署以专有云为主；（2）服务形式以 IaaS（Infrastructure as a Service）为主，逐步向 PaaS（Platform as a Service）和 SaaS（Software as a Service）服务延伸；（3）服务提供商本地化趋势明显。用户驱动的自主创新技术推动着产业的快速发展，截至 2016 年年底，天蝎整机柜累计部署约 1 万架，产值约 100 亿元；微模块部署 3500 套，预模块部署 6600 套。天蝎整机柜服务器和模块化数据中心将进一步带动 IT 设备、电源、空调、监控、管理等各相关环节的发展，预计到 2020 年整体市场规模可达 2500 亿元人民币[1]。

（六）“互联网 + 医疗健康”呈现“移动化 + 垂直化”的特点，互联网医院迎来发展小高峰

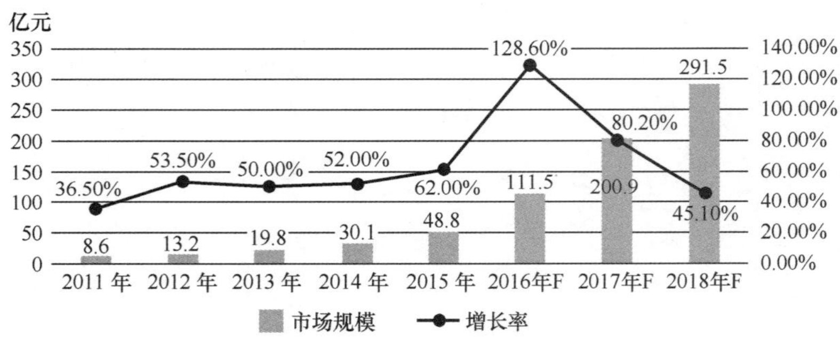

图 8　中国移动医疗市场规模预测（数据来源：易观）

互联网医疗健康在移动端发力，垂直细分领域取得较大进展。2016 年中国移动医疗市场持续迅猛发展，规模预计将达到 111.5 亿元，相比 2015 年增长 128.6%，如图 8 所示。移动医疗健康服务的发展呈现如下特点：一是移动医疗垂直细分领域呈多元化发展趋势，医生服务不断细分，医生社区、医患沟通以及咨讯工具渐成气候。医生社区为医生提供了在线实时交流讨论疑难病例、查阅医疗资讯的平台，为医生提供医疗技能、建立个人品牌提供了有效的途径。例如，“丁香园”以医生社区为入口，通过积累大量优质用户，进行进一步的移动医疗布局，为医生技能提升和自由流动提供服务。医患交流使医生能与患者及时沟通，有效且安全地减少因沟通不充分造成的医疗问题。资讯工具类 APP 涵盖了从医生工作内容整理工具到医生继续教育知识库的丰富内容，使得医生能实现技能进阶、优化工作流程。二是通过移动医疗 APP 实现导流

1　数据来源：中国信息通信研究院。

线下问诊、延伸服务全程。移动问诊作为有效沟通患者和医生交流的院前信息平台，与医药营销、医生培训、医院诊疗等多个医疗环节相结合，推动用户移动医疗使用习惯和与传统医疗行业的多角度融合发展。例如，“春雨医生”依托其所拥有的医生资源，提供线上线下相结合的医患沟通渠道平台，同时与叮当快药合作，切入药品、保健品等实时配送服务，逐步实现资源高效互补，完成从问诊、送药到健康管理的 O2O 产业链闭环服务；“平安好医生”则一方面通过线上快速咨询、健康计划、健康商城、健康社区及送药上门五个产品，实现线上医网、药网、信息网三网合一，打造互联网医疗领域的流量入口平台，另一方面通过线下接入辅助诊断治疗、医药器械、健康管理及护理等领域的垂直合作伙伴，打造线上线下融合产业链，实现服务落地。三是慢病管理火热，软硬云端齐备的“可穿戴设备 +APP+ 平台”模式初具规模，数据采集及分析、数据的互联互通日益完善。糖尿病、高血压等慢病患者需要合理的管理模式来协助完成治疗、加强自我管理，这种长期、密切的监护和管理不适宜由集中化的医院来提供。移动医疗企业抓住这一机遇进行积极探索，正在形成多种细化慢病管理产品共同发展的态势。例如，在糖尿病管理方面，“糖护士”通过智能血糖仪、应用软件及基于大数据构建的人机智能决策支持系统为糖尿病患者提供全方位的综合解决方案；在高血压管理方面，“康康血压”以智能硬件作为连接器，打通宣教预防、监测大数据分析、医药疗效评估、慢病互联网医院级金融保险的高血压慢病管理全流程，打造慢性病健康产业链。

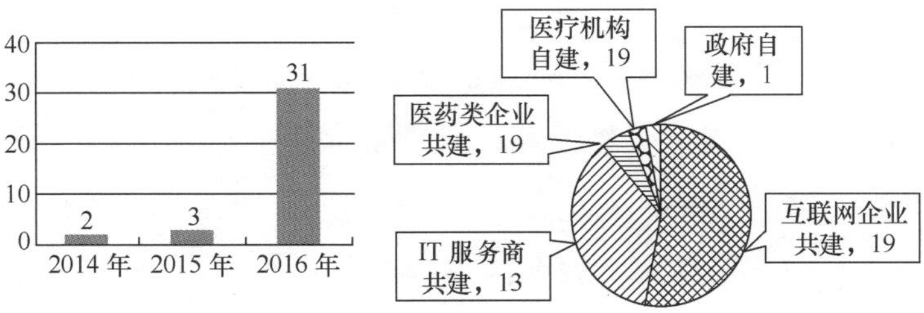

图 9　2014—2016 年互联网医院数目及发起单位统计（数据来源：蛋壳研究院）

互联网医院发展悄然提速，呈现医疗新模式。一是互联网医疗企业依托线下实体医疗机构，积极布局互联网医院。在国家政策逐渐明朗和市场需求的强力推动下，互联网医院呈现出快速发展态势。根据公开信息统计，截至 2016 年 11 月，全国互联网医院总数已经达到 36 家，其中 2016 年就集中开工 31 家，如图 9 所示。从互联网医院的建设主体来看，以微医、阿里健康等为代表的互联网医疗企业与医疗机构、地方政府作为联合发起方成为主流模式，在 36 家互联网医院中占据半壁江山以上。以东软熙康、智业互联为代表的 IT 服务商参与建设 13 家，位列第二。**二是国内互联网医院的三种模式各具特色，不断探索前进。**以乌镇互联网医院为代表的**线下实体互联网医院**主要依靠远程诊断的运营模式，病人在网上完成挂号、预诊，根据病情，再找到合适的医生对病情进行提前诊断。需要当面诊断的，则由当地医院医生对病人进行面诊、检查检验，再将诊断结果传回到网上平台，由线上的专家医生进行复诊判断。据 2016 年 10 月 24 日《光明日报》报道，截止到 2016 年 7 月，乌镇互联网医院在线接诊量已超过 2.1 万人次 / 日（协和为 1.5 万人次 / 日），已经实现连接 1900 多家重点医院、20 余万名医生和 7200 组专家团队。以广东省第二人民医院为代表的**网络医院**则采用“医院 + 药店”的模式，医院与连锁药店合作，通过视频会诊的方式进行在线问诊并开处方，患者根据医生的建议选择就地购药或者去医院进一步检查。**移动互联网医院或者云医院**模式中，浙大一院互联网医院作为全国首个公立三甲医院线上院区，提供在线服务集中于就医流程优化的便捷服务或者远程会诊服务，增强了医院院内的就医体验。

（七）“互联网 + 教育”调整航向，不断深化创新探索

O2O 转型，由轻做重、由浅入深。2016 年，教育领域的 O2O 应用纷纷谋求转型、探索新方向，产品不断由轻做重、由浅入深。O2O 平台进一步整合线上线下资源，并重点加强线下资源布局，如疯狂老师利用线下孵化器打造名师、轻轻家教线下布局私塾家等；借直播东风，教育领域的名师直播互动、直播答疑等模式兴起，如疯狂老师、轻轻家教等教育类应用的线上直播快速发展；面向企业的 2B 业务深化发展，教育平台开始为培训机构提供全系统解决方案，如“跟谁学”推出了“天校”“百家宝”等面向培训机构的企业管理全系统解决方案，通过提升 B 端能力促进“互联网 + 教育”的发展。

互联网教育移动化规模大幅增长，仍具潜力。CNNIC 发布的《第 39 次中国互联网络发展状况统计报告》显示，截至 2016 年 12 月，在线教育手机用户数年增长近 85%，约为 9800 万人；同时，在全部手机用户中，手机在线教育使用率仅为 14.1%，增长空间巨大，如图 10 所示。中国信息通信研究院移动互联网应用监测平台的监测数据显示，2016 年教育类 APP 的下载量持续增长（如图 11 所示），发展势头平稳，移动化仍具潜力。

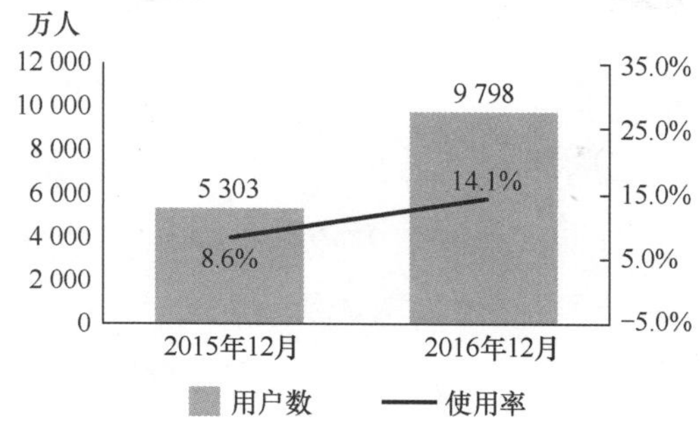

图 10　手机在线教育用户规模及使用率（数据来源：CNNIC）

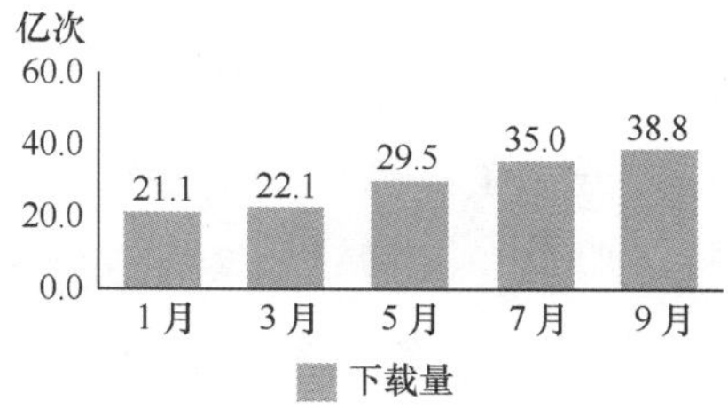

图 11　2016 年教育类 APP 下载量（数据来源：中国信息通信研究院）

K12 领域尝试新型综合素质教育，人工智能等新技术为互联网教育注入新动力。近年来，集科学（Science）、技术（Technology）、工程（Engineering）、艺术（Art）和数学（Mathematics）多学科交叉融合发展的 STEAM 综合性教育理念逐渐引入中国，成为 K12 教育领域的创新热点。STEAM 教育最初是由美国政府主导的一项教育计划，提倡“动手动脑的探索式”学习过程。融合了 STEAM 教育的新兴综合素质教育逐步体现出跨学科、体验性、情境性、协作性、设计性和艺术性的核心特征。例如，索尼国际教育将网络竞赛转化为课程来培养青少年的思维力；物理、生物、地理、机器人、天文等细分领域的教育类互联网应用如雨后春笋般开始兴起。未来，基于人工智能与 VR/AR 的仿真实验室、基于高级机器人及 3D 技术的陪伴 / 教学机器人智能产品以及基于认知计算的复杂决策辅助系统，都将帮助学生在游戏化的学习体验中培养逻辑思维和动手能力，真正从智能交互的角度完成多学科、交叉融合的探索式学习过程。

（八）“互联网 +”政策加快落地，引导规范与鼓励发展并行

2016 年是“互联网 +”行动计划的贯彻落实之年，专项行动的配套政策陆续发布。各部委纷纷出台行业的配套政策，同时各地政府也积极响应，持续推进互联网在多领

域的融合应用与业态创新。2016 年 1 ～ 11 月，国务院及各部委发布的“互联网 +”系列政策文件主要包括《关于深化制造业与互联网融合发展的指导意见》(国发〔2016〕28 号)、《关于深入实施“互联网 + 流通”行动计划的意见》(国办发〔2016〕24 号)、《“互联网 +”绿色生态三年行动实施方案》(发改办环资〔2016〕70 号)、《关于推进“互联网 +”智慧能源发展的指导意见》(发改能源〔2016〕392 号)、《“互联网 +”高效物流实施意见》(发改经贸〔2016〕1647 号)、《推进“互联网 +”便捷交通促进智能交通发展的实施方案》(发改基础〔2016〕1681 号)、《“互联网 +”人工智能三年行动实施方案》(发改高技〔2016〕1078 号)等。这些文件的出台，极大地促进了互联网在各产业中的渗透，并推动了新业态与新商业模式的涌现。同时，政府注重互联网在政务服务方面的应用，《关于加快推进“互联网+政务服务”工作的指导意见》(国发〔2016〕55 号)、《推进“互联网 + 政务服务”开展信息惠民试点实施方案》(国办发〔2016〕23 号)等文件的出台，对于切实提高政务服务的质量与实效具有重要意义。中央网信办等三部门出台的《网络扶贫行动计划》，有利于充分发挥互联网在助推脱贫攻坚中的重要作用，从而推进精准扶贫与精准脱贫工作。工信部出台的《关于实施开展加快高速宽带网络建设 推动落实网络提速降费 2016 专项行动的意见》(工信部通信〔2016〕172 号)，则助力信息基础设施建设，为互联网的广泛应用提供基础与保障。地方政府则纷纷跟进，发布“互联网 +”配套措施，结合本地需求与优势推动各项行动的落地。“互联网 + 创业创新”方面，各地政府与平台、资本共同推动众创空间建设，科技部已累计公布三批共 1300 多个获得备案的众创空间名单，其中 2016 年分两批公布了 362 家和 839 家。

各部委出台相关文件，加强对新业态的引导与规范。2016 年，在新旧业态矛盾突出、存在较多发展问题的网约车以及互联网金融等领域，规范引导政策文件相继发布。作为分享经济的代表性业态，网约车在 2016 年发展迅速，监管问题随之提上日程。年内发布的《关于深化改革推进出租汽车行业健康发展的指导意见》(国办发〔2016〕58 号)，首次从制度层面肯定了网约车的合法性，促进了新旧业态的融合发展。2016 年是网络直播元年，直播平台与网民数量迅速增长，与此同时，部分网络直播内容的低俗化、色情化与暴力化等问题也非常突出，《互联网直播服务管理规定》《关于加强网络视听节目直播服务管理有关问题的通知》(新广电发〔2016〕172 号)等文件的出台，对于加大规范整顿力度、引导网络直播健康有序发展具有重要作用。对于容易引起系统性风险的互联网金融领域，政府出台了《互联网金融风险专项整治工作实施方案》

（国办发〔2016〕21号）、《网络借贷信息中介机构业务活动管理暂行办法》（银监会令〔2016〕1号）、《关于加强校园不良网络借贷风险防范和教育引导工作的通知》（教思政厅函〔2016〕15号）等一系列文件，进一步明确了各监管机构的责任，加强审慎监管。针对社会舆论广泛关注、涉及公众切身利益的电信网络诈骗问题，最高人民法院等六部门联合发布了《关于防范和打击电信网络诈骗犯罪的通告》，对电信网络诈骗犯罪继续保持严打高压态势。

（九）关键资源管理迎来变革，中国为推动共享共治做出新贡献

IANA职能管理权移交完成，ICANN国际化进程开启新阶段。2016年10月1日，美国政府正式宣布，其和互联网名称与数字地址分配机构（ICANN）签署的互联网号码分配管理机构（IANA）职能合同到期解除。1998年克林顿政府承诺的IANA职能私营化进程自此宣告完成。全球互联网社群经过多年的共同努力，终于迎来IANA移交这一全球互联网关键资源管理制度的重大调整。合同解除后，美国政府退出对互联网关键资源管理的直接控制，域名系统根区文件管理权移交给ICANN及全球多利益相关方社群，无需经过美国政府审核，这一事件受到国际社会的普遍欢迎。移交后，ICANN将与其专门设立的非营利性子公司（PTI）签订合同并授权PTI负责运行IANA职能，由ICANN直接将修订后的根区文件传递给根区数据库的维护者，并由后者分发给所有根服务器提供全球解析，相关决策和运行将接受全球社群的监督与问责。中国社群为推动移交做出贡献，将继续积极参与移交后进程，促进ICANN进一步加强问责与透明，与各方继续努力共同推动ICANN国际化。

中国继续为共建网络空间命运共同体做出努力和贡献，推动全球互联网共享共治。2016年11月，第三届世界互联网大会在乌镇举行，主题为“创新驱动造福人类——携手共建网络空间命运共同体”。开幕式上，习近平总书记通过视频发表讲话，重申第二届世界互联网大会上对推进全球互联网治理体系变革提出的四项原则，以及就共同构建网络空间命运共同体表达的五点主张，提出推动网络空间实现平等尊重、创新发展、开放共享、安全有序的目标。政治局常委刘云山到会致辞，对四项原则和五点主张的落实做了进一步阐释。本次大会发布了《2016年世界互联网发展乌镇报告》，推

动上届会议提出的《乌镇倡议》落地。2016 年，中国举办 G20 杭州峰会，将发展作为大会主题，主持起草《G20 数字经济发展与合作倡议》，为全球数字经济发展贡献中国智慧。《G20 数字经济发展与合作倡议》是中国推进共建网络空间命运共同体的重要成果，其中强调伙伴关系，提出互联网治理应遵循信息社会世界峰会（WSIS）成果的规定，政府、私营部门、民间社会、技术团体和国际组织根据其各自的角色和责任，充分、积极参与互联网治理。

二、2016 年互联网领域热点分析

(一) 热点一——区块链：探索应用创新

1. 区块链创新网络可信机制，进入炒作巅峰期

区块链提供了信息共享与价值交换的可信机制。区块链（Block chain）是一种分布式数据库技术。在典型的区块链系统中，数据以区块（block）为单位产生和存储，并按照时间顺序连成链式（chain）数据结构。所有节点共同参与区块链系统的数据验证、存储和维护。区块链采用 P2P、密码、共识算法等技术，具有数据不可篡改、集体维护、信息公开透明等特点。从本质上说，区块链是一种高度可信的数据库技术，提供了一种在不可信网络中进行信息与价值传递交换的可信机制。

区块链已接近炒作巅峰，但尚不成熟。从百度指数来看，2015 年以来区块链关注度快速提升，如图 12 所示。Gartner 曲线显示，区块链已进入舆论炒作的巅峰，但技术成熟仍需 5 ～ 10 年时间。目前除比特币类外，尚无成熟的公共区块链项目。不过，区块链的应用前景仍十分值得期待，据世界经济论坛调查报告预测，到 2025 年，全球 GDP 中有 10% 的相关信息将用区块链技术保存。

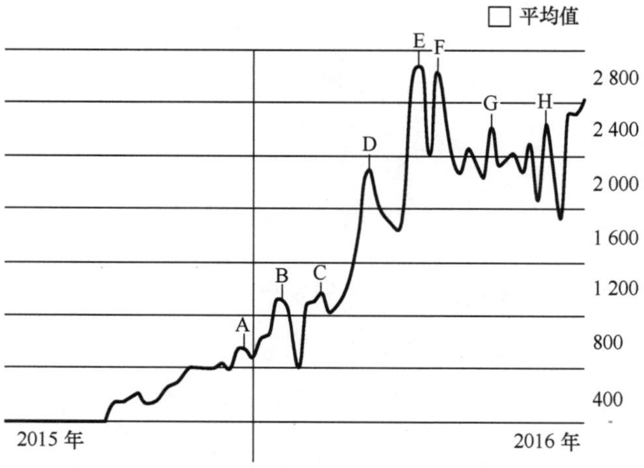

图 12　关于区块链的百度指数（数据来源：百度指数）

2. 区块链在金融领域先行应用，其他领域普遍处于概念验证阶段

区块链应用有其适用场景，增信的联盟链有望率先应用。从区块链技术的发展情况以及应用实践来看，区块链场景应满足以下条件：一是缺少有中心（中介）的良好解决方案；二是参与各方缺乏信任或弱信任；三是传递较高的信用或价值（如各类资产）。因此，目前的区块链技术适用于低频次、小数据量的应用，适度引入中心有助于增强区块链的“可信”，联盟链有望率先应用。

区块链现已在跨境支付、结算 / 清算等金融领域先行应用。例如，Ripple 公司已提供基于区块链技术进行跨境支付的服务，可极大简化换汇流程、节省手续费和缩短支付周期；VISA 推出了基于区块链的银行间结算支付系统；证券交易巨头 Nasdaq 公布了基于区块链的新交易平台“Linq”，用于私募股权交易和股份管理。

非金融领域的区块链应用普遍处于概念验证阶段。在医疗病例存储方面，美国公司 Gem 推出了 Gem Health 项目，基于区块链建立企业级医疗应用，用于医疗病历的存储等。在数字版权方面，德国公司 Ascribe 建立了基于区块链的数字版权交易系统；其他方面，银行、电商等多个行业尝试基于区块链技术的消费积分兑换方案，投票、资产登记、供应链管理、产品溯源、公证、征信等领域的区块链应用也相继得到概念验证。

“区块链即服务”（BaaS）的概念得到了众多企业的支持。多家企业致力于打造基于区块链的网络基础设施。例如，IBM 联合英特尔、思科等公司打造基于区块链的开源项目“Hyperledger”，希望能为用户提供区块链基础设施，预计 2017 年上线；微软则于 2016 年 7 月发布了基于其云平台 Azure 的 BaaS，用于支持个人用户快捷部署和使用区块链服务。

3. 区块链受到各国政府的高度重视，标准化工作已经起步

各国政府高度重视区块链技术，鼓励研究和应用。包括中国人民银行在内的多国央行及金融监管机构开展了基于区块链的数字货币研究，以提高金融活动的效率、便利性和透明度；英国政府首席科学顾问发布报告，建议将基于区块链发展而来的分布式账本技术上升到国家战略层面。可以预见，2017 年，区块链的金融领域应用将更加深入，非金融领域探索更加广泛，可信物联网、工业互联网有望成为创新尝试的重点领域。

多家标准化组织与产业联盟探索区块链标准制定工作。国际标准化组织（ISO）、世界互联网联盟（W3C）、国际电力电子工程师协会（IEEE）等多家国际标准化组织非常重视区块链发展，纷纷开展标准化工作。国际上的R3、国内的数据中心联盟等产业联盟也已启动区块链标准研究和制定工作。R3区块链联盟由一家总部位于纽约的区块链创业公司R3CEV发起，至少超过50家金融公司参与，重点推进金融领域区块链应用的标准化工作，已完成多项金融交易测试，近期开源了其分布式账本平台Corda，将为更广大企业提供服务。中国平安5月加入、中国外汇交易中心11月加入，显示出中国机构对此高度重视。

区块链面临技术、法律监管等诸多问题，产业发展仍在初期阶段。除应用尚处于概念验证阶段外，区块链还面临技术和监管问题。**技术瓶颈方面**，区块链模型中数据全网广播、全网存储、全网校验的特性需要消耗极大的网络带宽资源、节点存储资源及节点算力资源；公共区块链的51%算力攻击、私钥存储等安全隐患较多，智能合约尚不成熟。例如，The DAO（基于区块链的项目提供资金的分布式自治组织）项目通过28天融资期筹得1.5亿美元，成为历史上最大的众筹项目。但由于智能合约等技术不成熟造成部分款项损失，被迫通过硬分叉方式进行弥补。**法律监管方面**，当前国际和各国的法律和监管框架并不完全适用于奉行"代码即法律""去中心化"的区块链，两者间甚至存在一定的冲突，留下了一些需要深入研究和解决的问题，以尽快弥补区块链的监管漏洞，减少不安定因素。

（二）热点二——文化娱乐：掀起发展新浪潮

1. 抓IP、促付费，追求数字内容品质成文娱服务发展新动力

泛娱乐时代，IP为王、内容为王的特点进一步凸显。内容知识产权（IP）正在进一步打通文娱产业生态链，将文学、影视、游戏等不同的内容形式串联起来，满足粉丝的多元化需求。IP衍生品为文娱产业产生持续性价值，同时反哺原IP，放大IP的整体价值。在文学、音乐、视频等细分领域，网络文化企业从内容分发者向内容制造者转变，产品向PGC模式（Professionally-Generated Content，专业生产内容）转变，以满足用户对差异化、高品质内容的强烈需求。同时，对IP的重视有助于提高网络版权意识，推进网络内容正版化取得更大进展。

优质IP与会员付费成为视频变现的重要手段。2016年中国在线视频付费用户超

5000 万，市场规模为 96.2 亿元，同比增长 90.8%，并将继续保持高速增长。尽管广告收入仍然是在线视频企业的主要收入来源，但用户付费有望成为第二大支柱，在线内容消费将成为网民娱乐的重要方式。为此，各大网络视频企业纷纷致力于打造完善的付费生态系统，将付费用户的运营纳入核心战略。2013—2017 年中国在线视频付费用户规模及增长率、渗透率如图 13 所示。

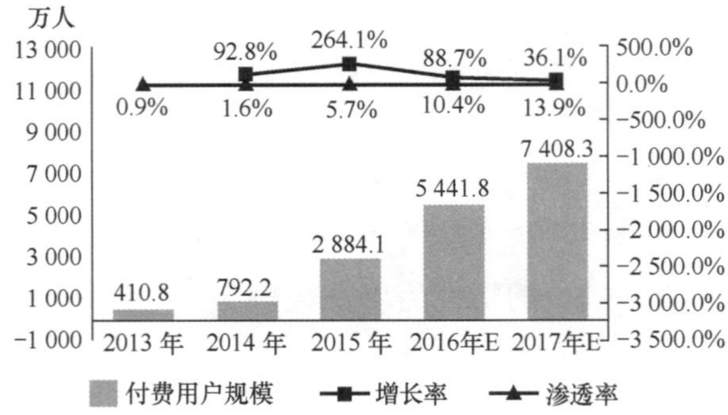

图 13　2013—2017 中国在线视频付费用户规模及增长率、渗透率

（数据来源：艾瑞咨询）

2. 网红步入专业化发展轨道，多元变现提升产业增长潜力

国内网红开始从网络现象走向产业化发展，内容生产逐步实现专业化。2016 年，网红是互联网迎合当代大众文化需求的产物，个性特色更突出，其本身也是重要 IP。大量涌入的资本在一定程度上助推网红产业链条不断完善，催生网红生态更为细化的社会分工，与视频、直播、电商的结合成为当前网红发展的主要方向。随着专业机构的加入，网红孵化器 / 网红经纪公司与 IP 制作方共同催生优质网红事件与网红内容。总体来看，内容制作专业化、平台战略化合作、多元化变现模式等产业化协作方式会逐步提升网红的品牌价值。

网红变现模式未来将更多元，网红经济将向垂直领域发展。国外的网红经济商业模式相对成熟，网红经纪机构在网红生产中的重要作用凸显。网红经纪机构通过聚集大量 PGC 机构，在资本的有力支持下，形成内容的持续产出，并通过 Youtube 等媒体平台进行分发，从而完成商业变现。这一模式对我国的网红发展具有借鉴意义，网红自主创建或依附于经纪公司是未来网红的发展趋势。网红将从泛娱乐领域向财经、动漫、体育竞技、健身、美食等内容型垂直领域纵深。

3. 中国迎来网络直播元年，商业模式探索多样化

资本力量推动网络直播爆发式增长，2016 年成为网络直播元年。直播内容生产

门槛降低、带宽成本降低、受众人群更广、交互方式更多元、覆盖领域泛化，全民直播时代到来。截至 2016 年 12 月，我国网络直播用户规模达到 3.44 亿，网民渗透率达 47.1%，较 2016 年 6 月增长 1932 万。各分类中，体育直播、真人聊天秀直播和游戏直播为主要细分领域，各类占比均达两成左右，如图 14 所示。截至 2016 年 10 月，移动直播类移动应用数量已近 5 万款，分发规模近 800 亿次，如图 15 所示，呈现繁荣景象。但是，**直播商业模式仍处于探索阶段**，依靠用户购买虚拟礼物和流量广告两种变现方式很难实现持续发展。针对直播领域出现的问题，一方面行业内部在加强自律，另一方面主管部门加紧出台政策规范，促进网络直播的健康发展。

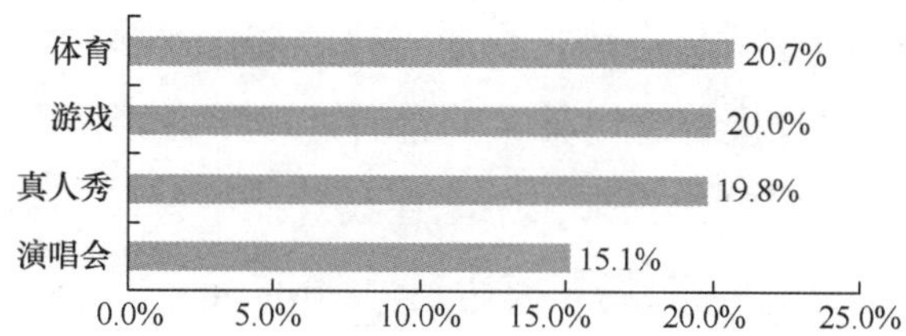

图 14　2016 年 12 月各类网络直播使用率（数据来源：CNNIC）

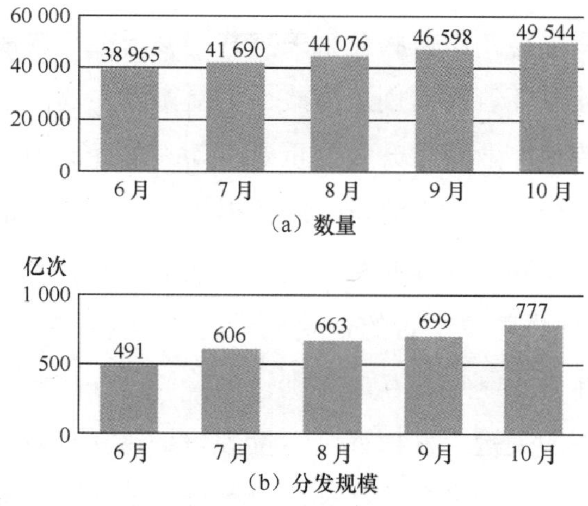

图 15　2016 年直播类移动应用数量和分发规模（数据来源：中国信息通信研究院）

（三）热点三——平台治理：新经济需要新规制

1. 平台经济引领能力持续增强，新兴业态不断涌现

平台经济近年来表现出强劲的发展势头。据统计，在过去 20 年时间里，市值排名前 15 位的互联网公司依靠平台模式实现了 170 倍以上的市值总量增长，从 1995 年的

167 亿美元到达 2016 年的 28 861 亿美元。平台经济作用的发挥，与其轻资产优势密切相关。平台经济模式的核心价值在于连接服务提供者与消费者，对于绝大多数互联网平台而言，平台上具体的商品是由第三方供应商而非平台提供的，这种轻资产优势使得平台的用户规模与业务范围可以快速超越传统的单边经济模式，从而形成一个拥有海量参与者的平台化协同生态系统。

平台经济的优势使其在多方面发挥着巨大的创新引领作用。平台经济引领商业变革，2016 年阿里巴巴的交易规模突破 3 万亿元，超越沃尔玛成为全球最大的零售商，这标志着互联网平台型电子商务成为新的商业引领者；**平台经济引领分享创新**，2016 年国内分享经济仍保持高速增长态势，交通出行、住宿等多个领域的分享经济企业成长迅速，市值规模与用户规模快速增长，前景看好；**平台经济引领内容创造**，2016 年是移动直播元年，全民直播时代到来，中国在线直播平台接近 200 家，用户规模达到 3.44 亿，占网民总体的 47.1%，市场规模达到约 90 亿元。

2. 各利益相关方共同参与平台发展，有效治理成为关键

互联网平台是复杂生态，由各利益相关方共同参与推动发展。互联网平台蓬勃发展、高速崛起，深刻地改变着价值创造方式、创新方式、商业模式、组织模式等，是新兴产业创新发展与传统产业转型升级的重要推动力量，成为助力新旧动能转换的重要支撑平台。互联网平台上承载着海量的服务提供者、用户及最终消费者，持续生成并流动着信息数据，彼此间建立即时通信关系、社交关系、经济利益交易关系和服务支撑关系。互联网平台（即建立平台的企业）是交互（信息、社交、交易等）的组织者，为用户提供交互的载体，并制定交互的规则；妥善处理好政府、平台、用户三者之间的关系是实现良好治理的关键，发挥社会力量参与是建立有效治理的重要途径。政府扮演着利益平衡角色，旨在为平台发展和健康运行设定规则并提供有序环境，对其行为进行审查指导规范，对市场主体的合法利益进行确认保护，并在市场机制失灵时发挥救济弥补、权益平衡和秩序恢复作用，提供救济保护渠道。用户则是平台上各项服务的使用者，是交互的主体，既参与规则制订又要遵守规则。依托平台存在的第三方服务提供者及其他与平台关系密切的群体，则参与平台的发展和治理，为供需双方提供工具和服务，支持供需更好地使用平台互动。

平台类型多样，治理角度和方法需有所差异。当前基于业务领域分类的资讯类、娱乐类、电商类、社交类（内容驱动）、工具类（技术驱动）、生活服务类等各种平台

正呈现出复合跨界特征，因此对其进行治理既要立足差异性，又需要与时俱进、综合施策。互联网平台主要塑造两类主体利益关系：一类考虑到平台其上的主体有信息展示交互需求，平台缔造出信息汇聚交流传播的链接关系；另一类考虑到平台其上的主体位于供需关系两端，平台缔造出资源能力互换交易的市场关系。根据互联网平台的主体生态架构及相关利益关系，平台治理涉及两个层面：一是政府监管平台及其用户；二是平台支持各利益相关方共同参与建立有效治理机制。从政府监管治理视角出发，需要区分不同业务领域、不同运营模式下，区分互联网平台企业责任的差异性和侧重点，紧扣平台塑造的主体利益关系切入，对接监管诉求。

3. 平台成为政府监管立规实践重心，政企协作成为方向

政府加强平台治理，法律法规与监管政策加速出台。2016 年伴随着互联网平台企业的成熟壮大，平台服务过程中各种侵权事件、市场秩序乱象频频发生；与此同时，根据习总书记“4·19 讲话”精神，基于对政府、企业、用户三方力量相互制衡、互为依存的关系把握，政府部门更加聚焦自身参与平台治理的角色、手段和机制，推动政企密切协作协调，走齐抓共管、良性互动道路，平台监管新规加速配套跟进，并强调平台须承担为政府监管提供必要支持的主体责任。2016 年，政府监管开始积极反思现有政策要求和管理实践滞后的不匹配之处，针对互联网平台企业加速配套出台新的政策规范，如工商总局发布了《关于促进网络服务交易健康发展 规范网络服务交易行为的指导意见》,《中华人民共和国刑法修正案（九）》规定了“帮助信息网络犯罪活动罪”,《食品安全法》修订中增加了规范网络外卖平台条款等，旨在规范企业行为，推动企业履行应当承担的责任和义务。特别是《网络安全法》的正式颁行将为依法开展包括互联网平台在内的网络空间治理提供重要的法律依据。

平台需要加强承担主体责任，政企有必要建立良好协作关系。根据平台与平台承载的消费者用户、服务提供者的内主体关系、平台间利益关系及平台与其生长运行的外部环境政府监管、社会责任等，对塑造不同利益关系的平台企业进行分类，考虑其需要承担的治理目标和治理内容。对于以缔造信息传播交互关系的平台企业来说，如微信、知乎、新浪微博等，需要在信息内容安全治理（涉恐 / 涉政 / 涉暴）、虚假不实、谣言、广告信息治理和用户隐私保护方面配合承担主体责任；对以缔造经济利益互换交易关系的平台企业来说，如淘宝、滴滴等，需要在消费者权益保护、知识产权侵权保护，假冒伪劣、盗版侵权治理，网络欺诈、网络犯罪治理，公平竞争秩序维护（反垄断、反不正当竞争），产业健康与经济效率发展促进等方面承担主体责任。平台企

业需要加强自律，履行作为平台服务提供者和规则制定者的责任；同时为政府监管提供能力，尽到协助配合的责任。因此，平台企业与政府须建立良性的协同治理关系，从企业角度，一方面须主动作为承担直接责任，另一方面配合政府为监管效果实现提供必要的渠道、能力支持，履行间接责任。对于信息发布递送平台、信息搜索查询、社交自媒体、即时通信平台等互联网信息服务提供者，由于其内容源来自平台发布/上传或来自用户或由其他网站第三方提供，应做到先审后发、违法不良信息监测过滤，此外还应配合政府监管提供应急处置、溯源等能力。

4. 平台衍生的新型个体经济需要精准治理能力

平台衍生的新型经济吸引大量个体参与，需多方面加强精准治理能力。分享经济这一新型经济形态的迅猛发展，吸引了大量个体参与其中，因此，政府在制定分享经济相关政策措施时，应充分考虑分享经济参与主体的复杂性，按照分类分级的原则，利用平台化、数据化、智能化手段，对分享经济的参与主体及其涉及的准入要求、责任界定、劳动关系、税收征缴等问题进行精准治理。以 2016 年蓬勃发展的网约车为例，政府在进行管理时需要认真考虑一系列关键问题。**市场准入方面**，涉及是否允许私家车从事运营服务，车辆牌照与司机户口的限制是否放开等，建议不宜设置过高、过细的准入条件，以避免实施直接的或变相的数量管控；**主体责任方面**，涉及网约车司机应该承担什么责任，建议合理划分平台与司机之间的承运人责任，兼职服务者按民事行为责任处理；**劳动关系方面**，涉及网约车司机的劳动权益如何保障等，建议探索设立劳动者权利介于劳动关系和劳务关系之间的第三种法律关系；**税务收缴方面**，如何对网约车司机的收入进行征税等，建议综合考虑行业成熟度和服务者收入分类分级纳税。总体上，政府应坚持开放、包容的态度，为分享经济营造健康、宽松的发展环境。

三、2017 年互联网领域发展展望

（一）缩小数字鸿沟将带来全球互联网用户新增长空间

全球的数字鸿沟仍然显著。全球仍有超半数人口未连接互联网，发展中国家的互联网用户普及率与发达国家仍有较大差距，截至 2016 年 6 月全球各地区互联网渗透率如图 16 所示；数字红利的分享与数字技术的发展并未同步。联合国 2030 可持续发展议程将指引各国特别是发展中国家加快互联网发展，支持包容性与可持续发展作为未来主题，缩小数字鸿沟是首要任务，这也将成为数字经济与全球治理合作的重要议题。

消除数字鸿沟的压力意味着潜在的增长动力，用户规模仍有较大的增长空间。移动化和宽带化是现阶段用户增长的主要动力，发展中国家将成为下一个 10 亿、20 亿、30 亿新增用户的主要来源。物联网发展将成为带动连网设备增长的主要驱动因素，据 Gartner 预测，2016—2020 年物联网设备数量将翻两番，届时将超过 200 亿，满足消费者和企业的不同需求。

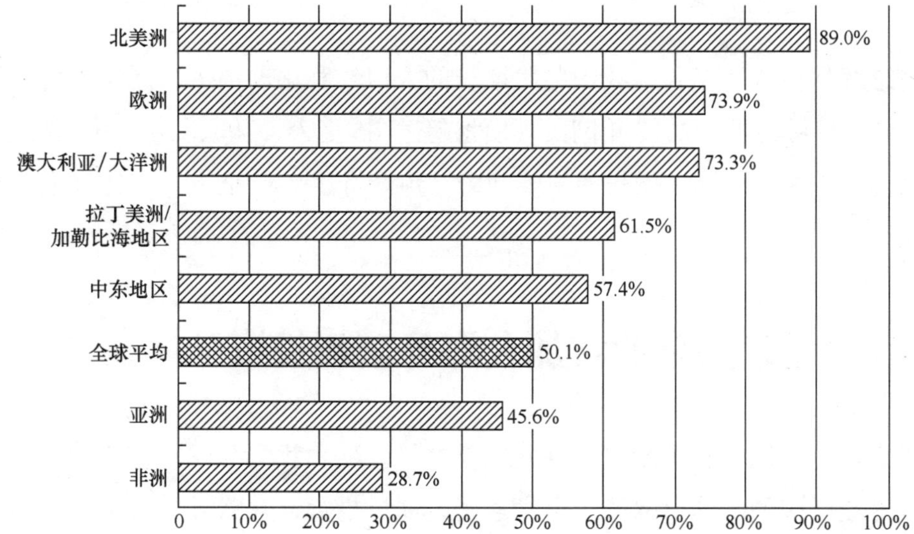

图 16　全球各地区互联网渗透率（截至 2016 年 6 月）

（数据来源：互联网世界统计（Internet World Stats））

（二）我国互联网企业收入继续保持较快增长

互联网企业收入仍将保持较快增长。随着“互联网 +”的深入推进，以及人工智能、AR/VR 等技术趋势带动，并根据 2012—2016 年互联网企业收入增长趋势预测判断，2017 年增速仍将保持在 40% 以上，但会略有下降。由此判断，2017 年我国互联网企业收入预计将达到 1.76 万亿元，增速为 42%，如图 17 所示。

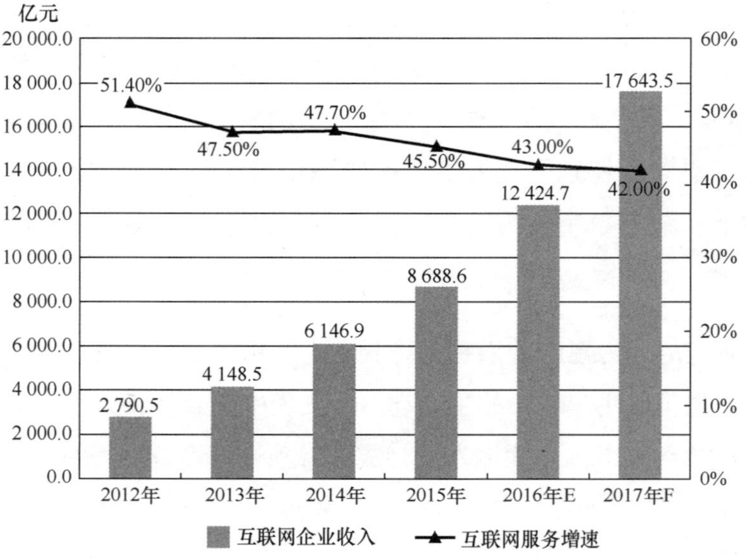

图 17　我国互联网企业收入预测

（数据来源：工业和信息化部、CNNIC、中国信息通信研究院）

网民继续保持稳定增长。我国网民增长的人口红利逐渐消失，网民数增长接近瓶颈，增速预计持续走低。2017 年网民规模将超过 7.5 亿人，互联网普及率将接近 54%。手机网民仍将成为带动网民增长的主要动力，预计将达 7.43 亿人，占比接近 98%，如图 18 所示。

（三）我国互联网企业将加大海外创新投资

中国企业正在积极利用全球互联网创新力量。随着我国互联网行业的发展，我国企业与世界互联网创新前沿的联系愈发紧密，通过投资、并购等手段调集全球创新力量、分享创新成果的能力也在进一步增强。以互联网创新最为活跃的美国为例，我国企业对美国高科技产业的创业投资的数量 2010 年仅为 16 起，至 2015 年，投资数量已经达到了 181 起，增长超 10 倍。2016 年前三季度投资数量已接近 2015 年全年，如图 19 所示。从轮次分布上来看，我国对美国高科技产业的投资事件过半为支持初创企业的天使轮和 A 轮投资。例如，包括 AirBnB、Uber、Social Finance、Magic Leap、Jet.com、Snap 等在内的美国互联网新兴企业都曾获得过中国投资者的资金。

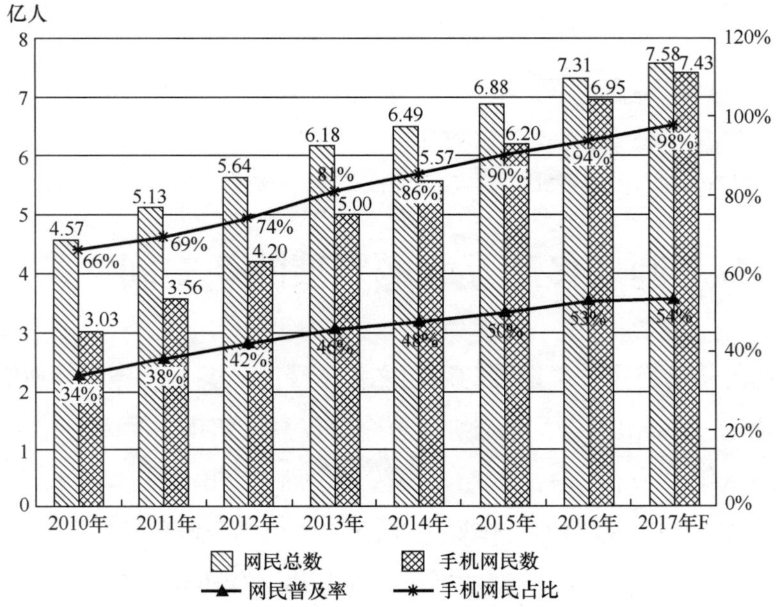

图 18　我国互联网网民数预测

（数据来源：工业和信息化部、CNNIC、中国信息通信研究院）

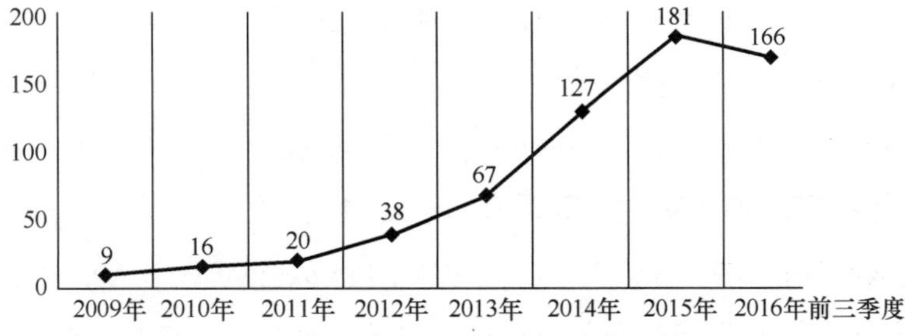

图 19　中国机构在美国创业投资数量（数据来源：CB Insights）

中国企业正在优势领域占据印度等新兴市场先机。除积极利用全球互联网先进创新力量外，我国企业也与世界级互联网巨头企业一样，积极参与到了新兴市场的角逐中，并在一些优势领域占到了先机。以近几年增长迅速的印度互联网市场为例，Paytm 是印度的最大支付和电商平台以及全球第四大电子钱包，自 2015 年起阿里巴巴和蚂蚁金服对其多次投资累计超过 12 亿美元，目前持股约 40%。除印度外，东南亚、拉美等也是我国企业开拓新兴市场的布局重点。我国互联网企业已经敏锐地把握住了新兴互联网市场的重要性，正在迅速进行资本、技术和运营经验的输出。国外及中国机构对印度创业投资数量如图 20 所示。

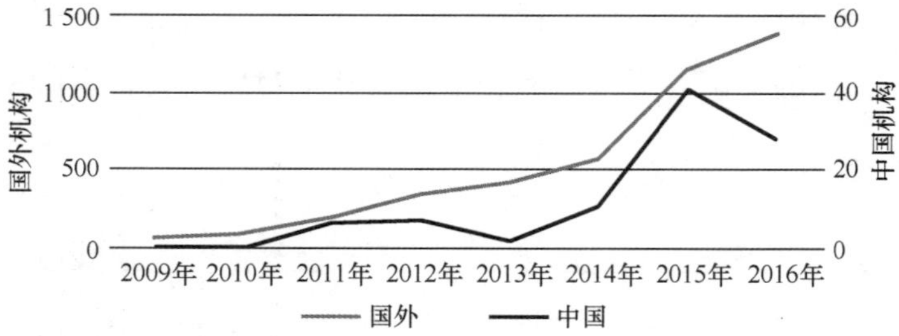

图 20　国外及中国机构对印度创业投资数量（数据来源：CB Insights）

（四）HTML5 迎来移动互联网发展的新空间

HTML5 作为移动应用开发领域的后起之秀备受业界瞩目。一是行业需求爆发加速标准化工作的推进。HTML5 相关标准定稿至今仅仅只有两年多时间，但受到广泛关注，并不断演进。2016 年 11 月初，HTML5.1 版本发布，而 HTML5.2 版本也将于 2017 年发布。在安全方面，W3C 与 FIDO 联盟合作推进 Web 生物识别身份认证标准；在物联网方面，W3C 加速 WoT（Web of Things）标准推进，规范基于 Web 的互操作层，制定服务元数据和语义信息标准。同时，Web 技术对虚拟现实、区块链等新应用场景的支持也是未来标准化工作的重点。**二是 Web 平台对 HTML5 标准的支持不断提升。**大部分移动浏览器已经支持 HTML5 技术，2016 年 6 月 Safari 浏览器宣布将默认禁用 Flash 插件，全面支持 HTML5；2016 年 8 月，火狐浏览器开始拦截“对用户体验非必要的 Flash 内容”；12 月，谷歌浏览器开始全面支持 HTML5，Windows10 Edge 浏览器默认阻止 Flash 运行。**三是 HTML5 技术与超级应用模式协同，实现操作系统层之上的“水平化业务分工”，塑造基于超级应用的全新应用生态。**Google 发布 PWA（Progressive Web App）框架，具有载入速度更快、支持离线、支持消息推送等特点，目前已被列入 W3C 标准草案。而在国内，微信小程序的推出，与 PWA 有异曲同工之妙，两者都是为缩小原生 APP 与 HTML5 Web APP 之间的差距而生。未来，随着这类技术的推进，超级应用将结合 HTML5 技术逐步成为平台化、操作系统化产品，链接各类应用、场景，成为互联网服务的中枢。

（五）互联网发展进入智能化时代

智能化同移动化、宽带化技术发展特征相结合，叠加推动互联网发展。互联网从产生、发展到现今成为全球性技术和资源，经历了 TCP/IP 时代网络技术的飞速发展，经历了交换路由等传输设备的技术革命，同时也经历了面向用户的大型网站的内容爆炸和新型终端层出不穷所带来的无限畅快。如今，人们对互联网的要求已经不仅仅停留在找到想要的内容即可，而是要求精准、迅捷、人性化的互联网服务，智能化创新要素提升了互联网的服务精准度，提高了用户的满意度，将互联网带入一个全新的时代。

技术与理论的发展是互联网智能化发展的基础，大数据和深度学习经过多年的发展已经成为核心要素。海量数据为人工技术提供了充足的学习资源，而深度学习技术能够有效利用海量数据资源发掘大数据价值。以谷歌、微软、脸书、百度等为代表的高科技公司和北美、欧洲等顶尖高校将继续作为人工智能技术创新的发源地，开源推动深度学习的应用普及与效果提升。其中，谷歌宣布 AI First 战略，内部应用人工智能的项目数量陡增近 3000 个，用于几乎全部明星业务。算法方面，无监督学习、迁移学习、增强学习、对抗网络、人工智能芯片、深度学习与符号逻辑结合等将成为热点研究方向，深度学习黑盒问题有望得到解释。

人工智能应用领域不断扩大，创新能力不断提升。人工智能在图像识别、自然语言处理、语音识别等基础领域发挥着巨大作用，促进了互联网人机交互方式的多样化和人机交互能力的高效便捷发展。同时，互联网智能化不断深入交通、工业、医疗、社交等领域，产生了智能机器人、无人驾驶汽车、智慧医疗系统、智能工业体系、语音助手等多种类、多领域、多用途的智能化产品。在教育领域，人工智能开启了“互联网 + 教育”新空间，自适应学习将改变在线学习范式。其中，美国 KNEWTON 自适应学习平台为美国超过 1000 万 K12 阶段的学生提供了学习服务；中国传统教育机构和互联网教育公司也已经对 K12 领域的自适应学习平台开始了探索性研究。

（六）分享经济蓬勃兴起，有望成为新的经济增长点

2017 年，我国的分享经济将继续保持迅猛发展态势。分享经济参与主体日益多元，现阶段参与者以个体为主，正吸引大量企业与越来越多的公共机构参与。同时，分享经济发展的领域不断拓展，并呈现从生活服务分享向生产制造分享渗透、从实物资源分享向人力资源分享渗透、从私人资源分享向公共资源分享渗透的态势。分享经济主要领域的发展阶段如图 21 所示，未来一两年，细分市场日益成熟、持续发力，分

享经济将进入全面爆发期。2017 年，我国有望出台促进分享经济发展的相关文件，包容创新环境进一步形成，分享经济将获得强劲的发展动力。

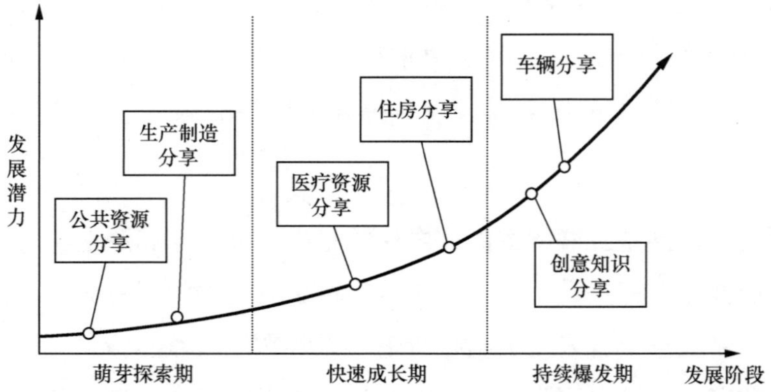

图 21　分享经济主要领域的发展阶段

无线与移动篇

导　读

回顾2016年，无线与移动领域仍然呈现高速增长的局面。从市场方面来看，全球范围内4G对3G的替代不断加速，数据业务流量不断增长，我国人均业务流量呈现翻倍态势。从网络情况来看，LTE网络的覆盖范围不断加大，同时，LTE-Advanced网络的部署也正在加快。从终端情况来看，4G终端成为主流，国内终端已经完成向4G的过渡。

2016年的无线与移动领域呈现三大特点。一是4.5G商用进程加快，5G国际标准研究全面启动。移动通信终端芯片设计和制造技术快速发展，芯片能力快速提升，已经普遍实现14/16nm制程。VoLTE基本实现规模商用。5G成为各国发展的战略焦点。各国纷纷发布5G试验和商用计划。我国完成了第一阶段的5G技术实验，初步验证了关键技术的性能，第二阶段的技术研发试验规划已经发布。二是多样化的市场需求催生出了多种新型无线技术与应用。O3b、OneWeb等公司推动的卫星互联网引起了广泛的关注，我国成功发射了第一代卫星移动系统。Wi-Fi从802.11的ac和ad向ax和ay演进。传统蜂窝通信以外的IoT技术发展迅速。三是频谱管理引入了多种分配方式以满足用频需求，并加强了用频管理。在低频段，美国激励拍卖进入实施阶段，欧洲强力推进700MHz频段的释放。在中频段，通过频率共享方案提高频率利用效率。在高频段，使用多种方式释放更多的频率资源供不同的系统共存使用。

展望2017年，无线与移动领域将继续高速发展。我国LTE用户有望突破10亿。全球数据业务流量继续平稳增长，到2020年，国内DOU将超过5GB。我国将开展第二阶段的5G技术实验。新版无线电管理条例的发布，将给无线资源的管理和分配带来新气象。

本篇作者：

万屹　李珊　宋颖　陈晓贝　徐晓燕　李侠宇　朵灏　黎卓芳　罗振东　杜滢　曹磊

一、2016 年无线与移动领域发展综述

（一）市场

1. 全球 4G 对 3G 替代明显，我国 4G 用户占比过半

截至 2016 年 9 月，全球移动用户约为 74 亿户，普及率达 99%。2016 年，3G、4G 发展趋势不变，4G 新增用户继续大幅超过 3G 新增用户。截至 2016 年 9 月新增 LTE 用户约 5 亿户，累计用户数超过 15 亿户。2011—2016 年全球新增移动用户情况如图 1 所示，其中 2G/3G/4G 新增用户情况如图 2 所示。

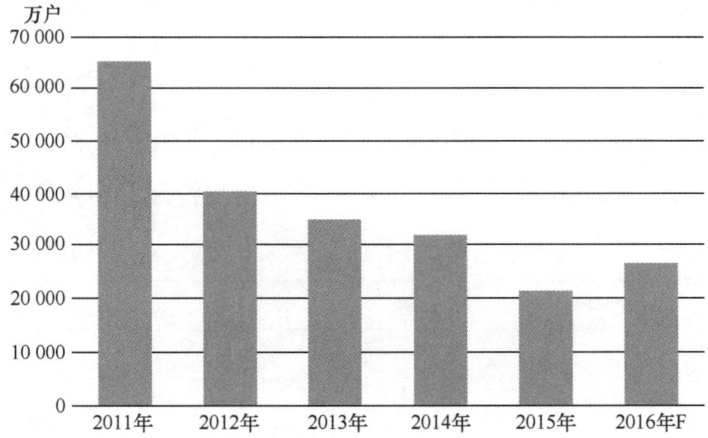

图 1　2011—2016 年全球新增移动用户数（数据来源：GSMA，工业和信息化部）

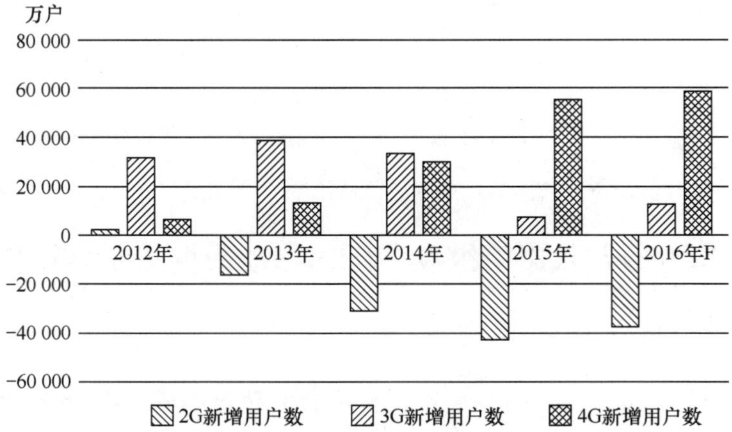

图 2　2011—2016 年全球 2G/3G/4G 新增用户数（数据来源：GSMA，工业和信息化部）

2016年我国移动用户规模增速与2015年基本相当，截止到2016年8月，我国移动用户达到13.1亿户，普及率为93%，比2015年年底增加了300多万户，如图3所示。

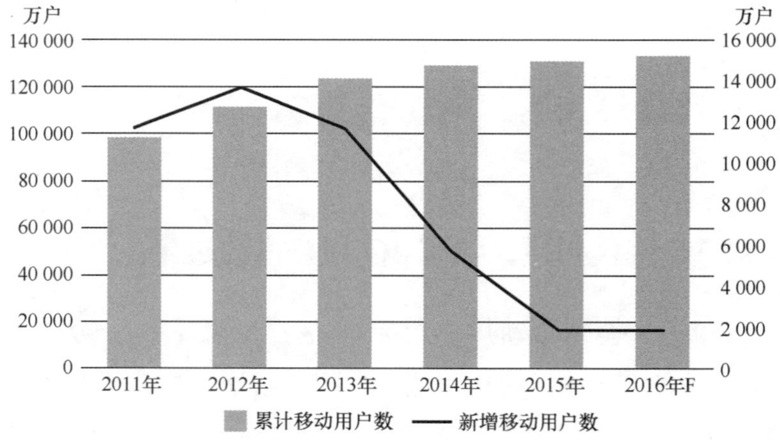

图3　2011—2016年我国移动用户数（数据来源：工业和信息化部）

我国LTE用户继续快速增长，截止到2016年8月，LTE用户数达到6.6亿户，在总移动用户中占比50.1%。受4G发展影响，3G用户负增长加速。

中国继续成为全球4G发展的发动机。中国4G用户在全球4G市场的占比继续提升，已达44%。2012—2016年我国2G/3G/4G新增用户情况如图4所示。

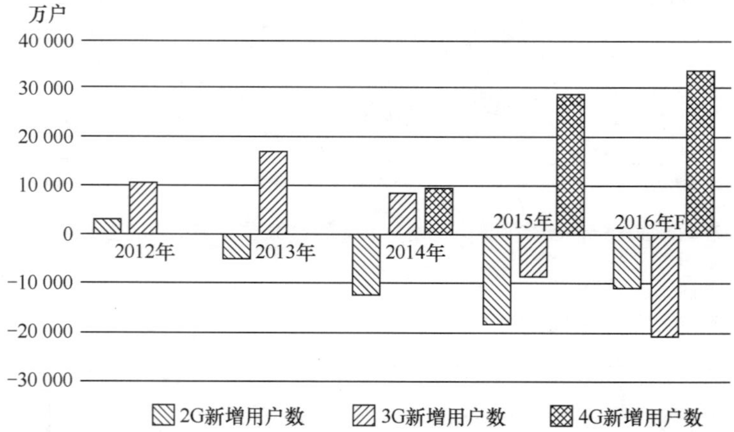

图4　2012—2016年我国2G/3G/4G新增用户数（数据来源：工业和信息化部）

2. 互联网应用业务替代影响继续，国内移动数据流量增幅创新高，人均流量呈翻倍增长态势

过去四年，全球移动互联网流量年复合增长率超过50%。2016年流量规模保持稳定增长，达到53%；传统业务量继续下降，但已有降幅收窄趋势。2016年，受国内

4G 用户规模大幅提升和 4G 用户高 DOU 影响，国内移动数据流量增幅创新高，前三季度同比增长 123%，月均总流量规模达到 6.9 亿 GB。2011—2016 年全球及国内移动数据流量月均规模及同比增幅情况如图 5 所示。

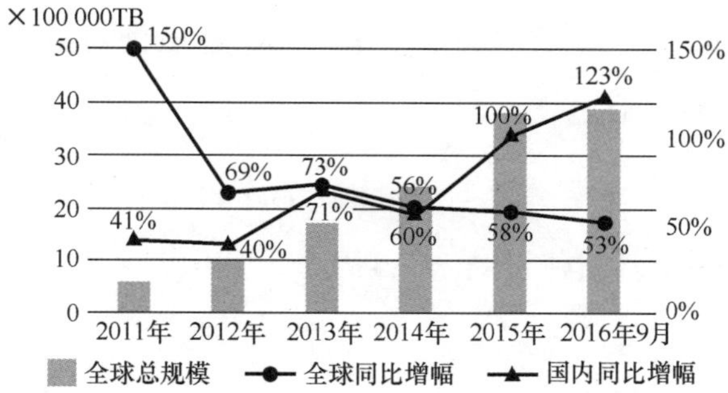

图 5　2011—2016 年全球及国内移动数据流量月均规模及同比增幅

（数据来源：思科，中国信息通信研究院）

截至 2016 年第三季度，国内 DOU 达到 740MB，相比同期增长逾一倍，这主要是受 4G 网络用户推动，目前 4G 网络承载流量超过 7 成，3G 网络承载流量不足 3 成。通过手机上网[2]（蜂窝）的流量也保持翻倍增长态势，占移动互联网总流量的 89.2%，物联网终端流量占比极小。

表 1　2013—2016 年国内移动通信业务量增幅

	2013 年	2014 年	2015 年	2016 年 9 月
移动通话时长	5%	1%	-2.6%	-1.2%
短信业务量	-0.6%	-14%	-8.4%	-6.7%
移动流量	71%	63%	103%	123%

（二）网络

1. 全球网络覆盖地区差距较大，我国 4G 网络建设保持高速增长

截至 2016 年 7 月底，全球共有 170 个国家和地区开通了 521 个 LTE 商用网络，2016 年以来共有 74 个运营商新推出商用 LTE 服务，牙买加、利比里亚、缅甸等地首次实现 LTE 覆盖。其中，目前已有超过 100 个 LTE-Advanced 网络与 Cat6（151 ～ 300Mbit/s 的下行链路）的智能手机和其他用户设备兼容，具有 Cat9（301 ～ 450Mbit/s）

2　蜂窝网络流量载体包括手机、平板电脑、物联网终端和上网卡等。

能力的网络也在显著扩大，Cat11 系统（峰值速率高达 600Mbit/s）将于 2016 年年底商用，1Gbit/s 的业务也即将到来。

我国继续保持 4G 网络建设的飞速发展模式，截止到 2016 年 7 月 4G 投资已达到 900 多亿元，4G 基站规模接近 240 万个。我国 4G 基站已占全球 4G 基站数量的一半以上，4G 网络质量全球最佳。

中国移动方面，截至 2016 年 7 月，4G（TD-LTE）网络投资累计完成约 503.5 亿元，完成 4G（TD-LTE）基站建设约 137.5 万个，其中宏基站 108.4 万个，室内分布基站 29.1 万个。

中国联通方面，截至 2016 年 7 月，累计完成 4G 投资 94.5 亿元，累计建成 4G 基站 50.5 万个（FDD 49.6 万个，TDD 0.89 万个），4G 室内分布系统 67 962 套，4G 载扇 1 521 900 个。

中国电信方面，截至 2016 年 7 月，累计完成 LTE 网络投资 213.4 亿元。中国电信在全国 318 个本地网进行了 LTE 混合组网，累计建成 4G 室外基站 48.5 万个，室内分布系统 17.9 万套，并完成了本地承载系统（IP-RAN）的改造工程。

2. 全球 LTE-Advanced 网络部署加快，VoLTE 商用进程依旧缓慢

根据 GSA 的报告，继 LTE 商用网络全球扩张之后，目前全球已有 69 个国家和地区的 147 家运营商推出了 LTE-Advanced 服务。Cat9 的网络（峰值速率 450Mbit/s）数量正在显著扩大，Cat11 的网络（峰值速率高达 600Mbit/s）正在进行商用推广，有助于千兆服务在年底前问世。2016 年年初，澳洲电信（Telstra）公开表示计划在年内推出千兆级别 LTE 网络服务，澳洲电信部署的千兆级 LTE 网络中，爱立信提供了软件和基础设施，通过在两个载波聚合上进行 4×4 MIMO、在第三个载波上进行 2×2 MIMO，以及 256QAM 高阶调制，最终实现了 1Gbit/s 的速率。此外，T-Mobile 也首次在奥地利展示了 LTE-Advanced 网络能力，通过各种技术的组合实现了将近 2Gbit/s 的速率。Orange 西班牙也宣布，在瓦伦西亚市进行的 LTE-Advanced 技术试验中，通过聚合 800MHz、1800MHz、2600MHz 和 3500MHz 频带的频率，使用 256QAM、4×4 MIMO 天线，将下载速度提升到 1.5Gbit/s 以上。

过去几年中，全球 VoLTE 的商用进展一直不如预期。2015 年上半年，全球仅有 16 个国家和地区的 25 家运营商推出了采用 VoLTE 技术的商用高清语音服务。到 2015

年年底，全球也仅有28个国家和地区的40家运营商提供了VoLTE商用服务，发展速度远远落后于LTE产业整体发展水平。但是，到了2016年，VoLTE全球推广明显加快，截至2016年上半年，有29个国家的51家运营商商用。我国的商用部署也得到了飞速发展，克服了VoLTE设备兼容性、用户体验一致性、参数配置复杂性等困难，终于迎来了VoLTE商用。目前中国移动已有13省141个城市商用，2016年3月启动了VoLTE网络质量提升百日会战。中国联通和中国电信预计将在2017年实现商用。

3. 产业链积极推进VoWiFi应用，VoWiFi逐步与VoLTE形成融合趋势

运营商升级EPC和IMS网络，将基于VoLTE的业务扩展到Wi-Fi接入，用户可以通过Wi-Fi拨打电话，同时支持VoLTE和VoWiFi之间的无缝切换。任何Wi-Fi可以通过互联网接入运营商核心网，用户可享受到电信级别的语音服务，以弥补3G/4G室内覆盖的不足，从而提升用户黏性。

VoWiFi与VoLTE的融合方案共有5个网络侧融合分场景进度，分别是：

- 场景1——统一账单和客户服务；
- 场景2——基于3GPP系统的接入控制和计费；
- 场景3——WLAN UE接入3GPP PS域业务；
- 场景4——业务连续性（蜂窝网与Wi-Fi切换）；
- 场景5——WLAN UE接入3GPP CS域业务。

目前场景1至3在国内和国外都已实现。场景4，国外部分运营商已完成，但主要是基于3GPP方案进行私有化拓展，国内三大运营商还未完成。场景5，国外部分国家已开始商用VoWiFi，而在国内，中国电信和中国联通正在进行VoWiFi试验。

（三）终端

1. 全球手机出货量增速趋于零，4G成为全球主流；国内手机市场增速明显下降，基本完成向4G过渡

Gartner分析报告显示，2016年全球手机出货量约为19.2亿部，仅比2015年增长

0.23%，已低于个位数。全球移动用户数 2016 年年底将首次超过人口总数趋于饱和，手机需求量增长空间进一步压缩，手机出货量已经接近零增长。2013—2016 年全球手机出货量统计如图 6 所示。

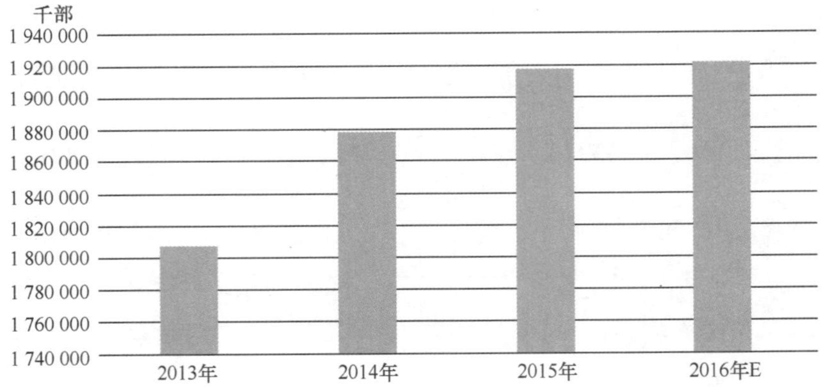

图 6　2013—2016 年全球手机出货量统计图

相比于全球手机出货量增长乏力，受 4G 发展影响，我国手机出货量仍然保持了不错的增长。中国信息通信研究院发布的数据显示，2016 年我国手机出货量为 5.60 亿部，尽管仍未达到 2013 年的出货量水平，但相比 2015 年取得了 8% 的增长率。2010—2016 年我国手机出货量统计如图 7 所示。

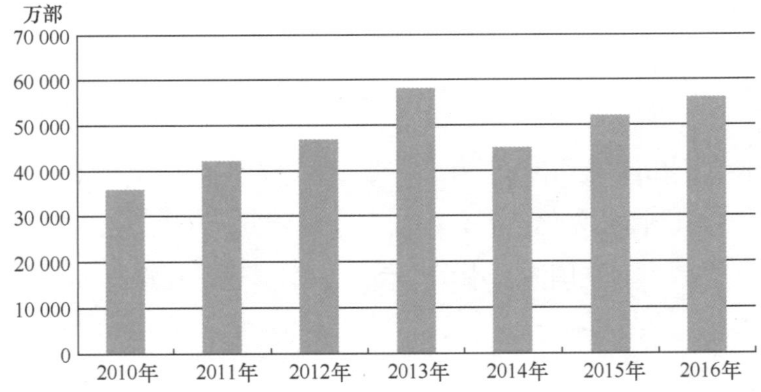

图 7　2010—2016 年我国手机出货量统计图

全球手机市场向 4G 过渡趋势明显。Gartner 报告显示，2016 年全球出货手机中预计 4G 手机占比为 57.5%，较 2015 年有进一步提升，4G 已成为全球手机市场的主流技术。2013—2016 年全球手机出货量 2G/3G/4G 占比统计如图 8 所示。

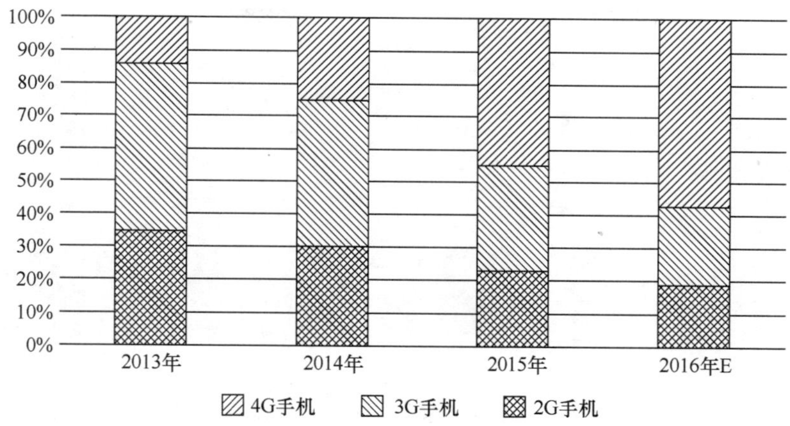

图 8　2013—2016 年全球手机出货量 2G/3G/4G 占比统计图

同样，受我国 4G 大力推广和发展影响，我国手机市场向 4G 过渡的速度明显高于全球水平。中国信息通信研究院发布的数据显示，2016 年我国 4G 手机出货量高达 5.19 亿部，市场占比 92.8%，我国手机市场已基本完成由 2G/3G 向 4G 的过渡。2010—2016 年我国手机出货量 2G/3G/4G 占比统计如图 9 所示。

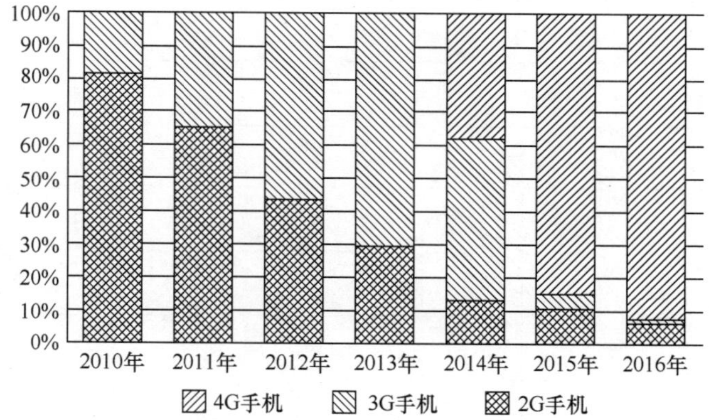

图 9　2010—2016 年我国手机出货量 2G/3G/4G 占比统计图

2. VoLTE 和载波聚合已成全球 LTE 终端主流技术，我国 VoLTE 终端增长明显，Cat4 还是主流等级

VoLTE 作为 LTE 阶段重要的语音解决方案一直备受产业关注。随着技术的不断演进、优化，VoLTE 技术被全球越来越多的运营商所采纳和接受，同时 VoLTE 已发展成为全球 LTE 终端主流技术之一。据 GSA 发布的数据报告显示，截至 2016 年 10 月，全球支持 VoLTE 的智能终端款型已经达到 646 款，是 2015 年同期款型的近 3 倍，增长明显，如图 10 所示。

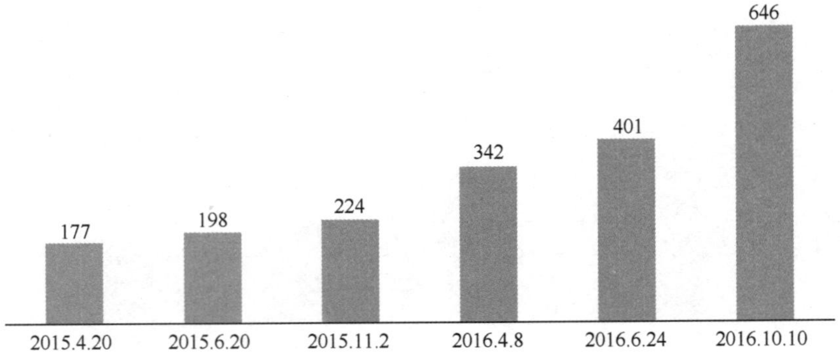

图 10　近两年全球 VoLTE 智能终端款型数

而我国作为全球最大的 LTE 网络运营国家，VoLTE 技术的发展势头也非常强劲。中国信息通信研究院发布的数据显示，2016 年全年我国申请进网 4G 手机中，支持 VoLTE 语音方案的款型占比已经高达 82.14%，同比 2015 年增长 76.6 个百分点，如图 11 所示。

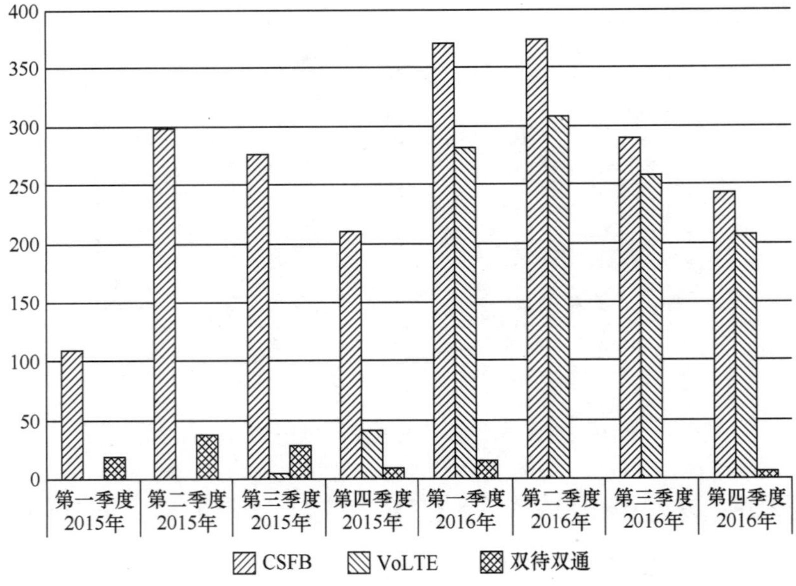

图 11　2015—2016 年我国申请进网 4G 手机语音解决方案款型数统计图

为了提升 LTE 用户的速率体验，全球运营商积极部署载波聚合技术。支持载波聚合的 LTE 终端也迎来快速发展。GSA 发布的数据报告显示，截至 2016 年 10 月，全球共发布了 6504 款 LTE 终端，其中 Cat4 能力终端 3398 款，款型占比为 52.2%，成为市场主流，同时支持 600Mbit/s 高速率的 LTE 终端开始出现，见表 2。

表 2　全球 LTE 终端不同传输能力等级款型数统计表

UE 等级	终端款型数	理论下行峰值速率	理论上行峰值速率
Cat4	3398	150Mbit/s	50Mbit/s
Cat6/7	441	300Mbit/s	50Mbit/s
Cat9	61	450Mbit/s	50Mbit/s
Cat10	1	450Mbit/s	100Mbit/s
Cat11	1	600Mbit/s	50Mbit/s
Cat12	9	600Mbit/s	100Mbit/s
Cat13	24	390Mbit/s	150Mbit/s

中国信息通信研究院发布的数据显示，我国支持载波聚合的 LTE 终端款型也在快速增长。2016 年全年我国申请进网的 4G 手机中，Cat4 手机为 954 款，仍是主流传输能力等级，而 Cat6 手机款型的增长势头明显，已达 105 款，如图 12 所示。

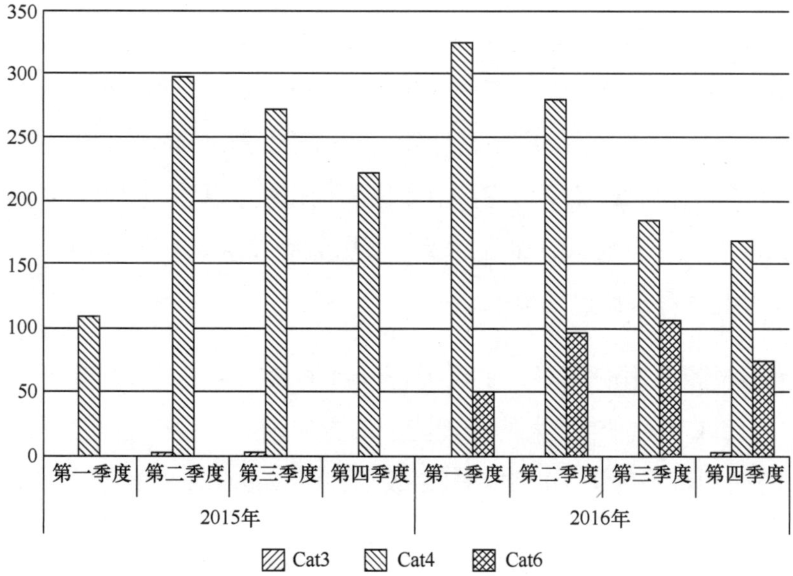

图 12　我国 LTE 终端不同传输能力等级款型数

二、2016 年无线与移动领域热点分析

（一）4G/5G：4.5G 加快规模商用，5G 国际标准全面启动

1. 移动通信终端芯片设计 / 制造技术快速发展，芯片能力不断提升

目前商用芯片产品已实现 14/16nm 工艺制程，代表芯片包括：骁龙 820（高通）、麒麟 955（华为海思）、Exynos 8890（三星）、A10/A10X（苹果）。展讯、联芯等国内厂商也在 2016 年年底前推出了其商用 16nm 芯片。随着台积电、三星 10nm 工艺产线的投产，联发科、高通、三星有望在 2017 年年初推出 10nm 芯片产品。

处理器 IP 核方面，ARM 已完成面向不同市场的 64 位内核架构布局，并加速完善 64 位软件及开发工具，并在 2015 年年底推出了面向超低功耗市场的 ARMv8-A 64 位架构的 Cortex-A35 内核，全面覆盖高性能、高效、低功耗等各方面。操作系统方面，随着苹果从 iOS7（搭配 A7 芯片）引入 64 位架构以后，安卓也加快了 64 位生态的构建，带动整个芯片、应用生态的加速升级。市场监测数据显示，2016 年上半年全球 64 位移动处理器的出货量占比已达 63%。

随着图像和视频应用的增多，手机屏幕分辨率及内容复杂度的提升使得图形计算越来越复杂，推动 GPU 向更强大的处理能力的方向发展，性能逼近桌面显卡。当前主流移动 GPU 的性能水平处于 100GFLOPS 级别，PowerVR 6 旗舰产品的运算速度已达 1TFLOPS 水平。

目前，“全网通”“全球漫游”“高清通话”“4G+”成为考验终端和芯片企业竞争力的关键性指标。

“全网通”的巨大市场需求促使各芯片厂商全面转向全 5 模和全 6 模基带芯片研发。目前能够开发全 6 模的厂家有高通、联发科、海思，三星也正在试产 6 模芯片，而 Intel 则在 2015 年并购了威睿，预计未来一两年内将在其基带芯片中补全 cdma 模式。LTE 终端芯片方面，支持频段范围由 2.7GHz 以下扩展至 3.8GHz 以下；射频前端技术的发展也使 LTE 终端能够支持更多的频段，满足全球漫游需求。随着 VoLTE 商用进程

的加快，主流商用芯片全面支持 VoLTE，并逐步向 VoLTE（EVS）过渡。此外，LTE-Advanced 芯片已能够支持 3 ～ 4 载波聚合、更高阶调制（DL 256QAM/ UL 64QAM）、4×4 MIMO、T+D 聚合等增强技术，空口传输能力进一步增强，达到 1Gbit/s 级别。

2. TD-LTE VoLTE 语音实现规模商用

在 TD-LTE 网络中，基于 IMS 的语音业务（TD-LTE VoLTE）已实现规模商用，相比传统电路域语音业务，TD-LTE VoLTE 语音业务具有更高的频谱利用率，可为用户提供高清语音、高清视频等更丰富的业务体验。

目前 VoLTE 技术的相关国际标准已基本成熟，主要集中在 3GPP 和 GSMA 来进行相关研究。我国的 CCSA 也已经制定完成了 VoLTE 系列行业标准，主要包括：VoLTE 总体技术要求，无线设备、核心网设备及终端的技术要求和测试方法。

VoLTE 技术在全球的商用部署进程进展迅猛，据 GSMA 统计数据显示，截至 2016 年 3 月，全球共有 29 个国家（地区）的共 51 家运营商提供了 VoLTE 商用语音业务，而截至 2016 年 9 月底，全球共有 49 个国家（地区）的共 86 家运营商提供了 VoLTE 商用语音业务（如图 13 所示）。可以看到，短短半年，新增了 35 家运营商部署商用 VoLTE 语音业务。我国的商用部署也得到了飞速发展，目前中国移动已经完成了 VoLTE 的全网部署，中国联通和中国电信预计将在 2017 年实现商用。

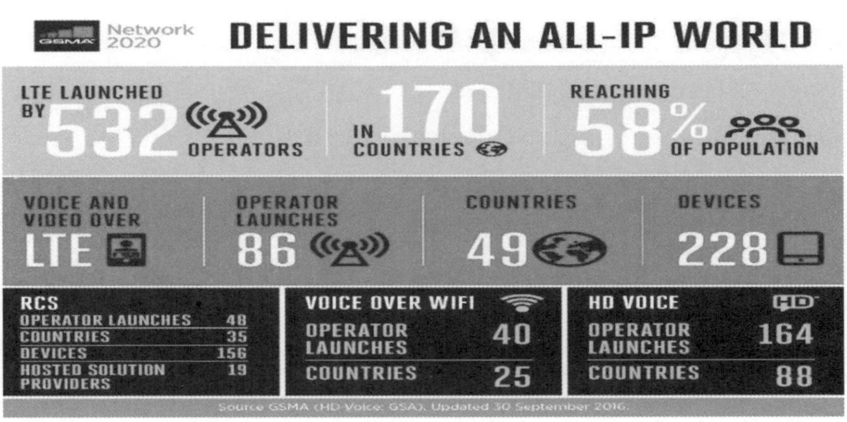

图 13　截至 2016 年 9 月全球 VoLTE 商用情况（资料来源：GSMA）

目前，VoLTE 语音业务虽然实现了规模商用，但在终端和网络互操作方面以及网络间漫游和互通方面还面临一些问题和挑战，2017 年将在这些方面对 VoLTE 语音业务进行进一步的改进和完善。

3. LTE-V 国际标准基本完成，我国批复 LTE-V 试验频率

在全球移动宽带市场取得广泛应用的基础上，国内外努力将 LTE 技术扩展到车联网等垂直应用领域。基于 LTE 的车联网通信技术 LTE V2X（Vehicle-to-X，X：车、路、行人等）的研究与标准化成为国际、国内相关标准化组织的重要任务。

3GPP 于 2015 年年初启动了 LTE-V 的技术研究，到 2016 年 9 月已优先完成了基于终端直通（D2D）模式的车车通信（V2V）标准化。2017 年 3 月将完成 LTE-V 整套标准，进一步支持基于蜂窝网的 V2V 通信（V2V）和车路通信（V2I）、车人通信（V2P）。

我国国内，在积极推动 3GPP 和 CCSA 等组织的 LTE V2X 标准化基础上，从研发和应用示范等方面积极推动 LTE V2X 的发展。工业和信息化部于 2016 年年底批复同意使用 5905 ～ 5925MHz 频段在多地开展 LTE-V 技术验证试验。

4. 5G 成为各国发展的战略焦点

目前，5G 已成为我国信息通信领域的重点突破方向。《中国制造 2025》中指出，应全面突破第五代移动通信技术，推动核心信息通信设备体系化发展与规模化应用。《“十三五”规划纲要》中也提出，要积极推进 5G 发展，2020 年启动 5G 商用。同时，《国家信息化发展战略纲要》提出了到 2020 年 5G 技术研发和标准取得突破性进展的战略目标。为支持 5G 研发工作，我国在“863”计划和“新一代宽带无线移动通信网”重大专项两个方面支持 5G 技术创新和产业化。2016 年 1 月，我国全面启动 5G 技术研发试验，由 IMT-2020（5G）推进组负责组织实施。

此外，其他多个国家和地区也纷纷提出 5G 发展规划，加大 5G 研发推进力度。欧盟设立了 5G PPP、METIS 等重大项目，研发经费超过 42 亿欧元，并于 2016 年 9 月发布了 5G 行动计划，2016 年年底确定 5G 首发频谱，2017 年年底规划全部 5G 频谱，2018 年启动 5G 预商用试验，2020 年年底推动 5G 全面商用。美国率先明确 10.85GHz 带宽的 5G 高频资源，成为全球首个正式规划 5G 频谱的国家，并发布了预算 4 亿美元的“先进无线通信研究计划”，计划 2017 年启动 5G 试验，将建设 4 个城市级测试平台。日本 NTT DoCoMo 2015 年就联合部分主流设备厂商共同开展了 5G 技术测试。5GMF 将于 2017 年牵头启动日本的 5G 技术试验。韩国发布了 5G 国家战略，拟投入 1.6 万亿韩元（约合 14.3 亿美元），并计划 2018 年年初平昌冬奥会期间由韩国电信（KT）

开展 5G 预商用试验。

5. 5G 国际标准全面启动，技术框架逐步形成

3GPP 明确了 5G 标准规划，将包含 R15 和 R16 两个版本，其中 R15 标准分为两个子阶段。第一个子阶段在 2017 年年底或 2018 年 3 月完成非独立组网的 5G 新空口技术标准化，满足美、韩、日等激进运营商的需求，并完成 5G 网络架构标准化。第二个子阶段在 2018 年 6 月完成独立组网的 5G 新空口和核心网标准化，支持 eMBB 和 uRLLC 两大场景，满足 2020 年 5G 商用需求。此外，R16 标准将于 2019 年 9 月完成，支持 eMBB、mMTC、uRLLC 三大场景，并满足全部 ITU IMT-2020 技术要求。无线技术方面，3GPP 于 2016 年 3 月启动了 5G 研究，目前已基本形成新空口技术框架；网络技术方面，3GPP 于 2016 年 11 月完成了 5G 系统架构研究，将在 2017 年 1 月启动《总体架构和功能技术规范》以及《业务流程技术规范》标准制定。

5G 新空口技术框架逐步形成，新空口架构具有灵活、低时延、多业务共存等特点。基础参数方面，5G 新空口子载波基于 15kHz 进行灵活的扩展，支持多套参数；支持低时延、灵活自包含的帧结构；引入新波形，支持业务间灵活共存；支持 OFDMA 基础多址，并充分讨论新型多址方案，涉及码域、序列和交织方案；在多天线方面，新空口基于 4G 多天线方案，侧重于研究基站侧和终端侧的波束赋形方案；支持灵活的协议栈分布，针对不同应用场景，接入网协议灵活分布于中心或远端节点。

5G 将同时支持移动宽带和物联网场景，但在具体标准化技术路线方面，各国观点存在一定的差异。目前，ITU 已基本完成 5G 技术需求指标和评估要求研究，5G 业务包含增强移动宽带、海量连接物联网和低时延高可靠物联网。在 3GPP 标准化技术路线上，针对业务场景存在两类观点：一方面，美国、韩国、日本、欧洲设备商建议 3GPP 第一版本的 5G R15 标准重点完成移动宽带标准化工作；另一方面，我国运营商、设备商及主要的欧洲运营商认为产业需要融合发展，移动宽带业务和移动物联业务同等优先，建议 3GPP 同步开展移动宽带和物联网标准制定工作。频谱方面，3GPP 综合各方观点后决定 5G 第一版本将支持 40GHz 以下的频率。

目前，我国已明确了移动宽带与物联网同步、低频新空口为主体和注重技术创新的技术路线，并提出灵活系统设计、创新技术和大规模天线的“三驾马车”技术方案，已在 3GPP 取得阶段性标准化成果。

6. 各国纷纷发布 5G 试验及商用计划，加强合作成为共识

目前，多国已发布 5G 试验及商用计划，推动 2020 年成为 5G 正式商用的关键时间点。

我国明确将于 2020 年启动 5G 商用，并已经发布 5G 试验计划，将试验分为技术研发试验（2016—2018 年）和产品研发试验（2018—2020 年）两大阶段。2016 年 1 月，我国全面启动 5G 技术研发试验，将通过关键技术验证、技术方案验证和系统方案验证三个分阶段的试验，支撑 5G 技术研发与国际标准化工作。2016 年 9 月，推进组已完成 5G 关键技术验证，并启动第二分阶段的技术方案验证工作。

此外，欧盟计划 2017 年 3 月公布具体的 5G 测试计划并启动测试，将在 2018 年开展预商用试验，力争在 2020 年实现 5G 移动宽带与垂直行业应用的同步商用。韩国正在进行 5G 开发与试验建设，将在 2018 年年初启动 5G 预商用试验，支持平昌冬奥会。美国在 2016 年 7 月发布了先进无线通信研究计划，将在未来 7 年建设 4 个小城市规模的 5G 无线技术测试平台。日本计划 2017 年启动 5G 技术试验，2020 年实现 5G 商用以支持奥运会，目前其运营商 DoCoMo 正在与主流设备商开展 5G 技术测试，计划 2017 年年中推出 5G 移动通信试验环境。

同时，全球业界已基本达成共识，将共同研制全球统一的 5G 国际标准，并合作推动后续产业和应用发展，构建全球 5G 产业。中欧美日韩等各国政府及 5G 推进组织积极开展 5G 双边和多边合作。2015 年 10 月，IMT-2020（5G）推进组、欧盟 5G PPP、韩国 5G 论坛、日本 5GMF 和美国 5G Americas 于葡萄牙里斯本签署合作备忘录，将针对 5G 需求、概念、技术、标准、频谱等开展进一步的深入合作。目前，上述 5G 推进组织已联合举办了两届全球 5G 大会，推动全球业界就 5G 进行充分沟通、交流与观点融合，各方均认可将在 ITU 和 3GPP 的框架下，充分兼顾差异化诉求，研制全球统一的 5G 标准，既要支持增强移动宽带应用，也要满足物联网及垂直行业应用需求；既要定义 5G 新空口，也要支持 4G 平滑演进；既要支持 6GHz 以下的低频频谱，也要支持 6GHz 以上的高频频谱。

7. 我国完成第一分阶段 5G 试验，初步验证关键技术性能

在推进组的组织下，国内外移动通信设备制造商、运营商和科研机构通力合作，目前已顺利完成了 5G 技术研发试验第一分阶段的测试工作。华为、爱立信、中兴、

大唐、诺基亚和上海贝尔、三星、英特尔七家企业完成测试，测试内容涵盖 5G 的无线关键技术及网络关键技术。

初步验证了 5G 无线关键技术的性能，测试结果基本符合预期。大规模天线技术方面，相比于单用户 MIMO 可以获得 8 倍以上的吞吐量性能提升，达到 4Gbit/s；新型多址技术方面，相比于 LTE 可获得 86% 以上的下行频谱效率增益和 3 倍的上行用户连接能力提升；极化码方面，相比于传统的 Turbo 码，可获得 0.45 ～ 0.9dB 的性能增益，与高频段通信结合可实现 27Gbit/s 的峰值传输速率，验证了极化码能够很好地支持 ITU 定义三大场景；高频通信方面，验证了高频技术方案的可行性，利用高频段、大带宽可满足 10 ～ 20Gbit/s 的 ITU 峰值速率指标要求；新型多载波技术方面，可有效降低相邻子带间的干扰，支持 5G 系统在统一技术框架基础上实现不同场景差异化技术方案的需求。

此外，验证了 5G 新型网络架构及网络关键技术的可行性。首先，新型网络架构实现了控制功能和转发功能的完全分离，网络功能可以按需编排和重构，从而满足不同场景的差异化要求；其次，5G 网络设备能够基于虚拟化技术实现，硬件平台采用通用的 x86 服务器，云管理系统基于开源技术，在计算性能和通信性能上较专用硬件有一定的下降，但在资源利用效率上更加灵活和高效；此外，网络切片技术能够改变原有网络的刚性管道模式，可以实现基于 5G 场景和需求灵活构建不同特性网络切片的能力；最后，5G 网络采用移动边缘计算技术可有效降低业务时延，提高视频类业务的用户体验。

8. 第二分阶段 5G 技术研发试验规划

为支撑 5G 国际标准研制，加快推进 5G 概念样机设备开发，培育 5G 产业链，我国已于 2016 年 10 月启动了 5G 研发技术试验第二分阶段工作，并已发布了 5G 技术试验第二分阶段的无线部分的技术规范，重点面向 5G 典型场景的技术方案开展测试，以验证不同厂商技术方案的功能和性能。

第二分阶段测试工作将基于统一的平台、统一的试验频率、统一的设备和测试规范，面向 5G 典型场景开展测试。统一平台是指依托推进组构建统一的公共试验平台，在北京怀柔、顺义外场和 MTNet 试验室开展测试；统一设备和测试规范，是指参与测试的试验设备样机应基于统一的设备规范进行开发，并基于统一的测试规范进行测试；统一试验频率是指测试重点面向低频段，其中 3.4 ～ 3.6GHz 是必选频段，但同时鼓励系统厂商开展高频试验样机的开发与测试。

（二）多样化的市场需求，催生新型技术与应用不断涌现

1. 卫星互联网引起业界广泛关注；我国天通一号成功发射，迈出自主卫星移动通信系统的第一步

近年来，国际上以 Ka 为代表的高轨宽带获得了长足发展，在轨的高轨宽带卫星已超过 20 颗。中低轨宽带星座成为新兴公司关注的热点，O3b、OneWeb、SpaceX、下一代铱星致力于发展中低轨宽带星座。国内的卫星互联网产业目前与国际先进水平仍存在一定的差距，以老牌运营商如中国卫通、亚太卫星，和制造商如航天科技（五院、八院）、航天科工、信威通信、上海微小卫星工程中心、中国电科集团为核心的国内卫星界也开始陆续提出高低轨融合的宽带卫星系统规划。

2016 年 8 月我国在西昌卫星发射中心用长征三号乙运载火箭成功地将天通一号 01 星发射升空，这是我国卫星移动通信系统的首发星。天通一号卫星移动通信系统是我国自主研制建设的卫星移动通信系统，也是我国空间信息基础设施的重要组成部分。系统由空间段、地面段和用户终端组成，空间段计划由多颗地球同步轨道移动通信卫星组成。天通一号 01 星由中国航天科技集团所属中国空间技术研究院为主研制。地面业务由中国电信集团公司负责运营，将与地面移动通信系统共同构成移动通信网络。天通一号将为中国及周边、中东、非洲等相关地区，以及太平洋、印度洋大部分海域的用户提供全天候、全天时、稳定可靠的移动通信服务，支持话音、短消息和数据（最高速率 384kbit/s）业务。

2. 空天互联网作为地面网络的有效补充而逐步发展，典型应用场景将成突破口

（1）技术瓶颈和监管环境仍是空天互联网提供普遍服务的较大障碍

在谷歌、Facebook、三星等互联网巨头的推动下，借助于气球、无人机和小卫星这样新的空中平台构建的空天互联网发展非常迅速，如图 14 所示。计划建设中的空天互联网将为全球尚未联网人群以及即将到来的物联网大发展提供新的传输路径。这些新的空天互联网不仅有望变得跟地面网络一样快速，而且具有全球性的覆盖，可以最

大限度地满足任何人、任何行业、任何地方、任何时刻的联网需求。

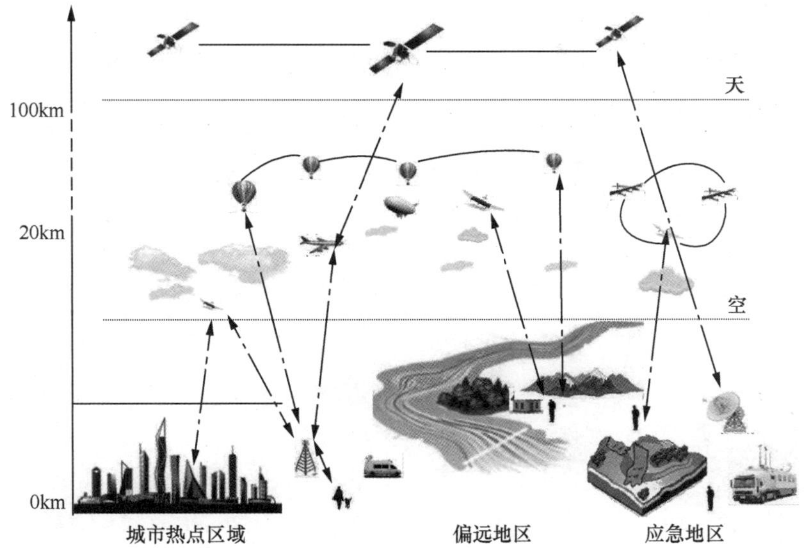

图 14　空天互联网示意图

然而，通过空天互联网布局实现普遍服务尚有较多技术瓶颈。例如，高空环境通信信号稳定性和通信技术选择、高空平台载体（气球、无人机等）的能源和可控性等问题都亟待重大突破。同时，监管政策问题也极为棘手，例如谷歌气球要实现高空全球性覆盖，需要各国在国家层面进行根本性的政策调整，如飞越国际边境线、飞行路线以及军事管制等公共政策问题，要解决这些问题，需要获得所有利益相关方的认可，恐怕需要数年，因此谷歌因为地缘政治问题暂时搁置了“Project Loon”计划的拓展。

（2）典型应用场景将成为空天互联网发展的突破口

未来，空天互联网将作为地面网络的有效补充逐步发展，普遍服务尚有较大瓶颈，但典型应用场景将成为突破口，如图 15 所示。

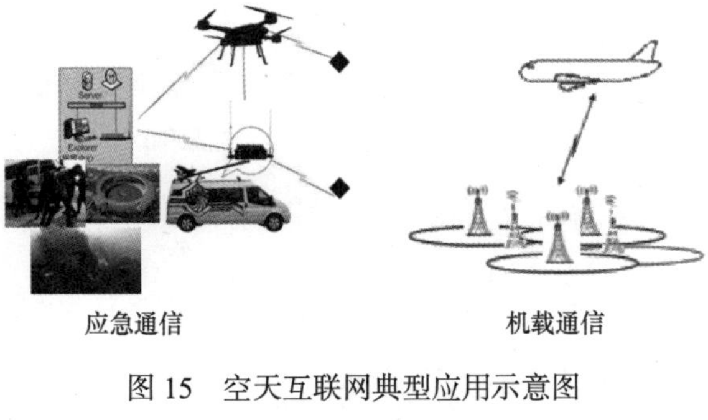

图 15　空天互联网典型应用示意图

应急通信方面，可以利用各类卫星通信和定位、浮空平台技术等专用手段，满足灾害和灾难的时效性、高带宽和环境恶劣等的需求。Softbank 已经成为全球首家空中基站运营商，在地震等灾害后，通过气球型空中基站，在不能直接进入灾区抢修的情况下快速恢复通信，保证了灾区民众的手机正常通信。同时，利用高空小型平台配置无线接入基站，实现快速组网，应用于突发事件现场应急通信、反恐防暴、预警发布以及事件发生后应急处置等。

机载通信方面，其由机上通信系统和空中中继传输系统以及地面网通信系统组成，用户终端通过无线或有线方式接入机上通信系统，机上通信系统再通过空中中继传输系统，进而接入到地面通信系统，实现飞机上客户手机拨打地面移动电话或固话的业务、短信以及接入 Internet 的数据业务。

3. Wi-Fi 通过向 802.11ax 和 802.11ay 演进，进一步提升传输速率，并布局 5G 发展

随着移动互联网的快速发展，Wi-Fi 已经在全球普及。在市场获得巨大成功的同时，IEEE 也加快了新一代无线局域网技术的研发和标准化工作，一方面提升物理层速率，另一方面向更多的无线接入场景渗透。目前，IEEE 正加快 802.11ax 和 802.11ay 的标准化工作，以期迎接万物互联时代的到来。

802.11ax 是对 802.11ac 的升级，推进 Wi-Fi 向 HEW（High Efficiency WLAN，高效无线局域网）演进，主要目的是提供密集部署场景的宽带连接，预计 2019 年发布标准。其主要特点如下：① 峰值速率能够达到 10Gbit/s（华为测试），平均吞吐量相比于 802.11ac 有 4 倍的提高；② 能部署在 2.4GHz 或者 5GHz 频段；③ 除了采用 MU-MIMO 之外，还通过引入 OFDMA 来改善频谱效率，11ac 中的 MU-MIMO 是可选项，而在 11ax 中是必选项；④ 支持 128QAM 的高阶调制以实现更高的吞吐量。

802.11ay 是对 802.11ad 的升级，提供毫米波频段（60GHz）的宽带无线接入，预计 2017 年发布标准。其主要特点如下：① 峰值速率能够达到 20 ～ 40Gbit/s；② 部署在 60GHz 频段，传输距离能够扩展到 300 ～ 500m；③ 很可能采用 channel bonding 和 MU-MIMO；④ 目前只是对 802.11ad 进行一定程度的改进。

虽然 Wi-Fi 通过免许可频段技术在无线市场上蓬勃发展，但是也面临蜂窝移动通信不断的竞争，特别是 ITU 针对 5G 发展确定了三大场景（增强移动宽带、海量机

器类通信、超高可靠低时延通信），Wi-Fi 势必将与蜂窝移动通信形成新的竞合关系。在这种情况下，IEEE 积极布局 5G 发展，2016 年 7 月，在 802 全会上形成了以下两个方案。

方案 A：制定 IEEE 的 5G 接入网。通过沿用 802.1 OmniRAN 的设计思路，兼容 IEEE 802.1 的各种接入技术，为客户（移动、固网和有线电视）提供灵活的宽带接入方案。

方案 B：与 3GPP 合作，此方案的支持率最高。与 3GPP 合作开发接口，通过类似 LWA、eLWA、LWIP 等技术将 802.11 技术（11ax、11ay）接入 3GPP 5G 网络，提供宽带接入服务。

对比分析可以看出，方案 A 的工作量较大，需要为 IEEE 802.1 接入技术开发一个灵活的网络接口，将现有和未来的接入方案都整合形成一个 5G 的接入网。方案 B3 的工作量较小，IEEE 802.11 可以按照目前的节奏制定 11ax、11ay 等标准，通过与 3GPP 合作更好地支持与 3GPP 5G 新空口聚合。但是，我们也应该看到，IEEE 的两个方案都不能独立地满足 ITU 对 5G 三个场景制定的全部 KPI，也就是说，当前 IEEE 的 5G 方案并不是一个完整的 5G 系统，只能成为 5G 的组成部分之一。

4. 传统蜂窝通信之外的 IoT 技术发展迅速，抢占低功耗广覆盖（LPWA）市场

LoRa 是 Semtech 公司 2013 年开发的低功耗广覆盖技术，并由此成立了 LoRa 联盟。截至 2016 年年底在 17 个国家有 LoRa Nationwide 的覆盖，包括 150 多个城市，会员达 400 个。LoRa 支持 0.3 ～ 50kbit/s 的数据传输速率，对于需要长时间共享小量数据的智能终端来说非常适用。

Sigfox 是法国的一家创业公司，Sigfox 的网络使用一种名为超窄带（UNB）的技术提供低功耗广覆盖的解决方案。Sigfox 预计 2016 年年底完成新的一轮融资，融资总额达 1 亿～ 2 亿美元，融资后 Sigfox 估资将达 6 亿美元（当前 4 亿美元）。Sigfox 宣传其已经在法国、西班牙、荷兰、英国等 24 个国家建好网络，并计划进入中国和印度市场。目前全球的 Sigfox 网络已经承载了 800 万设备，资费在 12 欧元 / 年至 1 欧元 / 年的范围内。

与基于蜂窝移动技术的 NB-IoT 和 eMTC 相比，LoRa 和 SigFox 的优势是技术进入市场化时间比较早，已经有全球部署的商用网络。缺点是由于使用非授权频谱，可能面临更多的潜在干扰，同时非标准化技术在未来的演进路线也并不清晰。因此 LoRa 和 SigFox 的市场定位主要面向可靠性、安全性等要求没那么敏感，同时要求迅速实现定制化服务的企业级应用。

5. 可见光技术愿景美好，但当前发展面临技术瓶颈且缺乏产业链广泛支持

Li-Fi（Light Fidelity）技术是一种利用可见光波谱（如灯泡发出的光）进行数据传输的全新无线传输技术，近年来受到广泛关注。在 2016 年的西班牙巴塞罗那 MWC 世界移动通信大会上，英国爱丁堡的新创光通信公司 Pure Li-Fi 推出了第三代 Li-Fi 产品——外接式传输新产品 LiFi-X，如图 16 所示。

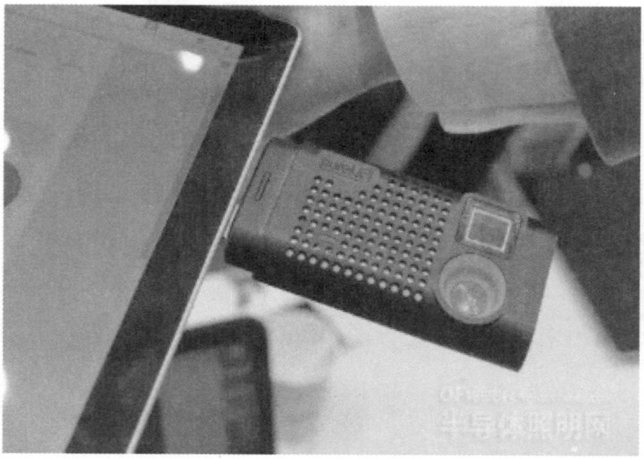

图 16　Pure Li-Fi 第三代 Li-Fi 产品——外接式传输新产品 LiFi-X

Li-Fi 的主要技术优势包括以下方面：① 传输速度快：可见光的频谱带宽是目前电磁波带宽的 10 000 倍，目前实验室测试的最高速率达到 1Gbit/s；② 建设便利，光源易得：利用已经铺设好的电灯设备电路，在需要接入网络的地方植入一个芯片即可；③ 绿色健康，低能耗：可见光对人类来说是绿色的、无辐射伤害的一种物质。同时，用光来通信能降低能耗，因为不需要像基站那样提供额外的能耗；④ 安全性：与电磁波可以穿透物体进行传播相比，可见光只能沿直线传播，不会穿透墙体，从安全角度来说，不容易被截取而泄露信息。

但同时需要注意的是，与技术和市场都已非常成熟的 Wi-Fi 技术相比，Li-Fi 技术本身仍存在明显的缺陷，Li-Fi 与 Wi-Fi 的比较分析具体见表 3。

表 3 Li-Fi 与 Wi-Fi 的比较分析

比较项	Li–Fi	Wi–Fi
安全性	安全性更强； 光的成分复杂，具有波粒二象性	更易被破解并被盗用
速度	速度快； 世界上传播速度最快的是光速	Wi-Fi 是无线电传播
反向通信	反向通信具有局限性，如何确保终端反射信号回 LED 灯泡没有得到完美的解决	无障碍
抗干扰性	可见光具有大量的散射以及满反射特性，因此光源自身很容易彼此干扰，而且相互之间的干扰抑制比较困难。同时，光谱也很容易受到自然界的可见光的干扰，使得通信性能大打折扣	ISM 无线频率干扰； 信道接入碰撞
传播距离	传播距离并没有保证； 波粒二象性导致稍微的阻挡使信号衰减	传播距离有限
材料成本	较高	低
市场成熟度	低	很高
生态环境影响	较小	无线干扰

未来 Li-Fi 发展的前景分析如下。

① Li-Fi 的发展仍然面临一定的技术瓶颈：Li-Fi 双向传输困难，上行传输较难实现。信号受环境光干扰大，很难在室外的白天工作；直线传播限制，跨房间的网络接入困难。

② 目前 Li-Fi 产业链各环节缺少协同：LED 设备商和研究机构较为积极，但通信企业和芯片厂商目前仍是研究观望的态度，对市场化前景还较为怀疑。

③ Li-Fi 的市场定位不清晰：Wi-Fi 以及 4G 的产业成熟度已经非常高，使用可见光通信替代 Wi-Fi 的应用意愿并不强烈。未来 Li-Fi 可以考虑定位为 Wi-Fi 的补充，优先在大的商场、机场和酒店、普通家庭住房试点应用，并尝试渗透到航空、航海、地铁、高铁、室内导航和矿井下作业等特殊领域以及场景。

6. 蓝牙 5.0 版本于 2016 年 12 月发布，应用空间极大地拓展

（1）Bluetooth 5 全面提升蓝牙性能

2016 年 12 月 6 日，蓝牙核心技术规范 5.0 版本正式发布，官方称为 Bluetooth 5，

主要提升蓝牙低功耗（Low Energy）方面的各项性能指标，包括下面 3 个方面。

① 4 倍传输距离：与发射功率为 100mW 的蓝牙 4.2 相比，蓝牙 5 的最大通信距离将达到 400m，是原来的 4 倍。传输距离的增加将支持整个家居及楼宇范围的覆盖，实现更加稳健、可靠的物联网连接，将扩展蓝牙技术在智能家居、室内外基础设施及工业设备中的应用。

② 2 倍传输速率：蓝牙 4.2 的低功耗技术的最高传输速率为 1Mbit/s，而蓝牙 5 的通信模式有 2Mbit/s、1Mbit/s 和 125kbit/s 3 种速率可选。不仅能提供更为迅速的数据传输，同时也具备更加优化的设备响应能力。

③ 8 倍数据传输容量：针对广播通信功能，通信容量从 31Bytes 上升到 255Bytes，将推进 Beacon、定位跟踪及其相关应用、导航等下一代“无所不连”服务的进一步发展。

（2）Mesh 和蓝牙：智能的联姻

蓝牙 Mesh 标准目前处于 v0.9 版本，预计 2017 年上半年发布，Mesh 组网技术将使蓝牙设备能够在网络中互联，无需控制中继设备，构建一个去中心化的设备系统，类似于 ZigBee，但功耗更低且无需网关，使得蓝牙网络覆盖整个建筑或家居成为可能，为蓝牙在智能家居和工业自动化应用领域带来新的机会。

（3）Beacon 将成为蓝牙设备的第三大市场

蓝牙 Beacon 技术正在改变消费者与品牌互动的方式，并将成为零售业技术革命的一种趋势。Beacon 设备具有对移动电子终端设备的定位功能和唤醒关联 APP 功能。基于这两项功能，可以延伸出它在导航定位和营销信息推动中的各种各样的应用场景。

超市 / 商场：帮助顾客查找商品，并了解商品信息，2016 年美国零售商店已完成一百多万的 Beacon 设备安装，北京的西单大悦城建立了一套成熟完善的蓝牙 Beacon 系统来提升顾客的消费体验，同时也能做进一步的顾客购买行为深度分析。

近场通知：向周边人员发送广告、红包、优惠券等，例如消费者通过商店里的 Beacon 信号，获得特价商品信息。

室内定位：Beacon 可以弥补 GPS 室内定位的不足，例如在硕大的停车场找到自己的车辆。

紧急救护：紧急救护人员通过 Beacon 精确找到事发地点。

7. NFC 近场移动支付技术创新助力应用普及

HCE 技术创新：HCE（主机卡模拟）技术日渐成为业内主流，对于 NFC 支付产业影响巨大。HCE 方式不需要提供 SE，而是由在手机中运行的一个应用或云端的服务器完成 SE 的功能，此时 NFC 芯片接收到的数据由操作系统或发送至手机中的应用，或通过移动网络发送至云端的服务器来完成交互，而不受手机内部 SE 硬件的限制。

NFC-HCE 是基于银行卡的支付，后台的运行与传统银行卡一致，也是走银行账户体系，清算也走银联体系，可以确保金融支付的安全性。在 HCE 方式下，用软件（或云端服务）模拟了 SE，如把卡号等敏感信息保存在手机中，在手机遗失或被 root 后，信息可能被窃。因此目前采用了 Tokenization 技术，利用加密技术，将卡号等敏感信息转换为随机生成的一次性使用的虚拟代码，从而提高了安全性。

HCE 近场支付的工作方式如图 17 所示。

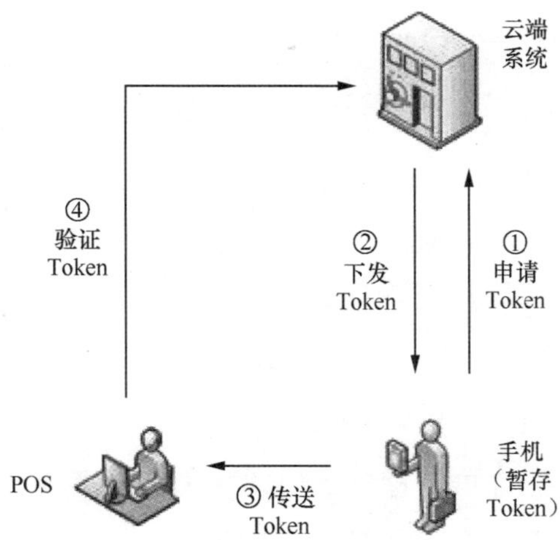

图 17　HCE 近场支付的工作方式

普及加速：基于卡模拟的 NFC 手机钱包是改变用户手机使用习惯的里程碑式业务。运营商把手机钱包视为继语音通信、移动增值后，拉动通信行业增长的第三波力量，寄予了很大的厚望。

不光是运营商，从终端厂商来说：2016 年年初，通过联合 MasterCard、Visa 等国际金融机构，Apple Pay 和 Samsung Pay 相继发布并被引入国内，而小米、华为等一线厂商纷纷推出了自己的 Mi Pay、Huawei Pay 等产品迎战。大家都看好 NFC 支付建立的长期用户黏性和金融业银行卡的无缝对接。NFC 支付终端出货量持续增长，如图 18 所示。

在公共交通方面，2016 年国内已经有北京、上海、武汉、苏州、广州、深圳等城市支持基于 NFC 的公交刷卡。支持此功能的 NFC 公交卡手机有小米、三星、华为等主流终端厂商。

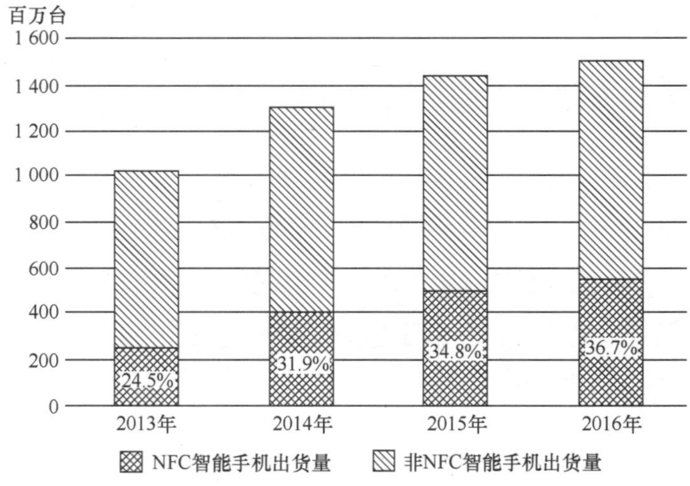

图 18　NFC 支付终端出货量持续增长

（三）频谱：整合多种分配方式满足用频需求，加强频谱事中、事后监管

2016 年，频谱管理持续创新。在分配环节，整合多种分配方式，释放更多的频谱资源，满足用频需求。低频段（3GHz 以下），引入激励拍卖等新型频谱分配方式；中频段（3 ～ 6GHz），通过共享方式提高频谱效率；高频段（6GHz 以上），许可、共享、免许可共存，提供更大的频谱带宽。在使用环节，引入频谱评估 / 审计，加强频谱事中、事后监管。在研究领域，5G 频谱划分成为 2016 年的热点。

1. 低频段：激励拍卖进入实施阶段，欧盟强力推进 700MHz 释放

2016 年，美国 600MHz 广播电视频谱的激励拍卖进入实施阶段。激励拍卖一共进行了 4 个阶段。第一阶段，通过反向拍卖计划回收的频谱量为 126MHz，给广播电视运营商支付的费用为 864 亿美元，而通过前向拍卖，移动运营商愿意支付的总金额仅为 231 亿美元。第一阶段，反向拍卖和前向拍卖的金额相差过大，激励拍卖进入第二阶段。在第二阶段和第三阶段，计划通过激励拍卖回收并发放的频谱量逐渐减少，虽然通过反向拍卖向广播电视运营商支付的费用与前向拍卖移动运营商愿意支付的费用的差距在缩小，但前向拍卖的价格仍未达到反向拍卖价格。第四阶段的激励拍卖计划回收的频谱量为 84MHz，计划向广播电视运营商支付的费用为 100.5 亿美元。到目前为止，前向拍卖的价格已经超过了 100.5 亿美元，达到结束的条件。激励拍卖后将启动分配程序，届时中标的移动运营商将再次投标申请希望获得的具体频段。

统一协调 700MHz 腾退工作，将其纳入欧盟最新的“单一数字市场”计划，以便加速频谱资源的再利用。欧盟提出立法提案，强制回收 700MHz 用于移动宽带。要求 2017 年 12 月 31 日前各成员国订立欧盟范围内所有必需的跨境频率协调协定，同时尽快与非欧盟国家进行协调；2018 年 6 月 30 日前各成员国通过并公布本国的过渡路线图；2020 年 6 月 30 日前各成员国将模 / 数转换后释放出来的 694 ～ 790MHz 频谱用于移动宽带业务。德国和法国已率先在 2015 年拍卖了 700MHz 频段。瑞典、芬兰、斯洛文尼亚表示将在 2016 年年底开始 700MHz 频段拍卖。比利时、匈牙利、荷兰、卢森堡、奥地利、葡萄牙、马耳他和爱沙尼亚表示2020年前完成700MHz频段的释放和重新分配。英国表示，计划在 2021 年（有可能提前两年）完成 700MHz 频段的拍卖。

2. 中频段：频谱共享，大幅提高频谱利用率

比较受关注的频谱共享方式主要有两种：一种是 LSA（授权共享接入），另一种是 LAA（授权频段辅助接入）。LSA 可通过载波聚合提升网络容量，能够提高频谱使用效率，减少频谱浪费，并更容易推动全球频段的统一，实现规模效应。LSA 的候选频段，欧盟主要是 2.3GHz、3.5GHz 频段，美国主要是 3.5GHz、5.9GHz 频段。LAA 使许可频谱与免许可频谱的共享成为可能，主要的候选频段为 5GHz 频段。2016 年，LSA、LAA 在全球都有不同程度的进展。

法国已启动 LSA 试点，将分配给法国国防部的 2.3 ～ 2.4GHz 频段开放给爱立信的无线接入网、RED Technologies 的动态频率管理平台和高通的 4G 终端共享使用。参与试点的公司发现通过部署微蜂窝能够覆盖全法国 98% 的人口，不会对军事用频活动产生干扰。该结果表明了在 2.3GHz 频段采用 LSA 的可用性。

英国发布频谱共享框架。Ofcom 已经考虑将 C 频段的 3.8 ～ 4.2GHz 作为频谱共享的试点，并开启了咨询。提供了两种共享方式：一种是颁发“地理许可证”，即在某一划定区域内提供频率使用许可；另一种是建立地理位置数据库，帮助识别何时何地该频率可以被使用。初步考虑采用第一种方式。英国政府在 2016 年的年度预算报告中承诺，到 2022 年，公共部门所持有的 10GHz 以下频谱资源中，将有 750MHz 实现共享，其中 500MHz 将在 2020 年之前实现共享。

荷兰利用 1800MHz 的 20MHz 许可频段和 5GHz 的 20MHz 免许可频段协同组网，其下行传输速率超过 274Mbit/s，是欧洲范围内 LAA 的首次尝试。

美国也正在开展 LTE-U 试点，FCC 已给高通公司特殊的临时授权（STA），在俄

克拉荷马城和罗利的 2 个 Verizon 基站中进行小规模的 LTE-U 设备性能评价试验。

3. 高频段：释放更多的高频资源，多种使用方式共存

与低频段相比，高频段频谱具有诸多优势，比如可提供更大的频谱带宽，在低频频谱授权给移动运营商的频谱带宽一般为 5MHz 或 10MHz，而高频频谱可提供的频谱带宽每个至少为 200MHz；提供超高速、低时延的数据速率；由于高频频谱信号穿透建筑物的能力不强，更适合在狭窄空间和直线上传输。在建筑物和其他障碍物之间反弹，意味着高频频谱可以重复使用等。

26GHz、28GHz 等高频段资源由于能够释放更多的频率资源，成为 5G 重点关注的频谱资源。美国率先开放高频频谱。对于高频段资源，美国提出了 3 种使用方式。第一种是许可独享方式，37GHz 的部分频段和 39GHz 将释放 2.4GHz 的许可频段，频谱带宽为 200MHz；28GHz 将提供两个频谱带宽为 425MHz 的频谱块。第二种是许可共享方式，37 ～ 37.6GHz 频段将有 600MHz 频率允许商业用户和联邦用户以动态共享方式使用频谱。第三种是免许可方式，在现有高频免许可频段（57 ～ 64GHz）上继续扩展为 57 ～ 71GHz，一次性增加 7GHz 频率资源。

韩国也研发基于 28GHz 左右高频的 5G 网络。SK 电信希望首先能在 6GHz 频点以上的频段部署 5G（6GHz 以下的频段过于“碎片化”），将优先采取 28GHz 频段。

4. 频谱评估 / 审计：加强频谱事中、事后监管

频谱评估 / 审计成为国际电联频谱管理流程中的重要环节，国际上多个国家和区域已初步开展。我国也于 2016 年开展了频谱使用评估专项活动，并且该项工作将成为一项常态化的工作，具体工作内容如图 19 所示。频谱评估 / 审计成为加强频谱资源事中、事后管理，缓解频谱供需结构性矛盾的重要手段。

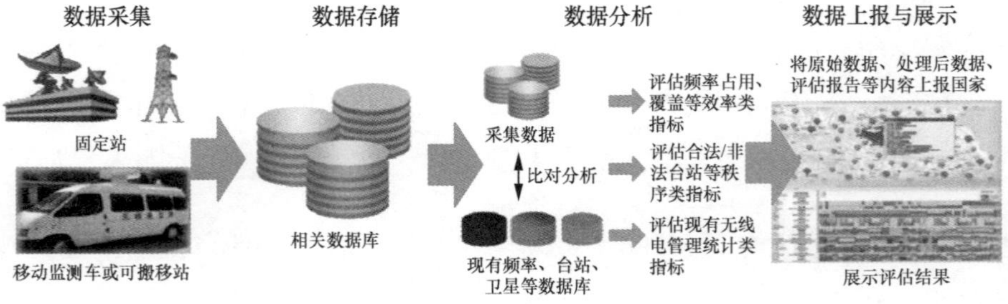

图 19 2016 年我国频谱使用评估工作内容

我国此次开展的频谱使用评估专项活动，评估的频段为公众移动通信系统、通信卫星及卫星通信网。评估指标有 3 个，分别是频段占用度、信道占用度、信号覆盖率。主要工作包括数据采集、数据存储、数据分析、数据上报与展示等。

5. 5G：国际 5G 频谱规划进展和我国 5G 候选频段研究

国际上，美国、欧盟、韩国、日本等都对5G频段进行了规划或者提出了相应的计划。

➢ **美国**：FCC 于 2016 年 7 月 14 日正式规划 5G 频段，许可频段为 27.5 ～ 28.35GHz、37 ～ 38.6GHz、38.6 ～ 40GHz；免许可频段为 64 ～ 71GHz。

➢ **欧盟**：公开对 5G 频谱征求意见，2016 年 9 月 14 日发布 5G 行动计划，2016 年年底前公布 5G 初期频谱。低频段主要是 700MHz 和 3.4 ～ 3.8GHz，高频段主要为 24.5 ～ 27.5GHz。

➢ **韩国**：将于 2018 年年初开展 5G 预商用试验，支持平昌冬奥会，重在移动宽带应用，计划 2020 年年底前实现 5G 商用，三个运营商部署 26.5 ～ 29.5GHz 作为试验频段。

➢ **日本**：总务省（MIC）于 2016 年 7 月 15 日发布 5G 频谱策略，计划在 2020 年东京奥运会之前实现 5G 商用，支持东京奥运会，重点考虑 3.6 ～ 3.8GHz、4.4 ～ 4.9GHz、27.5 ～ 29.5GHz 等频段。

我国也对 5G 频段开展了相应的研究。我国计划将低中频段（低于 6GHz）定为 5G 基础频段，满足大覆盖、高移动性场景下的用户体验和海量设备连接，2020 年我国 5G 商用将主要依赖低频段，主要目标频段为 3.3 ～ 3.6GHz、4.4 ～ 4.5GHz、4.8 ～ 4.99GHz。我国计划将高频段（高于 6GHz）定为 5G 长期战略性重要频段，满足热点区域极高的用户体验速率和系统容量需求。由于高频段对射频器件等技术要求高，需要我国提前培育产业。我国支持在 ITU 框架下开展 AI 1.13 议题候选频段研究工作，其中最高优先级研究频段为 43.5GHz 以下的 26GHz、40GHz 频段。我国 5G 候选频段计划如图 20 所示。

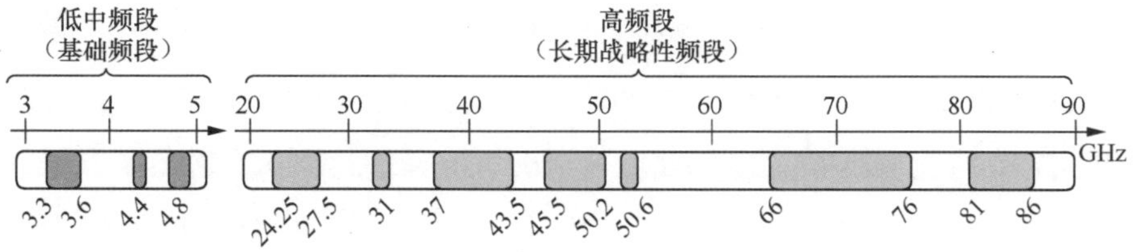

图 20　我国 5G 候选频段计划

三、2017 年无线与移动领域发展展望

（一）2017 年全球移动用户将接近 80 亿户，我国 LTE 用户有望突破 10 亿户

2016 年，全球移动用户数将接近 80 亿户，普及率达到 104%，预计 2021 年将超过 90 亿户。全球 LTE 用户处于快速发展期，预计将在 2017 年超过 20 亿户，2021 年接近 40 亿户。LTE 用户预计将在 2018 年超过 WCDMA 用户，2019 年成为用户占比最高的技术制式。2015—2021 年全球分技术移动用户预测情况如图 21 所示。

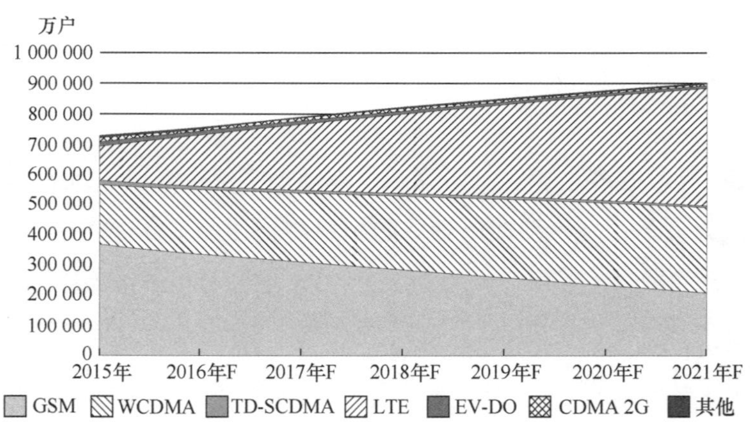

图 21　2015—2021 年全球分技术移动用户预测（数据来源：中国信息通信研究院）

预计 2017 年我国总 LTE 用户数将有望超过 10 亿户，2021 年我国 LTE 用户在总移动用户中的渗透率将接近 85%，其中我国市场将以 TD-LTE 为主，TD-LTE 用户规模占总 LTE 规模的比例保持在 70% 以上，2021 年有望达到 8.7 亿户。2015—2021 年我国国内分技术移动用户预测情况如图 22 所示，2016—2021 年我国 LTE 用户预测情况如图 23 所示。

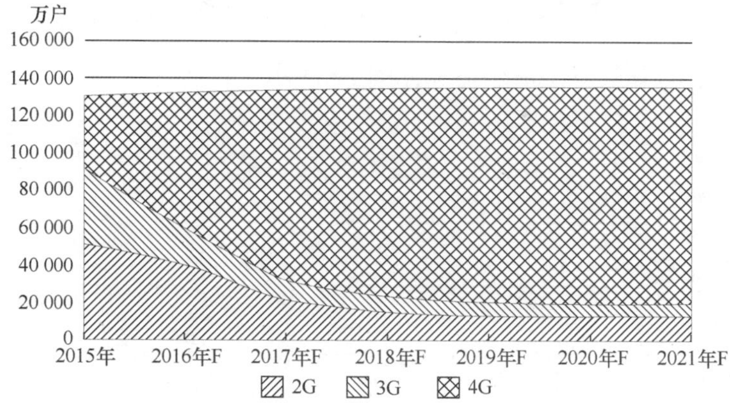

图 22　2015—2021 年国内分技术移动用户预测（数据来源：中国信息通信研究院）

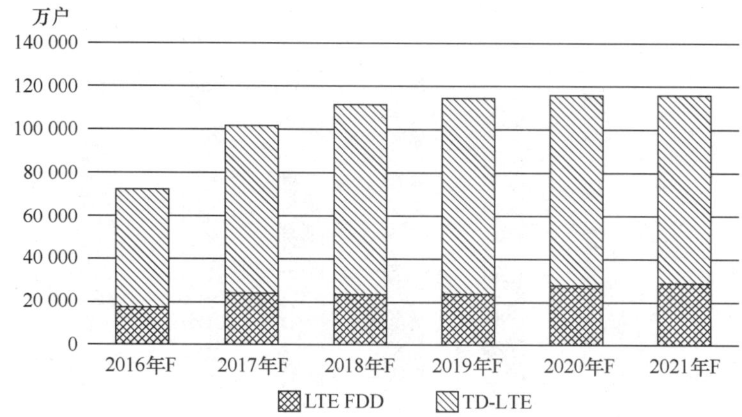

图 23　2016—2021 年我国 LTE 用户预测（数据来源：中国信息通信研究院）

（二）全球移动数据流量平稳增长，2020 年国内 DOU 将超过 5GB

由于智能手机用户数的持续增加以及智能手机用户的数据流量需求不断增长，预计 2021 年全球移动数据流量相比 2015 年将增加 10 倍，主要来自移动视频和社交网络应用等。

得益于 4G 网络的逐渐普及以及提速降费等政策利好，我国用户的流量潜在需求将得到释放，2016—2021 年，国内移动互联网月均流量将继续保持高速增长，预计到 2021 年人均月流量相比 2015 年增长 18 倍多，达到 7GB，如图 24 所示。

2016 年年底国内 4G 网络数据流量占移动数据总流量的比例将超过七成。2016—2021 年国内 4G 网络移动数据流量年复合增长率将超过 150%，2017 年我国 4G 网络流量占比将超过 90%，2G 将逐渐退出移动数据流量市场。2016—2021 年国内 2G/3G/4G 网络承载的移动数据流量占比预测情况如图 25 所示。

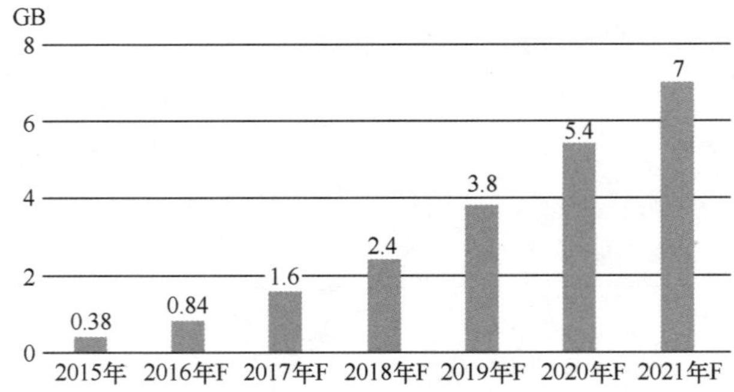

图 24　2016—2021 年国内人月均流量（DOU）预测

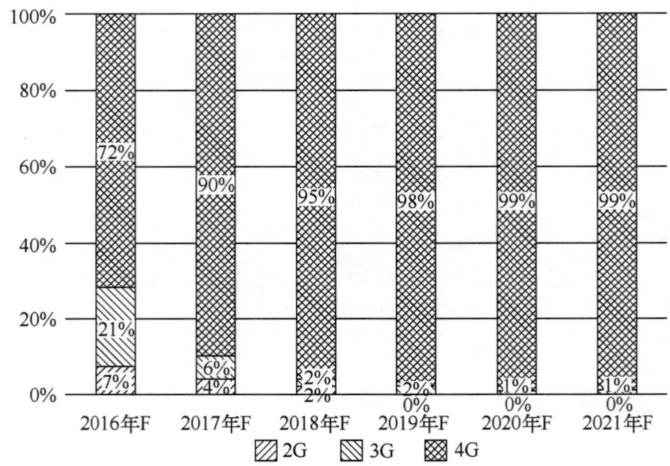

图 25　2016—2021 年国内 2G/3G/4G 网络承载的移动数据流量占比预测

（三）NB-IoT 将于 2017 年启动商用

NB-IoT 是面向低功耗、广覆盖场景的全球统一标准，3GPP 已于 2016 年 6 月的 R13 版本中完成了 NB-IoT 的核心标准。

2017 年，随着 NB-IoT 产品规划的明确，运营商将发布商用计划。华为、Intel、中兴等多家厂家计划在 2016 年年底或 2017 年年初发布 NB-IoT 芯片。全球多个运营商纷纷开展基于 NB-IoT 标准的技术验证和演示，并陆续发布 NB-IoT 商用规划。比如，中国联通 2016 年年底陆续在广州、深圳、北京等八九个城市分批开展试点验证和商用部署，为 2017 年正式商用做准备。

预计 2017 年在面向商用部署的过程中，NB-IoT 仍将面临诸多挑战。首先，寻找杀手级应用行业是扩大 NB-IoT 产业规模的前提条件；其次，NB-IoT 的大范围商用要求构建跨行业产业链，行业间的分工协作显得至关重要；最后，NB-IoT 还需要形成健全的安全机制以确保其未来健康发展。

（四）我国开展第二分阶段 5G 试验，推动全球统一 5G 标准形成

2017 年，5G 标准与研发将取得更多实质性的进展，我国在顺利完成 5G 技术研发试验第一阶段测试的基础上，将继续组织开展第二分阶段试验，全力支持全球统一 5G 标准研制。

我国在 5G 技术研发试验方面，已于 2016 年发布了第二分阶段无线部分的技术规范，重点针对 5G 典型场景的技术方案开展单基站性能测试。根据目前的规划，将于 2017 年第三季度完成不同系统设备厂商的 5G 概念样机室内与外场功能和性能测试，第四季度开展 5G 核心网和无线接入网测试工作。同时，第二阶段测试将引入芯片 / 仪表厂商开展多方对接测试，促进 5G 产业链的成熟。

国际标准化方面，3GPP 将于 2017 年 3 月完成 5G 新空口技术预研，并于 2018 年 6 月完成 5G 的首个标准版本（R15），重点支持增强移动宽带和低时延高可靠场景。此外，3GPP 预计将于 2017 年 12 月完成第一版网络架构技术规范，其中第一至第三季度重点完成架构和功能定义，如新型架构、切片选择、会话、移动性等，第二至第四季度重点完成业务流程描述。

（五）《中华人民共和国无线电管理条例》新修订，频率管理持续创新

国内在频谱管理方面最大的创新莫过于新条例的颁布。无线电技术不断进步，无线电事业持续发展，无线电管理工作在实践中遇到了新情况、新问题。1993 年《中华人民共和国无线电管理条例》的一些规定已不能完全适应无线电管理工作的实际需要。因此，在几年前，工业和信息化部无线电管理局就开始启动相关修订工作。新修订的《中华人民共和国无线电管理条例》已由国务院、中央军委签署，自 2016 年 12 月 1 日

起施行。

《中华人民共和国无线电管理条例》的修订遵循了以下几个原则：

- 与国家相关法律相结合；
- 与国际规则相结合；
- 与我国的无线电管理情况相结合；
- 顺应无线电事业发展的新特点、新变化；
- 围绕无线电管理工作“三管理、三服务、一突出”的总体要求。

《中华人民共和国无线电管理条例》的修订主要体现在以下几方面：

- 完善了有效开发利用无线电频率的管理制度；
- 减少并规范了无线电行政审批；
- 强化事中、事后监管；
- 加大对利用“伪基站”等开展电信诈骗等违法犯罪活动的惩罚力度。

信息网络篇

导　读

2016 年，全球信息基础设施加速向高速率、全覆盖、广普及、智能化方向发展。4G 加速向 LTE-Advanced 演进，5G 研发加快，全球骨干传输网络和固定接入网络分别迈入 100Gbit/s 和 1Gbit/s 时代，全球覆盖、空天地一体化网络成为国家竞争的新焦点，网络基础设施和应用基础设施的智能化水平加快提升，全球网络设施加速向新一代综合信息基础设施演进。

我国建成了全球最大的光接入网络，光纤用户达到 2.28 亿户，占宽带用户的比重达 76.6%。先进省份试水千兆宽带接入，宽带服务能力快速提升，固定宽带用户人口普及率超过 20%，与 OECD 国家的差距正在逐步缩小。骨干传送网全面进入 100Gbit/s 时代，400Gbit/s 技术开展试点应用。新增三个骨干直联点，骨干直联点的数量达到 13 个，网间互通质量与效率明显提升。国际互联网出入口总带宽增幅为上年的 4 倍，达到 2.7Tbit/s，相较 2015 年带宽增长超过 600Gbit/s；新增海外 POP 点 8 个，部署重心向亚欧非倾斜。数据中心向规模化、集约化方向创新发展。大型、超大型数据中心占比达到 25%，且一半以上位于或者靠近能源充足、气候严寒的地区。CDN 发展进入快车道，产业复合增长率达到 49%，网络节点超过 2400 个，服务器超过 50 000 台。SDN/NFV 和虚拟化技术深入发展，运营商相继发布转型战略，将 SDN/NFV、云计算、虚拟化以及开源技术作为基础技术，推动由“硬网络”向“软网络”演进。

2016 年，SDN/NFV 从“过度期望”整体步入务实发展阶段，SD-WAN 助力 SDN 走出数据中心，成为迈向大网的关键一步。全球 IPv6 的商用部署开始良性发展，IPv6 发展再次成为关注的焦点，我国 IPv6 进入突破发展的关键时期。运营商以数据中心为核心加快构建新一代信息网络基础设施，电话端局机房（CO）加速向数据中心转型重构，面向数据中心互联的新的网络平面（DCI）启动建设。

展望 2017 年，未来网络基础架构将逐步清晰，云化网络建设初见成效；网络架构重构是全球运营商共同关注的焦点，基于 SDN、NFV 和虚拟化等技术构建云化网络已是业界共识；传输网络迎来 400Gbit/s 时代，百兆接入将广泛普及；网络边缘参与更多的 CDN 分发，边缘计算逐渐走热；“一带一路”战略推动国际通信网络部署，国际通信基础设施建设将进入快速发展时期。

本篇作者：

曹蓟光　宋菲　李原　汤子建　马军锋　金夏夏　沈辰　李向群

一、2016 年信息网络领域发展综述

（一）全球信息基础设施加速向高速率、全覆盖、广普及、智能化方向发展

各国加大信息基础设施建设力度，超前部署高速宽带网络。在固定接入宽带网络方面，千兆宽带成为大国竞争的新重点。截至 2016 年 7 月，全球电信和有线运营商部署的千兆网络已经达到了 350 张，还有 164 张千兆网络部署已经公布或者正在施工中。美国运营商 AT&T 已在 20 个美国大城市部署千兆光纤，并计划将超高速宽带扩展至 100 座城市。欧盟宣布将全面调整电信规则，保障民众获得（超）高速互联网连接。德国在《数字战略 2025》中明确提出计划投资 1000 亿欧元建设全覆盖的千兆光纤网络。**在移动接入宽带网络方面，全球 4G 加速向 LTE-Advanced 演进，5G 研发加快。**当前，LTE-Advanced 和 LTE-Advanced Pro 已成为全球运营商面向移动互联网发展扩展网络容量的重要技术手段，全球已有超过三分之一的运营商开始投资部署 LTE-Advanced 系统。全球面向 5G 的技术和标准研发加快，2016 年成为 5G 标准的元年，当前业界和国家及地区标准组织正密切合作，按照 ITU 时间表加快推进 5G 标准研发。**在骨干传输网络方面，全球迈入 100Gbit/s 时代。**当前 100Gbit/s 干线传输得到广泛认可，快速地规模部署，先进运营商争相将核心网络与干线网络从 10/40Gbit/s 升级到 100Gbit/s。超 100Gbit/s 技术曙光已出现，400Gbit/s 正加速从实验室到现网测试乃至规模商用的进程，400Gbit/s 有望在 2018 年实现规模商用部署。

发达国家综合利用多种新型接入技术，推动宽带基础设施覆盖所有国民。WTTx（无线宽带到户）、卫星、微波传输和浮空平台等多种接入技术被广泛用于实现农村和偏远地区的宽带普遍服务。例如，沙特阿拉伯通过建设 WTTx，3 年时间发展了 300 万用户，基本实现了家庭宽带的普遍服务；巴西电信公司 Telebras 利用热气球把互联网带到该国的偏远地区。**全球覆盖、空天地一体化网络以其战略性、基础性、带动性和不可替代性的重要意义，成为主要国家国民经济和国家安全的重大基础设施。**美、欧、日、韩等在国际海缆建设和 POP 点布局方面全球领先；加强卫星、浮空平台、无

人机等空间技术研发，推进高通量宽带卫星和移动宽带卫星部署，打造无缝覆盖、天地一体的全球网络。

加快提升网络基础设施和应用基础设施的智能化水平，推动网络设施向新一代综合信息基础设施演进。AT&T 早在 2013 年就制定了庞大的网络计划“Domain 2.0”，希望到 2020 年实现 SDN 化网络占比达 75%；德国电信引领运营商数字化转型，通过实施泛网（pan-net）计划，建立更加集中的全 IP 系统；我国三家基础运营企业也相继启动了网络智能化重构战略。云数据中心、内容分发网络、物联感知等应用基础设施发展日趋智能化，并广泛渗透到国民经济的各个领域，促进经济转型和发展，成为重要的新型信息基础设施。

（二）我国建成全球最大的光接入网络，试水千兆宽带接入

“光进铜退”成效显著，我国 FTTH 网络覆盖与用户占比实现快速增长。近年来，我国各省份均大力开展光纤改造工作。截至 2016 年年底，全国 FTTH 网络端口覆盖超过 5.2 亿户，较 2015 年同期增长 1.8 亿户，年增长率达到 53%。FTTH 占互联网接入端口的比重由上年的 59.3% 提升至 75.6%。在光纤用户方面，我国光纤用户达到 2.28 亿户，占宽带用户的比重达 76.6%，如图 1 所示。预计 2017 年年中，我国光纤用户占比将有可能赶超日本和韩国，实现全球第一。

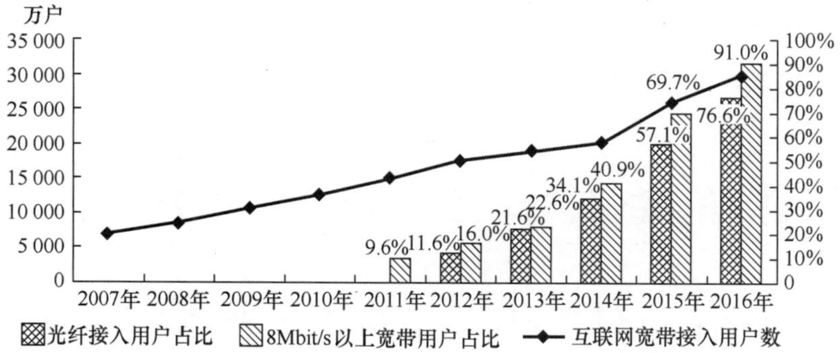

图 1　2007—2016 年光纤用户发展情况

先进省份千兆宽带接入试水，宽带服务能力快速提升。四川、山东、河南等省份率先建成全光网络，已开始为部分用户提供千兆接入。据宽带发展联盟数据显示，2016 年第四季度，我国固定宽带用户网络下载速率达 11.90Mbit/s，相较 2015 年同期增幅超过 40%，宽带用户上网体验明显提升。此外，我国宽带普及程度与发达国家差

距也明显缩小。截至 2016 年 8 月，我国固定宽带用户人口普及率超过 20%。较 2015 年提升 5 个百分点，与 OECD 国家差距正在逐渐缩小。

（三）骨干网络飞跃式发展，网络承载能力日新月异

骨干网扩容提速，骨干网络扁平化日益加深。电信基础运营商开展省际中继链路的调整与扩容，通过提高网络扁平化程度，促进网络对业务的承载能力。2016 年，中国电信开始着手建立 ChinaNet 新平面，通过构建大量省际直联链路，支撑数据中心之间的互联。中国联通新增大量 100Gbit/s 省际中继，2016 年骨干网络总带宽增幅超过 70%；中国移动开启骨干网全面扩容工程，预计将在 2 ～ 3 年内实现骨干容量超过 180Tbit/s。

骨干传送网全面进入 100Gbit/s 时代，分组化、智能化成为大容量以外的关注重点。2016 年，我国省际干线、大型城域网基本完成 100Gbit/s 波分系统建设，中国联通、中国电信和中国移动三大基础电信运营商也已在部分城市开始 400Gbit/s 技术的试点工作。此外，分组化、智能化成为大容量以外的另一关注重点。PTN、IP RAN 等分组技术全面引入，骨干传送网也已开始探索结合 SDN 的智能化管控方式。

新增直联点开启“十三五”时期网间架构持续优化序幕。在网间互联架构方面，在“多层次、立体化”的网间架构优化战略下，2016 年杭州、贵阳以及福州获得工信部的正式批复，成为第二批新增骨干直联点。目前，我国骨干直联点数量达到 13 个，网间互通质量与效率明显提升。

（四）国际通信网络带宽增长迅速，海外布局有待加强

国际互联网出入口总带宽增幅达到上年的 4 倍。随着我国“一带一路”战略的深入实施，国际通信基础设施作为“走出去”的基础和先发环节在建设能力和覆盖范围方面均实现了大幅提升。截至 2016 年年底，三大电信基础运营商的国际互联网出入口总带宽达到 2.7Tbit/s，相较 2015 年带宽增长超过 600Gbit/s，带宽增幅是往年的 4 倍。在海外 POP 点方面，我国在完成全球普遍覆盖的基础上，部署重心向亚欧非倾斜。2016 年，新增 POP 点 8 个，其中亚洲 5 个、非洲 2 个、欧洲 1 个，总量达到 84 个。在海陆缆方面，国际海缆有 9 条，跨境陆缆有 37 条，通达北美洲、亚洲、欧洲、非洲

和大洋洲等方向。

国际通信网络优化建设得到地方关注，成为拉动地方经济的发展手段之一。随着我国对外开放程度的加深，国际通信网络的优化建设也得到了地方政府的重视。2016年，杭州、郑州、盐城等多个城市申报建设国际通信专用通道，用以支撑城市高新产业发展与产业聚集，并推动城市国际化建设。

国际通信基础设施建设仍无法完全满足对外开放发展的需求。在国际通信基础设施加快建设的同时，也要看到我国国际通信能力与世界先进国家相比仍存在较大差距。目前，我国每千户国际互联网出入口平均带宽仅为13.1Mbit/s，不仅落后欧美发达国家与地区（为2～6Gbit/s），而且落后部分亚非拉发展中国家。此外，在POP点以及国际传输资源的能力和分布方面也存在与现有业务不适应、分布不均衡等问题。

（五）应用基础设施加速完善，业务支撑能力不断增强

云计算促进我国数据中心向规模化、集约化方向创新发展。以数据中心和内容分发网络为代表的应用基础设施是支撑互联网高效运行的基础。在数据中心方面，目前我国数据中心进入规模化发展，其布局更加合理。相较2010年，2016年我国大型、超大型数据中心占比由不到8%上升至25%，且一半以上位于或者靠近能源充足、气候严寒的地区。此外，通过借鉴集装箱的内部设计原理以及“乐高积木”式的模块化思想，我国互联网企业首创成云数据中心新模式。微模块数据中心可以有效降低OPEX与能耗，提升交付速度和能效。目前，微模块数据中心已经在国内腾讯、百度、阿里巴巴等互联网的数据中心稳定运行，在中国电信、中国联通等企业也得到了不同程度的部署。据开放数据中心委员会统计，到2017年年初，国内“落地”的微模块数据中心的总量预计将达到1900套，实现超过70万台服务器的建设规模。

我国CDN发展进入快车道，增速明显高于全球平均值。过去四年我国CDN产业的复合增长率达到49%，远超出国际CDN市场26%的年复合增长率。目前，专业CDN服务商的网络节点超过2400个，服务器超过50 000台，节点遍及全国互联网、教育网以及部分宽带接入服务提供企业，可服务于全国所有互联网用户。同时，借助

云计算快速拓展的机遇，我国企业纷纷加快海外 CDN 的部署。以阿里、腾讯为代表的互联网企业开展了“云 +CDN”海外拓展策略，CDN 作为云服务的重要业务实现了“搭船出海”。2016 年，阿里、腾讯以及网宿通过云服务的海外拓展，在欧洲、澳洲、中东、日本以及美洲等区域建设数据中心提供 CDN 业务。

（六）SDN/NFV 和虚拟化技术深入发展，网络技术持续创新

数据转发平面可编程成为新热点。2016 年，数据转发平面可编程 P4（Programming Protocol-Independent Packet Processors）成为产业界关注的重点。用户可以直接使用 P4 语言编写网络应用，对底层设备进行配置，进而使其完成用户的功能需求。目前，P4 语言备受 Intel、华为等厂商关注，正处于试验验证阶段。

控制面多场景趋于融合统一控制。SDN 控制器由最初基于不同的应用场景，如 DC/IP-RAN/PTN/SDON 等，逐步走向融合。目前，华为公司已统一旗下多条 SDN 控制器产品线，推出全场景 SDN 统一控制器 Agile Controller。

网络资源编排层生态化竞争激烈。目前业界主流的开源协同器分为 3 个阵营，包括由西班牙电信主导发起的 OSM（Open Source MANO）项目、由中国移动主导的 Open Orchestrator（Open O）项目和 AT&T 主导的 ECOMP（Enhanced Control, Orchestration, Management and Policy）项目等，分别代表了欧洲、中国和美国在网络资源管理和编排开源方面的探索，力争在该领域占据主导地位。

（七）运营商全面升级网络，加快构建云化基础设施

国内外运营商相继发布转型战略，将 SDN/NFV、云计算、虚拟化以及开源技术作为基础技术，推动由“硬网络”向“软网络”演进。国际方面，AT&T 提出 Domain2.0 战略，计划到 2020 年，网络中 75% 的部分将由软件构成。2016 年，AT&T 网络中的 34% 已经完成了转型，超过了当初制定的 30% 的目标；其他运营商如 NTT 发布了“NetroSphere”转型战略，Verizon 发布了 SDN/NFV 参考架构，都在加快网络转型步伐；国内方面，中国电信发布的 CTNet 2025 白皮书、中国移动发布的 NovoNet 2020 愿景和中国联通的 CUBE Net2.0 白皮书中都强调了“网络弹性”。

网络演进的根本目标是实现从“互联网业务被动适应网络”向“网络主动、快速、灵活适应互联网业务”的根本性转变，实现资源可全网调度、能力可全面开放、容量可弹性收缩、架构可灵活调整。在转型过程中，重点关注两个能力的提升：一是运维能力向自动化部署、集约化运维的提升；二是业务具备快速上线能力，加速重构业务流程。

二、2016年信息网络领域热点分析

（一）SDN/NFV技术进入务实发展阶段

1. SDN/NFV领域的前瞻性和工程性创新同步发展

2016年，SDN/NFV发展从“过度期望”整体步入务实发展阶段，存在革命型和演进型两条技术发展路径，两者相互支撑，共同推进网络架构升级演进。在革命型（前瞻性）发展路径中，数据转发平面可编程语言（P4等）催生网元新形态，最终将出现纯粹的转发面网元；同时，设备商致力于构建面向全场景统一架构的控制器，ONOS和ODL竞争激烈，版本快速迭代；运营商强调协同编排器是打通网络资源实现端到端业务的核心，聚焦集成开发、信息模型建立、资源抽象等关键技术。**在演进型（工程性）发展路径中**，受限于通用硬件的性能，具有部分解耦和开放接口的专用硬件是目前必要的过渡形态；SD-WAN技术从实际出发解决了企业网的专线效率和成本问题，成为典型应用。

2. 数据转发平面可编程推动“软件定义网络”时代的真正到来

P4（Programming Protocol-Independent Packet Processors）是SDN数据平面灵活可编程的创新技术。P4通过对网络的转发行为进行抽象，实现利用高级编程语言对转发设备进行灵活的转发协议和转发流程的定制。P4具备3个特性：**一是协议无关性**，网络设备不与任何特定的网络协议绑定，满足平台无关的通用转发编程的需求；**二是目标无关性**，不需要关心底层硬件的细节就可实现对数据包的处理方式的编程描述；**三是可重构性**，允许用户随时改变包解析和处理的程序，并在编译后配置交换机。

数据转发平面可编程目前最大的问题是性能问题，距离其成熟商用还有很长一段时间。目前，AT&T、思科、华为、Intel、腾讯和微软等企业以及斯坦福大学、普林斯顿大学和康奈尔大学都已加入到P4项目中来，进行相关研究和探索；P4项目的版本进展缓慢，最新的版本为v1.0.3，产业界支持P4的交换机只有开源的Open vSwitch项目以及华为的 POF（Protocol Oblivious Forwarding）交换机等。

3. SD-WAN 助力 SDN 走出数据中心，成为迈向大网的关键一步

SD-WAN 具备 4 个特征[3]。**一是支持多种类型的连接**，如 MPLS、Internet、LTE 等；**二是支持路径的动态选择**，如支持负载分担功能等；**三是简单易管理**，能像家用 Wi-Fi 一样简单易用；**四是支持 VPN 功能**，提供安全保障和第三方服务，如防火墙、统一控制器、Web 网关等。SD-WAN（Software-Defined Wide-Area Network）是一种运用 SDN 等技术构建、部署和管理企业广域网的新兴技术，它为企业提供了一种更加简单、低成本的方式管理和部署企业分支机构与总部的网络连接，如图 2 所示。

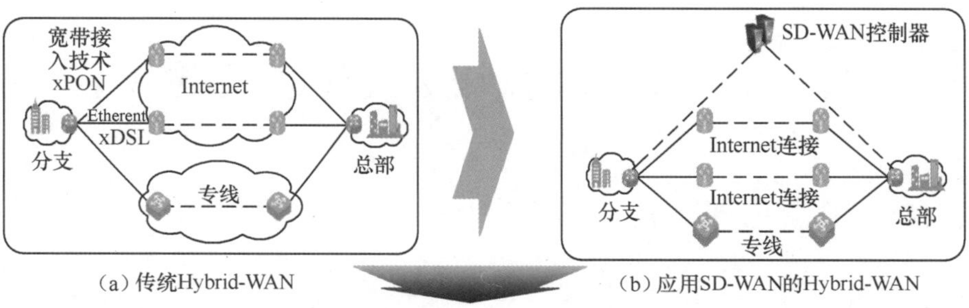

图 2　SD-WAN 与传统 WAN

SD-WAN 技术备受企业特别是中小企业的青睐。据 IDC 预测，相比传统企业 WAN 方案，SD-WAN 可以节省至少 20% 的费用。SD-WAN 解决了传统网络中诸如租用专用线路成本高、互联网网络质量缺乏保障、设备配置复杂和业务开通缓慢等问题，具备低成本和易于部署、多路径和策略保障机制、集中管理及自动化配置和一站式业务部署等优势。

4. 协同编排器生态成为运营商关注的焦点，三大阵营竞争激烈

协同编排器不仅需要对 NFV 化的虚拟网络功能进行编排，还要实现面向业务与网络功能的协同。向上封装网络能力，映射业务需求到网络资源，向下对网络的不同管理系统和网元进行协同，从而保证网络层面的端到端通信。**基于开源构建面向多种业务场景、开放协同编排器是运营商提升网络掌控力的重要手段。**目前业界主流的开源

3　Gartner report—《Technology Overview for SD-WAN》.

协同器分为3个阵营，包括由西班牙电信主导发起的OSM（Open Source MANO）项目、由中国移动主导的 Open Orchestrator（Open-O）项目和 AT&T 主导的 ECOMP（Enhanced Control，Orchestration，Management and Policy）项目等。OPEN-O 由 Linux 基金会管理，于 2016 年 11 月发布 1.0 版本，版本名称为“Sun”，累计代码超过 200 万行，本项目主要由中国移动、中国电信和香港电信（HKT）等 13 家企业共同主导；Open Source MANO 项目由 ETSI 管理，于 2016 年发布首个版本，本项目主要由西班牙电信、BT、SKT 等联合 Intel 等厂商联合主导，目前已有 46 位成员共同参与；AT&T 于 2016 年 3 月发布了 ECOMP 平台，旨在增强控制、编排、管理、策略，同时发布的还有 ECOMP 白皮书，预计在 2017 年 4 月开源 800 万行代码，其架构在总体遵循 ETSI MANO 架构的同时做了增强和扩展。

（二）IPv6 规模商用部署再次成为关注的焦点

1. 全球 IPv6 的商用部署开始良性发展

IPv6 基础网络资源建设稳步推进，支持能力进一步提升。全球 13 个根域名服务器中已有 11 个实现了对 IPv6 的支持，1346 个顶级域名服务器中已有 1318 个实现了对 IPv6 的支持，占比达 97.9%。全球已有 255 个运营商永久提供 IPv6 的接入服务；活跃的 IPv6 路由数量大于 2.9 万个；AS 自治域大于 1.18 万个。预计到 2020 年，全球可支持 IPv6 的固网和移动网络装置和连接的比例，**将从 23.3% 增长至 48.2%。**

支持 IPv6 的网站数量稳步增长。在全球已注册的 1.95 多亿个网站域名中，有 3.9% 的域名支持 AAAA 记录。Alex 排名前 1000 的网站，有超过 18.1% 的网站支持 IPv6 永久访问。商业网站趋向于使用统一域名为用户提供 IPv4 和 IPv6 接入服务。

IPv6 流量增长趋势明显。过去一年，IPv6 平均数据流量为 41.7GB。预计到 2020 年，34% 的全球网络总流量将由 IPv6 产生。从 2015 年至 2020 年，全球 IPv6 流量将增长 16 倍，年复合增长率达 74%。

2. 国内 IPv6 商用部署“起个大早，赶个晚集”

2003 年启动 CNGI 建设，IPv6 进入实质性发展阶段。目前我国 IPv6 发展仍然是中间（网络）强、两端（终端和信源）弱，流量主要还是集中在教育网 CERNet2 上。

主要国家 IPv6 用户比例见表 1。

表 1　　主要国家 IPv6 用户比例

国家	IPv6 用户比例	Web 内容比例
比利时	42.2%	50.97%
瑞士	25.9%	53.09%
德国	23.3%	50.16%
美国	27.0%	48.86%
法国	11.0%	51.25%
中国	0.96%	3.78%
全球	12.3%	

美国四大移动网络运营商加速 IPv6 商用部署。包括 AT&T Wireless、Sprint 和 Verizon Wireless 都已支持 IPv4+IPv6 的双栈，T-Mobile US 已完全支持 IPv6-only 的业务。同时，从 2016 年 6 月 1 日开始，所有提交至苹果 App Store 的应用必须要兼容面向硬件识别和网络路由的 IPv6-only 标准。美国主要的 ICP 都支持 IPv6 访问，包括 Facebook、Google、Tritter、Youtube 等主流网站等，Facebook 数据中心内部部署 IPv6-only 的网络，90% 的流量都通过 IPv6 承载；通过 IPv6 网络访问 Facebook 的流量超过 IPv4 网络；Google fiber 2012 年开始支持 IPv6。

3. IPv6 面临突破发展的严峻形势

三大因素制约了中国 IPv6 的发展。一是对 NAT 技术形成了路径依赖。中国是全球部署 NAT 最多的国家，网络技术研发、建设、运营已经严重依赖 NAT 技术，取消 NAT 不仅涉及巨大的成本，而且也面临技术、工程方面的挑战。我国运营商由于缺乏 IPv4 地址资源，所以在现网中大规模使用 NAT 技术，已形成成熟的运维体系，因此在向 IPv6 演进的过程中，就会依赖 NAT 技术路径，选用 NAT444 的演进路径，在一定程度上会阻碍 IPv6 的发展。

二是技术产业生态的主导力和影响力不够。在芯片、操作系统、数据库、中间件以及部分商用系统方面还缺少自主可控的能力，对于全球网络技术创新、网络建设、运行维护方向的影响力较弱。我国在 ICT 领域的产业优势是系统集成能力，而对于一些基础关键技术还存在明显的短板，如芯片、操作系统、数据库以及一些商用中间件等，因此在早期由于 Windows XP 系统以及移动智能终端的通信芯片、Andriod/iOS 操作系统不支持 IPv6，成为 IPv6 规模发展的瓶颈。

三是没有形成真正的市场驱动力。对于运营商而言，IPv6 部署是一个巨大的成本工程，不能带来效益，对于互联网企业而言，缺乏特定的创新业务与应用，需求不强烈。我国的 IPv6 发展还未打破“鸡生蛋，蛋生鸡”的怪圈，在引入 IPv6 新技术方面，互联网公司普遍缺少主动升级改造的积极性，认为网络不具备 IPv6 能力，没有成规模的 IPv6 用户，而且采用 NAT 技术可以解决地址不足的问题，所以从短期经济效益来看，不足以推动向 IPv6 的升级演进。

4. IPv6 突破发展的重要方向

全球 IPv6 技术产业生态的成熟，国内的 IPv6 发展环境将发生质的变化，并对国内发展形成了倒逼态势，国内 IPv6 发展将进入关键时期。未来将朝以下方向发展：一是以 LTE 发展为契机，推动移动网络、移动终端、移动商店支持 IPv6；二是强化物联网/工业互联网中 IPv6 的应用，摆脱对 IPv4 NAT 的技术依赖；三是制定 NAT 退网计划，放弃 NAT 网络扩容，分期分批将现有 NAT 设备淘汰；四是继续提升网络能力，加强 IPv6 骨干网络的互联互通，以及 IPv6 国际出入口建设。

（三）以数据中心为核心构建新一代信息网络基础设施

1. 网络资源部署正从区域分层组网转向以数据中心为核心的组网

当前互联网业务的流量主要以数据中心为核心，数据中心成为流量的起点和终点。全球数据中心的流量将从 2013 年的 3.1ZB/ 年增长到 2018 年的 8.6ZB/ 年，增长近 3 倍，年复合增长率（CAGR）高达 23%。全球云流量的增速正在超越全球数据中心总流量的增速。2013 年，云流量占总体数据中心流量的 54%，到 2018 年，云流量将占到总体数据中心流量的 76%[4]。以数据中心为核心的网络格局如图 3 所示。

未来，业务、IT 和网络资源都基于云化技术部署和实现，云与网络深度融合。网络云化即基于 DC 承载各类网元，以 DC 为核心组织端到端网络，统一全网资源，重点体现在两个方面：一是将传统电信机房改造为数据中心；二是构建数据中心互联平面。

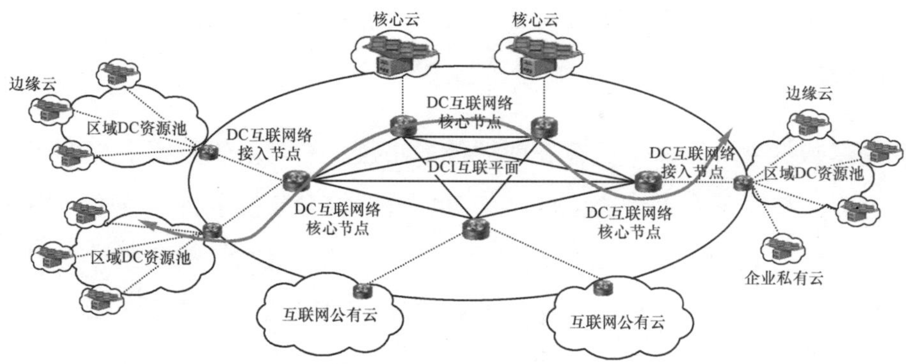

图 3　以数据中心为核心的网络格局

2. 电话端局机房（CO）加速向数据中心转型重构

电信运营商拥有大量的电话端局机房（CO），程控交换机退网 +IT 基础设施的发展推动 CO 的重构。一方面，机房中的设备陈旧和高维护成本造成了 CAPEX 和 OPEX 居高不下；另一方面，传统设备功能单一和可编程性的缺失成为快速创新服务的阻碍。国际运营商中，AT&T 仅在美国就设有 4700 个 CO，西班牙电信有 2000 多处；国内运营商中，仅中国联通就拥有超过 2500 个 PSTN 端局。

CO 重构的目的在于精简网络节点，实现功能融合集中。具体包括：一是，充分利用现有资源，通过升级改造等手段简化网络结构；二是，业务与网络资源解耦，满足不断创新发展的业务需求；三是，网络资源池化，实现资源共享，提高资源利用率；四是，通过集约化部署和资源统一管理，降低能耗和运维成本。

CO 重构目前还处于试验验证的发展初期。国外方面，AT&T 开展 CORD 架构的 PoC 测试和验证，预计 2017 年将会进行 CORD 架构的应用部署。国内方面，中国联通已经在天津、山西、河南等地将几十个试点 CO 改造为数据中心，全面推动其网络架构升级演进。

3. 构建数据中心互联平面（DCI）实现网随云动

构建数据中心互联平面主要出于以下几方面的原因。一是，网络流量和流向转变为数据中心之间的横向流量，与现有分层式的网络架构不匹配；二是，随着“互联网+”和产业互联网的日益发展，新型业务（如 4K/8K 视频、车联网等）对网络丢包率、时延等提出了高质量和差异化的需求；三是，云环境下不同行业应用以及租户之间，

4　Cisco Global Cloud Index 2013-2018.

需要更完备的隔离机制和可靠性保障；四是，不同数据中心资源池之间需要统一协同和调度，以满足业务发展和集约化运营等需求。

当前构建数据中心互联平面存在两种技术路径。一是新建数据中心直连平面。谷歌建成了世界上最大的数据中心互联网络 B4，利用 SDN 技术将其链路利用率提高到 90%；中国电信在 ChinaNet、CN2 两张全国骨干网之外建设了第三张骨干网，目前一期项目已经投入使用。二是基于现有 WAN，采用 SDN 技术构建 Overlay 网络实现互联。日本 KDDI 已基于 VPLS 技术构建了全国范围内的 IDC 互联平面；中国联通在其原有的 A 网的基础上通过引入 SDN 技术构建数据中心互联平面。

数据中心互联将网络和数据中心资源统一协同，提供面向云化业务的接入和互联平面。一是数据中心互联将零散的资源进行整合和集中，拉近了用户和内容之间的距离；二是基于同一物理网络构建多个逻辑网络平面，极大地满足了个人、家庭和企业用户等的自定义体验需求；三是独立的控制平面和基于 Overlay 技术的数据平面，大幅增强了网络承载能力和安全保障；四是数据中心互联打破了传统的以地域为中心的组网模式，改变了原有的管理和运维模式，运营商需要重新调整运维和 IT 部门的职责。

三、2017 年信息网络领域发展展望

（一）未来网络基础架构逐步清晰，云化网络建设初见成效

目标网络架构从功能层进行划分，将由“基础设施层”“业务控制层”和“管理编排层”三个层面构成，如图 4 所示。

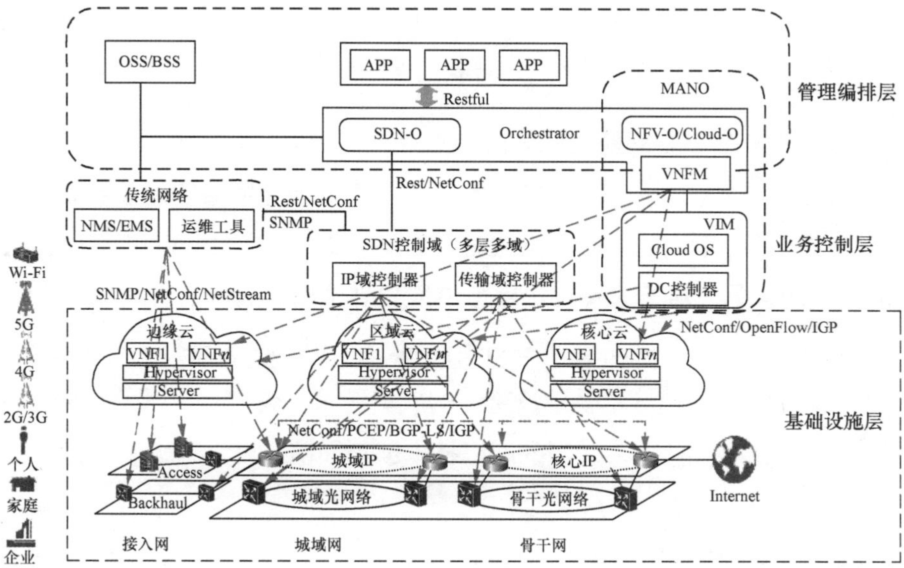

图 4　目标网络总体逻辑架构视图

基础设施层：由虚拟资源和硬件资源组成，包括统一云化的虚拟资源池、可抽象的物理资源和专用高性能硬件资源，以通用化和标准化为主要目标提供基础设施的承载平台。其中，虚拟资源池主要基于云计算和虚拟化技术实现，由网络功能层中的云管理平台、网络功能虚拟化管理器（VNFM，Network Functions Virtualization Manager）及控制器等进行管理，而难以虚拟化的专用硬件资源则依然主要依赖于现有的 EMS 和 / 或 NMS 进行管理，某些物理资源还可以通过引入抽象层的方式被控制器或协同器等进行管理。

业务控制层：面向软件化的网络功能，结合对虚拟资源、物理资源等的管理系统 / 平台，实现逻辑功能和网元实体的分离，便于资源的集约化管控和调度。其中，云管理平台主要负责对虚拟化基础设施的管理和协同，特别是对计算、存储和网络资源的

统一管控；VNFM 主要负责对基于 NFV 实现的虚拟网络功能的管理和调度，控制器主要负责基于 SDN 实现的基础设施的集中管控。为便于快速部署、实施，简化接口和协议要求，规避不同管控系统间信息模型不同造成的互通难度，这些系统与现有的 EMS/NMS 间不建议直接进行互通，可通过网络协同和业务编排器进行梳通和协调，完成端到端的网络和业务的管理。

管理编排层：提供对网络功能的协同和面向业务的编排，结合 IT 系统和业务平台的能力化加快网络能力开放，快速响应上层业务和应用的变化。其中，网络协同和业务编排器主要负责向上对业务需求的网络语言翻译及能力的封装适配，向下对网络功能层中的不同管理系统和网元进行协同，从而保证网络层面的端到端打通；IT 系统和业务平台的主要作用则是对网络资源进行能力化和开放化封装，便于业务和应用的标准化调用。

网络架构重构是全球运营商共同关注的焦点，基于 SDN、NFV 和虚拟化等技术构建云化网络已是业界共识；预计到 2020 年左右，我国云化网络的建设会初见成效。一方面，是因为国内外运营商的网络转型战略中都将 2020 年作为一个时间节点，如 AT&T 的 Domain2.0 战略、中国移动的 NovoNet 2020 愿景和中国联通的 CUBE Net2.0 白皮书等；另一方面，我国“十三五”战略规划中明确提出了实施网络强国战略、“**加快构建高速、移动、安全、泛在的新一代信息基础设施**”的战略要求，提出了我国信息网络创新发展的总体战略目标和重点任务，为我国的网络技术创新和基础设施升级演进指出了方向。

（二）传输网络迎来 400Gbit/s 时代，百兆接入将广泛普及

宽带网络建设持续完善，FTTH 网络覆盖与用户占比将继续提升。随着更大范围的光纤改造工作与“村通工程”的深入推进，我国 FTTH 用户占比将超过日本、韩国，宽带普及程度与发达国家的差距也将明显缩小，甚至实现赶超。在骨干传输网络建设方面，随着业务承载和降低成本的需求，400Gbit/s 技术的商用进程加快。计划未来两三年内，我国将在城域网率先规模化引入 400Gbit/s 光传送平台。此外，随着骨干网络架构优化持续推进，整体网络的扁平化将日益加深。在“多层次、立体化”的网间架构优化目标下，骨干直连点将与新型交换中心实现协同发展，整体网络架构将进一步向多主体的广泛互联演进。

宽带服务能力提升将成为未来关注的重点。在“宽带中国”和“提速降费”战略

的指引下，我国的宽带服务能力将继续实现提升和优化。预计“十三五”时期，我国城区家庭将普遍具备 100Mbit/s 光纤接入能力，部分先进省份和地区将广泛推进千兆接入的升级工作。届时，我国主要城市的宽带用户平均接入速率将超过 50Mbit/s，其他地区的平均接入速率达 20Mbit/s，整体宽带服务将与国际发达地区持平，用户上网体验将得到显著提升。

（三）网络边缘参与更多的 CDN 分发，边缘计算逐渐走热

全球互联网流量保持持续增长，网络的综合承载能力有待提升。近年来，全球互联网流量保持年均 20% 以上的增长。未来 4K/8K 高清视频、VR/AR 等业务将带来流量的急剧增加，传统高汇聚、高收敛的网络面临业务承载的严重挑战。同时，工业互联网、云服务等新兴业务对网络性能也提出了更加苛刻的要求，当前网络性能无法完全满足未来创新性业务的需求。

CDN 分级设置，更多内容分发出现在网络边缘。在骨干与接入网络本身持续扁平化之外，内容资源的边缘化部署是支撑高清视频业务发展、降低时延、提升用户体验的重要途径。如图 5 所示，原有单级 CDN（骨干核心节点）的建设模式进一步向边缘延伸，CDN 将下沉至行政区，甚至大型社区。

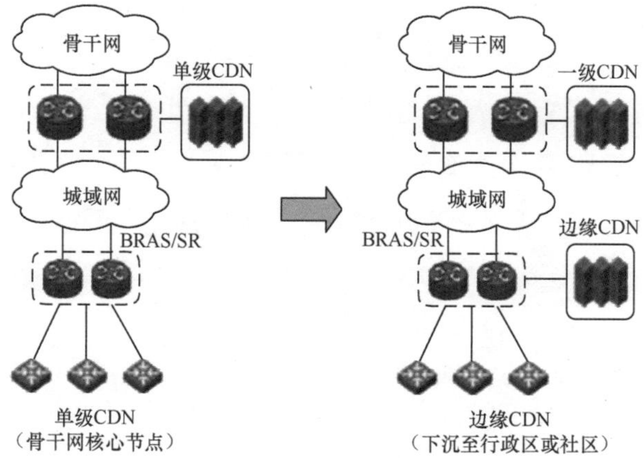

图 5　CDN 网络边缘化部署

计算边缘化逐渐走热，产业聚焦移动、物联网场景以及企业云服务。随着云服务、物联网应用等对网络性能提出了更高的要求，计算资源的边缘部署逐渐成为未来的重要趋势。如图 6 所示，边缘计算已在不同场景下逐渐走热，进入了试验部署的阶段。

在移动通信场景下，电信运营商计划利用边缘计算降低时延，优化服务性能。网络存储和内容分发将向用户端下沉到接入网，核心网用户面功能下沉到基站；同时，伴随着“万物互联”，物联网云平台也将建立在物联网边缘，通过边缘计算节点来管理传感器和边缘设备，从而解决终端与核心云的性能不足问题（计算能力、功耗与网络时延等）；此外，云服务商也已开始利用边缘计算节点与自身核心云联动，从而大大减少计算资源的获取距离，大幅提升云计算相关的服务性能。

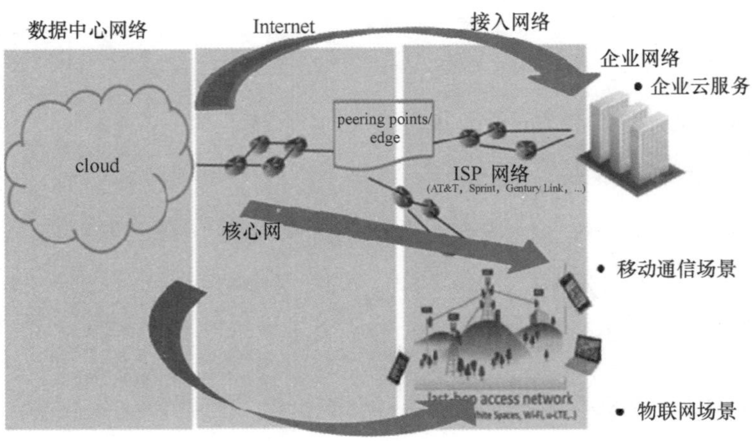

图 6　边缘计算应用场景

（四）“一带一路”战略推动国际通信网络部署，国际通信基础设施建设将进入快速发展时期

国际互联网出入口带宽加速增长。随着我国对外开放战略的进一步推进以及“一带一路”战略的深入实施，未来国际通信网络将成为我国互联网基础设施的建设重点，“重国内、轻国外”的现象将有明显改善。根据国家相关“十三五”规划，2020 年我国国际互联网出入口带宽将突破 20Tbit/s，与 2016 年年底相比其增幅将超过 600%。

重点打造 4 条国际信息大通道。中亚、西亚、欧洲、非洲、拉美的主要国家将成为海外 POP 和国际传输部署的主要方向。国际海缆和陆缆建设将重点打造 4 个国际信息大通道：一是中国经中亚、俄罗斯至欧洲；二是中国经中亚、西亚至波斯湾、地中海；三是俄罗斯经中亚、中国至东南亚、南亚；四是中国沿海经南海、印度洋至欧洲。随着国际通信基础设施的不断加强和完善，将促进我国与“一带一路”沿线国家之间的信息通信网络互联互通，并进一步推动企业“走出去”。

ICT 制造业篇

导 读

2016 年受全球经济不景气以及产业动力转换期的影响，全球 ICT 制造业连续第二年接近零增长。产业发展动力已经从移动互联网转为人工智能加万物互联，在这个阶段，细分行业此消彼长的结构调整明显，其中物联网的拓展带来可穿戴等智能硬件设备的快速发展，而移动互联网时代的高增长结束使得多年快速增长的智能手机进入平稳发展期。云计算、人工智能技术的快速发展，带来服务器对部分低端存储系统的替代。

新时期的技术变革将主要来自云端的物联网、人工智能，以及虚拟现实。但是这些技术形成显著的产业规模均需要较长的时间，其中物联网产业的大规模启动至少需要 2 年，虚拟现实技术和生态的完善需要 3 ～ 5 年，人工智能全面进入万物智能时代尚需 10 ～ 15 年。除这些关键技术外，从交互感知层、计算层、通信传输层到应用层的不同创新技术层出不穷，如异构计算、非易失性存储、柔性显示、板上光器件、新型半导体材料等，这些变革技术均需要较长时间才能成熟。

从全球的技术发展模式来看，有技术驱动和需求拉动两条技术发展路径。从技术驱动来看，一方面，技术的多层次融合带来技术的横向拓展；另一方面，从上层应用到底层硬件的一体化发展，带来垂直整合模式的不断推新。同时，我们也看到，各个领域与 ICT 制造业的深度融合，也从需求的角度驱动 ICT 制造业的不断升级，包括智能汽车对 GPU 芯片的驱动升级，等等。这些新兴的方向需要关注。

从我国的发展情况来看，我国的电子信息制造业实现了高于全球的增长速度，国内市场的强劲需求保证了我国电子信息制造业的抗风险能力。可喜的是，我国各层面的关键技术也取得了实质性的进展，比如全球超算第一的“神威・太湖之光”，采用了申威自主设计的国产众核芯片 26010；海思最新发布的麒麟 960 芯片采用了 16nm 工艺，与高通基本同步。全球北斗导航渗透率达到 25%，围绕北斗产业链已集聚近千家企业。液晶面板进口金额和贸易逆差不断下降；截至 2016 年年底，我国开始量产 / 试量产的 AMOLED 产线已经有 4 条，未来将快速打破韩国独家垄断 AMOLED 市场的局面。

未来五年，随着物联网产业的规模化发展，以及新兴的虚拟现实和人工智能技术的逐步成熟，全球ICT制造业将逐步恢复中低速的增长态势，而中国经济的平稳较快增长和智能硬件的快速推进，也将使得我国的电子信息制造业增速保持平稳较快的发展态势，并随着全球ICT制造业的增长反弹而逐步加速。

展望2017年，人工智能通用算法平台将加速布局，专用领域深入发展，无人驾驶、高性能计算、GPU等快速发展，我国产业也将加速在底层技术、算法平台、通用和专用服务平台等方面进行布局；云化、开放化、智能化和融合化的技术理念将推动物联网技术进入新一轮创新浪潮，我国的产业发展将提速；虚拟现实将围绕追踪交互、内容生产、头戴终端、内容平台四大重点展开突破，VR头显和VR平台将成为我国企业的发展机会。

本篇作者：

许志远　卢玥　周兰　陈曦　黄伟　王冲鹊　袁媛　硕天鸾

一、2016 年 ICT 制造业发展综述

（一）全球 ICT 产业 2016 年将小幅增长，ICT 制造业持续零增长

ICT 产业 2016 年预计将超过 52 000 亿美元，受互联网增长带动，总体增长 2% 左右。其中 ICT 服务业增长 3% 左右，ICT 制造业增长 0.2% 左右。产业的低增长，一方面是因为全球发达国家经济复苏缓慢，新兴国家经济增速有所放缓，2016 年全球经济增速预计将进一步下滑至 3.1% 左右，比 2015 年的增速下降 1 个百分点；另一方面是因为产业正处于增长动力转换期，全球移动互联网带来的较高增长已结束，产业增长动力正在转向云和物联网，而物联网的相关产业规模仍然弱小。2016 年 ICT 产业分领域规模及增速预期如图 1 所示。

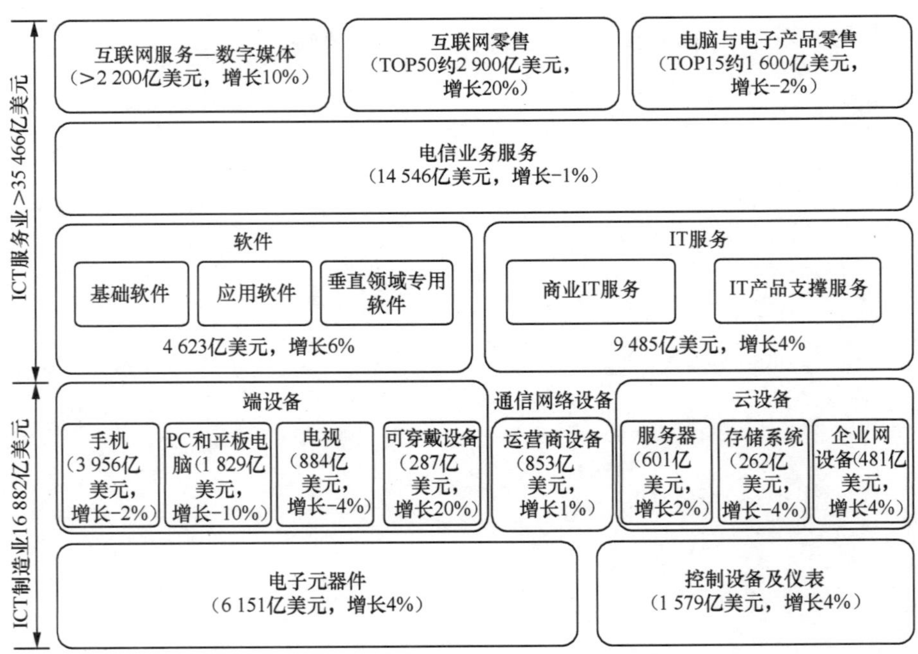

图 1　2016 年 ICT 产业分领域规模及增速预期

（数据来源：Gartner、IHS、Yearbook of World Electronics Data、德勤、emarket）

细分领域此消彼长态势明显。一是云端服务器替代部分低端存储系统市场，带来云设备的细分产业调整迁移升级，预计 2016 年全球服务器市场增长 2%，而存储系统

市场下降 4%；二是智能硬件快速兴起，手机、PC、平板电脑和电视等传统终端设备市场持续下降，预计 2016 年手机产业收入首次出现 2% 的下降，可穿戴等智能硬件设备将增长 20% 以上，如图 2 所示。此外，在集成电路市场，物联网带动非光学传感器逆势增长，而存储等传统芯片增速下降。

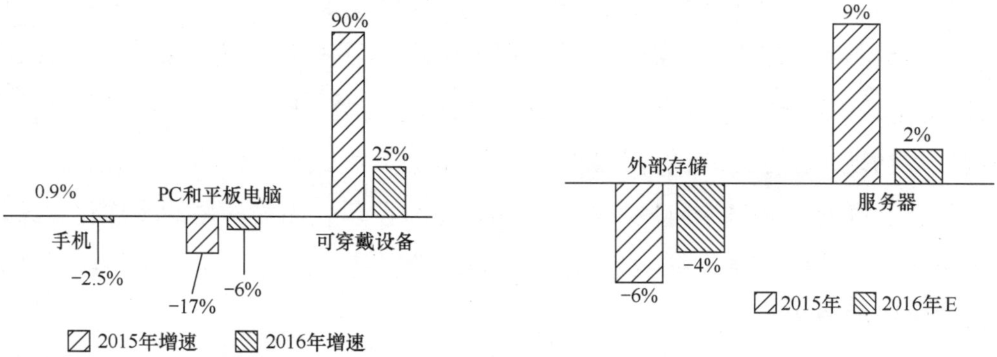

图 2　端领域和云领域细分产业增速对比（数据来源：Gartner，IDC）

企业投资并购活跃，产业格局不断调整。2016 年前三季度全球技术类并购金额同比增长 30%，2015 年全年并购金额增长 93%，其中半导体领域并购金额占近 1/4。随着戴尔收购 EMC、安华高收购博通、英特尔收购阿尔特拉等存储、传感器和集成电路领域的并购，大型企业整合生态的趋势愈发明显。与此同时，虚拟现实和人工智能等前沿技术领域正在吸引产业各方投资，全球人工智能近五年投资的平均年增速超过 40%，目前得到投资的企业已经超过 1400 家。

（二）发展阶段：从移动互联网过渡到人工智能 + 万物互联

产业发展阶段已经逐步进入“人工智能 + 万物互联”时代。ICT 制造业的发展经历了 20 世纪 60 年代开始的电脑时代，90 年代开始的桌面互联网时代，从 2007 年左右进入移动互联网时代，当前，移动互联网已经发展了近 10 年的时间，全球智能手机等移动互联网时代的代表产品的发展速度开始减缓，手机出货量增速从 2010 年巅峰时期的 32% 左右，下降到 2016 年的 0% 左右。与此同时，万物互联（物联网）和人工智能的发展活力逐渐显现，可穿戴等整机设备和传感器等重要元器件大幅增长，而人工智能的应用形成了对云、端和元器件的全面渗透，如英伟达的 GPU 就因为人工智能大幅增长，带动整个公司收入的增长。

每个发展阶段的生态重心和产业要素有所不同。在第一个电脑时代，当时的突破产品大型机、小型机和个人电脑，都是端类产品，而产业要素就是专用的软件、专用的操作系统和专用的处理器，走的是相对封闭的路线，因此产业的扩展是垂直化的。到了桌面互联网时代，生态的重心变为云端的服务器和连接的管道，这个时候，产业要素为开放统一的广域网技术、以太网技术和数据库软件等。在移动互联网时代，生态的重心为智能手机终端，产业要素包括移动操作系统、移动芯片等，ARM 与 Android 都是开源开放的发展模式，带来产业的迅速倍增。现在产业正处于物联网和人工智能发展初期，由于终端的碎片化，产业重心又变为云端，包括云计算、云端人工智能、万物互联等都是这个阶段的产业要素。这个阶段，因为应用的多样化，又带来操作系统和芯片的相对独立和封闭，未来产业的发展路径必然不同于移动互联网时代。产业发展阶段如图 3 所示。

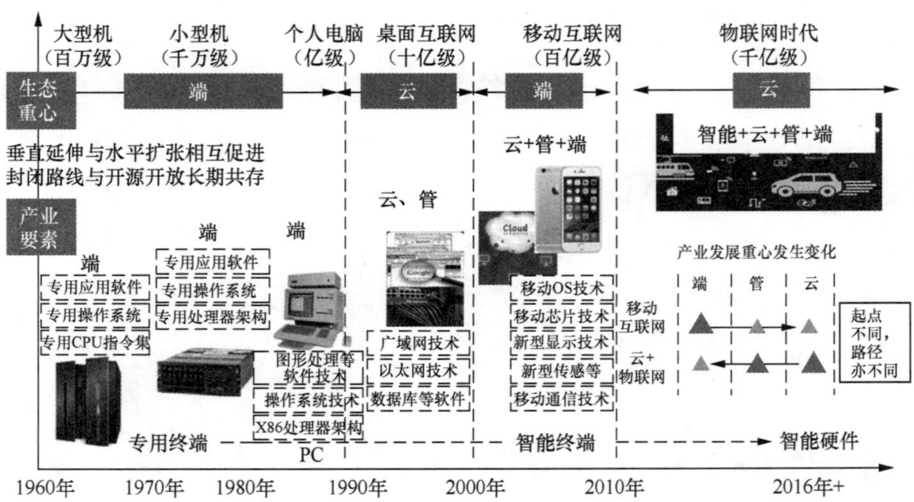

图 3　产业发展阶段

（三）发展特征：新一代技术变革将主要来自物联网、人工智能、VR/AR，但三者形成显著的产业规模均需要较长时间

新一代信息技术变革将主要来自人工智能、VR/AR 和物联网，但三者形成显著的产业规模均需要较长时间。人工智能方面，核心算法、技术应用、产业生态等尚处于发展初期，各行业处于由自动化向智能化升级的逐步渗透阶段，全面进入万物智能时代尚需 10 ～ 15 年时间，如图 4 所示。

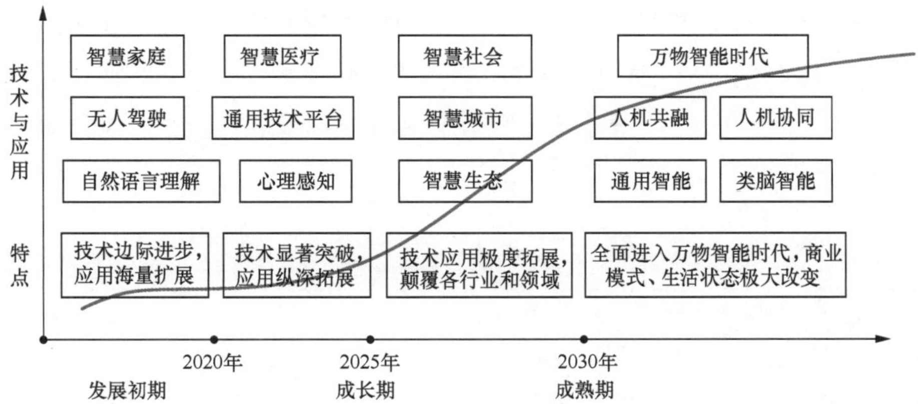

图 4　人工智能发展阶段划分

VR/AR 方面，关键技术如近眼显示、异构计算和 5G 等，达到支撑良好用户体验的水平尚需时日，VR 内容生产投资巨大，多领域融合创新远未成熟，预计规模产业化尚需 3 ～ 5 年时间，Gartner 预计 VR/AR 设备 2016 年出货量将超过 140 万台，是 2015 年的 10 倍，但是这个量级仅相当于智能手表和手环的 1%。根据当前的产业发展情况，预计 2020 年前后产业可能大规模爆发。VR 发展阶段划分如图 5 所示。

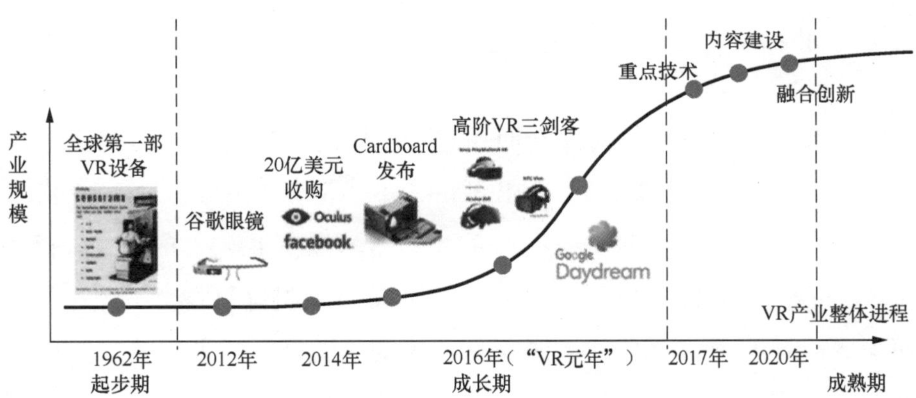

图 5　VR 发展阶段划分

物联网方面，最接近产业化的低功耗广域网技术及芯片模组等仍处于研发测试阶段，实现大规模商用仍需 2 年左右时间，物联网的典型用户端产品相较移动互联网时代的端产品差距明显，以近三年快速发展的智能穿戴设备为例，预计 2016 年全球出货量超 1 亿部，仅为智能手机的 7%。中国移动 NB-IoT 部署计划如图 6 所示。

半导体新材料、新器件、量子计算、神经元芯片等颠覆性技术距离规模产业化更为遥远。以氮化镓（GaN）和碳化硅（SiC）为代表的第三代半导体材料受限于高品质外延材料、制备工艺、专用制造装备等发展的不足，目前应用多限于在某些硅基器件性能无法达到的领域；量子计算虽然能够实现对计算模式的变革，但目前对量子态的实现机理仍处于研究初期；神经元芯片所依赖的基础技术——类脑神经计算技术的研究仍处于初级阶段，在共性运算特性、通用计算模型以及软件抽象层设计等方面尚存在诸多不足。

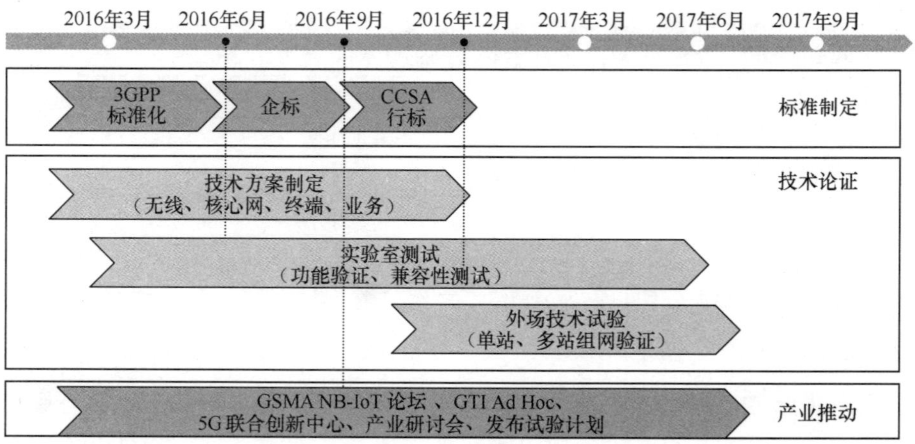

图 6　中国移动 NB-IoT 部署计划

（四）发展模式：技术驱动与需求拉动并重

技术驱动有横向扩展和纵向整合两条路径。横向扩展的典型代表就是各种技术融合的出现，从芯片层面来看，英特尔的 SOC 芯片整合了 BB 芯片、AP 芯片、DSP 芯片和 DRAM 等，高通和三星等公司则采用 CPU+GPU+FPGA 的方式进行计算的融合。从计算层面来看，HCI 的超融合架构、高性能计算机等都整合了计算和通信。从通信层面来看，SDN 等技术则实现了通信和感知的融合等。纵向整合的技术发展模式主要指的是底层技术、平台和上层应用数据及商业模式的纵向整合，比如亚马逊 +salesforce 通过平台聚合底层技术资源，通过平台 + 互联网打造生态；人工智能的应用带来对底层人工智能芯片的变革需求，互联网公司的突发式并发需求带来对定制服务器的需求，这些同样实现了纵向的垂直整合，也带来了应用和数据创新的新模式，比如软件即服务、定制化等新的商业模式。如图 7 所示。

ICT 制造业与多个行业应用融合，带动各行业的智能化升级，同时也拉动 ICT 制造业的持续升级。新型医疗解决方案的需求带来超小型化芯片的发展；高端汽车智能化促进汽车电子器件的快速发展，智能汽车解决方案带来 GPU 等消费电子器件的快速发展。CPS/ 工业互联网成为工业转型升级的核心，带来工业传感器和工控芯片等新兴电子元器件的发展。未来信息产业的范围将极大地扩展，电子信息制造业在整个物理世界的渗透将加速各个领域大数据的形成，反过来大数据分析将提高各行业的数字化和智能化水平，进一步推动虚拟世界和现实世界交织的新世界图景形成，我们正处于这一新世界发展的端点之上。

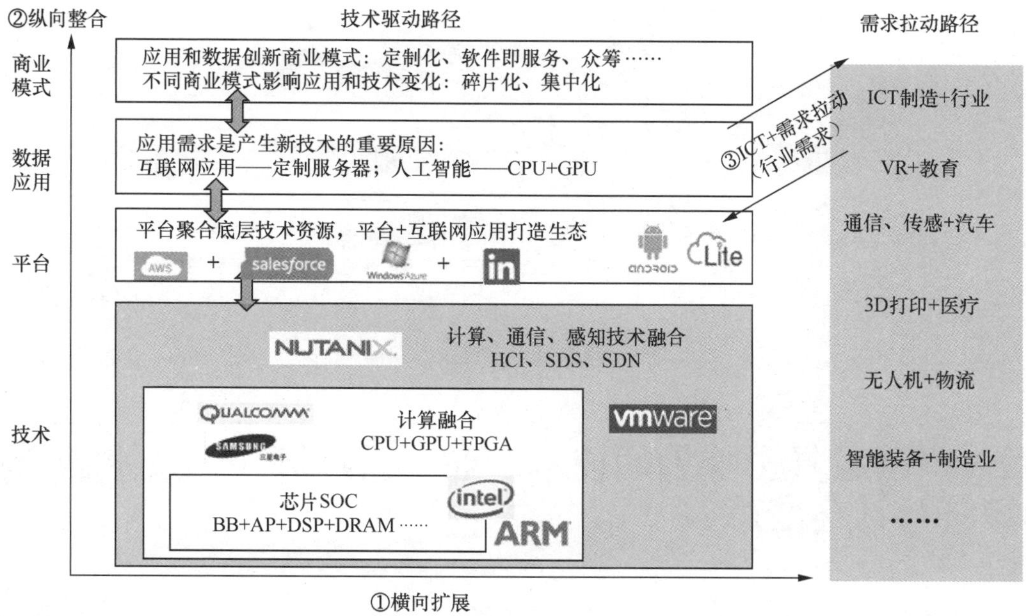

图 7　技术驱动与需求拉动发展模式示意图

（五）关键技术：云、管、端近期都有重要影响力的技术应用

人工智能、云计算、VR/AR 构成了 ICT 制造领域技术升级的三大主导方向，LPWAN 将极大地释放物联网的产业潜力。当前，ICT 制造领域已经成为技术升级变革最快的领域之一。近期来看（一两年内），大数据、云计算仍是云领域技术升级创新的主旋律，也将带来异构计算、闪存等技术快速发展；管领域，SDN 技术持续发展，LPWAN 技术竞争发展推动物联网产业走向成熟；端领域，OLED 显示将主导显示市场，SiP 封装成为终端厂商的主要选择。中期来看（3 ～ 5 年内），人工智能、VR/AR 将成为 ICT 制造领域最为关键的技术，各国政府、企业高度关注，正全面布局；除此之外，5G 将在 2020 年前后迎来商用，5G 高速网络将助推人工智能、VR/AR 等新应用的发展。长期来看（5 年以上），5G 技术不断演进，影响力持续，同时，神经元芯片、量子计算、硅光子、新半导体材料、光场显示等前沿技术有望实现突破和应用。如图 8 所示。

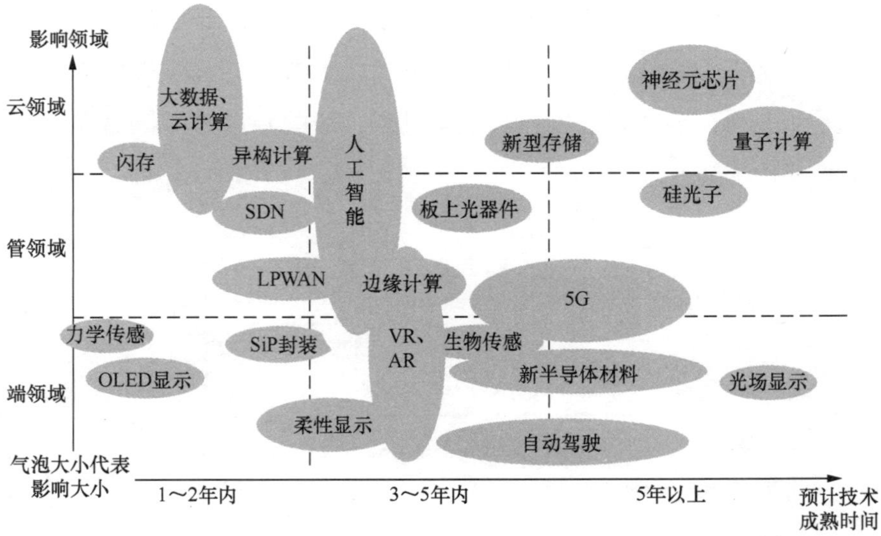

图 8　未来几年关键技术图谱

（六）当前最具影响力的技术产业：云计算——技术创新推动经济与社会变革

云计算对 ICT 软硬件产业产生了颠覆性影响。云计算产业底层软硬件关键技术快速发展，已经跨越技术起步期，逐步进入成长成熟期。云计算的出现使用户不需要投入大量成本购买、部署、维护、升级硬件，可以通过使用服务的方式来获得硬件资源能力，从而改变了 IT 服务模式，也使得硬件厂商的格局面临洗牌。整机层面，随着业务快速、灵活部署等需求的出现，以及软件定义存储、软件定义网络等技术的兴起，改变了传统服务器、存储、交换机等硬件体系。芯片层面，新芯片加速计算变革，企业级领域芯片巨头 Intel 收购 FPGA 公司 Altera，布局未来计算市场。**云计算虽然产生的直接价值并不高，但对整个 ICT 产业体系都是革命性的冲击和影响。**新的参与者、新的巨头正在逐渐出现，中小型企业、中小开发者和个人成为产业链中的新势力。

云计算、大数据和人工智能正渗透社会应用领域，成为行业转型发展的基础技术。当前，云计算服务应用日益广泛，亚马逊、微软、阿里云等云服务提供商的收入高速增长；大数据、人工智能也成为各公司关注的焦点，将成为未来企业创新变革的基础性技术。在生产领域，各国纷纷将智能制造作为战略方向，正加快打造云化 IT 基础设施、网络协同生产、柔性制造等能力；在生活领域，智能家居进入大众视野，智能化家电通过网络相连，大量数据实时传送到云端，通过大数据分析，为用户提供服务。

在公共服务领域，信息技术正加速改造传统政务、交通、能源等服务方式，提高了服务水平，也给各行业带来了重大影响，比如智慧法院，语音识别技术的成熟将逐步替代人工进行庭审记录，基于云 + 大数据的实时分析，能够降低法官的误判率，甚至取代法官。如图 9 所示。

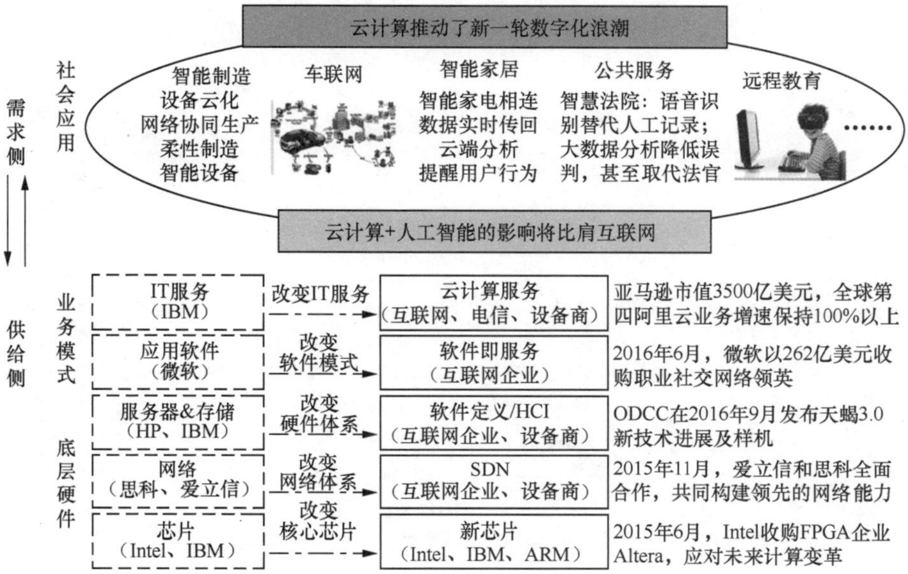

图 9　云计算影响硬件业务模式和社会应用

（七）人工智能成为驱动第四次产业革命的通用技术

人工智能迎来第四次发展浪潮。人工智能已经历了三次发展浪潮，目前正在进入第四次浪潮。第一次浪潮是在 20 世纪 50 年代，即计算智能时代，以 1956 年达特茅斯会议首次提出人工智能概念为标志，该阶段重视逻辑、忽略知识。由于机器翻译的失败，人工智能跌入低谷。第二次浪潮发生在 20 世纪 70 年代，即感知智能时代，以 1965 年第一个专家系统诞生为标志，该阶段重视知识，但学习能力不足。由于专家系统的应用效果不佳，人工智能再次陷入低谷。第三次浪潮发生在 20 世纪 80 年代，即认知智能时代，以 1986 年 BP 神经网络算法提出为标志，具备自主学习能力。但由于计算能力不足，人工智能又陷入低谷。当前，人工智能进入第四次浪潮，以 2006 年 Hitton 提出深度学习理论为标志。2016 年，AlphaGo 战胜人类围棋冠军李世石，成为人工智能产业发展的里程碑事件。至此，人工智能受到产业界的高度关注。如图 10 所示。

人工智能成为第四次产业革命的助推器。随着人工智能核心算法的突破，语音识别、人脸识别、指纹识别、智能搜索等通用技术，智能制造、智能交通、智能家居、智慧医疗等行业应用，陆续进入实用阶段。人工智能开始在各行各业发挥重要作用，智能化成为产业转型升级的新动力和新引擎，也成为继机械化、电气化、自动化三次工业革命之后新的产业特征。人工智能推动工业发展进入了新的阶段，掀起第四次工业革命的浪潮。

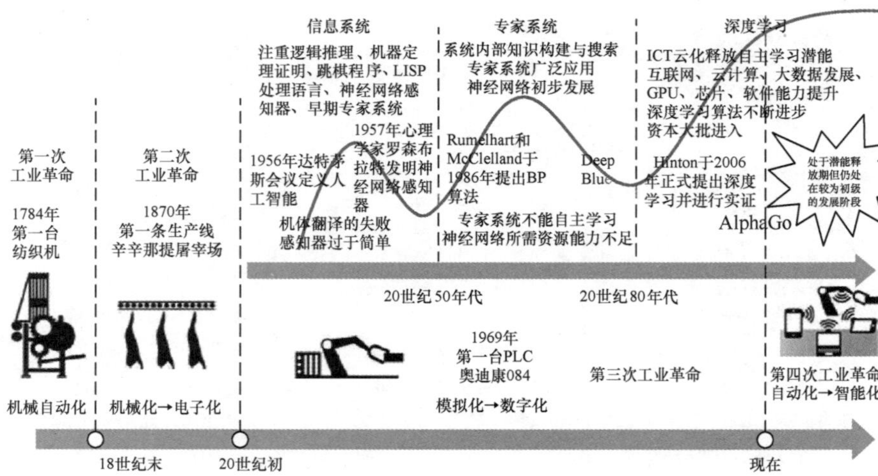

图 10　人工智能发展历程

（八）我国的电子信息产业保持快速增长

我国的电子信息制造业增速高于全球，效益提升。截至 2016 年 11 月，我国的电子信息制造业主营收入累计增长 7.4%，明显快于全球约 0.2% 的增长速度，全年整体电子信息产业（含软件）预计仍能达到 9% 的高速增长。截至 11 月，主营业务收入利润率为 4.71%，同比提高 0.4 个百分点，企业亏损面 18.9%，同比收窄 2.2 个百分点，显示行业效益水平向好发展，如图 11 所示。

从细分行业来看，我国产业同样此消彼长明显，但是下降产业明显少于全球。我国的通信设备行业仍保持两位数的增长，2016 年 1 ～ 11 月，生产手机 20 亿部，同比增长 20%，移动基站同比增长 16%，明显优于全球通信网络设备 1% 的增长；家用视听行业生产增速放缓，但仍保持正增长，唯一下降的细分行业为计算机行业，1 ～ 11 月，微型计算机设备产量下降 10%；从上游来看，电子元件产业保持平稳增长，电子元件产量同比增长 7.8%，而电子器件受到集成电路相关产业政策的刺激发展迅猛，集成电路产量 1191 亿块，同比增长 21%，半导体分立器件 5797 亿只，增长 11%。

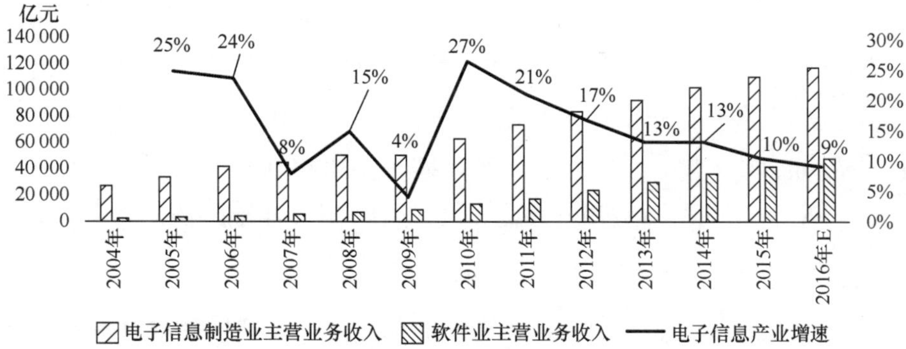

图 11　2004—2016 年我国电子信息产业发展情况

从市场结构来看，我国市场内需旺盛，而出口受全球经济不景气的影响降幅扩大。我国电子信息制造业的相关市场规模巨大，其中手机、PC 和平板电脑以及服务器市场规模占全球约 1/5，通信网络设备的市场规模占全球的 14%，企业网络设备和外部存储设备的市场规模占全球的 10% 左右，均仅次于美国，为全球第二大市场；电子元器件的市场规模占全球比例达 36%。但是，从出口规模来看，发达国家经济复苏缓慢影响了我国电子信息制造业的出口规模，1 ～ 11 月，电子信息产品出口 6479 亿美元，下降 7.6%，降幅同比扩大 6.5 个百分点，其中计算机出口交货值同比下降 5.5%，电子器件出口交货值同比下降 1.6%。如图 12 所示。

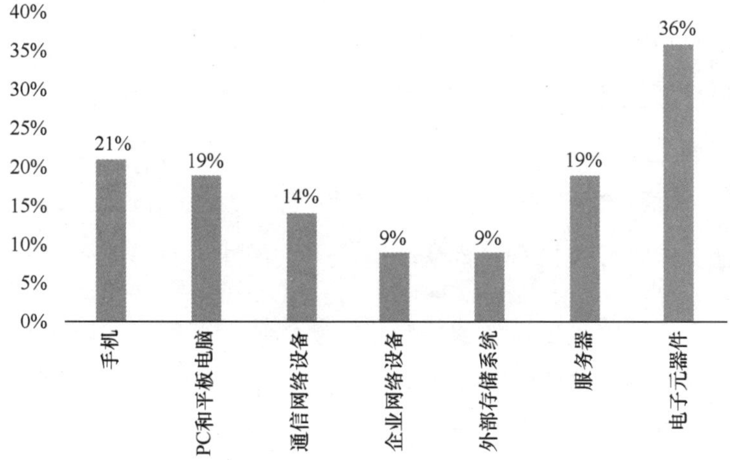

图 12　我国各类设备市场规模占全球比例

（九）我国各层面关键技术取得实质性进展

我国 ICT 制造业的各层面技术取得实质性进展。一是，通信技术实现同步甚至引

领。移动通信方面，2016 年正式进入 5G 技术研发试验阶段，这也是我国首次与国际标准组织同步启动对新一代移动通信技术的测试和验证；与此同时，由中国主导推动的 Polar Code 码被 3GPP 采纳为 5GeMBB 控制信道标准方案，标志着我国在 5G 移动通信基础技术方面的重要进步；移动终端通信芯片设计比肩全球先进水平，华为海思麒麟 960 芯片内置四核 A73 和四核 A43，并采用 Mali-G71 GPU 和台积电的 16nm FF+ 工艺，实现 CPU 能效 15% 和 GPU 性能 180% 的提升。导航通信方面，2016 年成功发射了第 22 颗北斗导航卫星，完成了 66% 的发射数量，全球北斗导航渗透率达到 25%，围绕北斗产业链已集聚近千家企业。物联网通信方面，在面向物联网通信需求的低功耗广域网技术方面，华为已开始围绕 NB-IoT 部署端到端的解决方案，并推出了业界第一款 NB-IoT 商用芯片。

二是，计算技术特别是云计算具有全球影响力。超级计算方面，“神威•太湖之光”在 2016 年全球超级计算机 500 强中位列榜首，其采用了申威基于 Alpha 架构优化异构计算能力而自主设计的国产众核芯片 26010，扭转了我国超级计算机对 Intel 至强系列芯片的依赖局面。互联网技术及云计算方面，阿里飞天平台以支撑每秒数十万笔的高并发交易能力和弹性伸缩能力，百度大脑以 97% 的语音技术准确率和操控无人驾驶汽车，腾讯微信以提供语音识别、图像识别、音频指纹、微信 BOT 平台、生物识别等技术服务的开放生态平台技术，位列第三届世界互联网大会评选出的 15 项世界互联网领先科技成果，是国内在互联网技术领域创新能力的重要表征。

三是，我国平板显示产业快速接近世界先进水平。在以手机为代表的中小尺寸方面，我国企业快速建设 AMOLED（有源矩阵有机发光二极管）产线，顺应高端产品 AMOLED 取代液晶面板的趋势。在以电视为代表的大尺寸方面，加强高性能大尺寸液晶面板产线的建设，以打破日本夏普在高世代（大尺寸）液晶面板产线上独大的局面。

四是，我国部分传感器领域形成差异化竞争优势。歌尔声学以 MEMS 麦克风为主打产品，进入苹果全球产业链，同时积极发展气压传感器、湿度传感器及温湿压组合传感器等，是中国唯一一家排进世界 MEMS 产品前 20 的企业；2016 年上半年，我国格科微、豪威分别位列全球图像传感芯片出货量第一、二名，合计占比达到 52%；苏州能斯达气体传感器的性能与国际接轨，其中高精度 MEMS 流量传感器的功耗已低于国外同类产品。

五是，我国在操作系统、集成电路制造、存储及新材料应用等方面也取得了一定

的进展，奠定了后续技术产业升级的重要基础。在操作系统方面，YunOS 基于对技术的不断升级和产业模式的积极探索，围绕智能家居、互联网汽车、可穿戴及行业终端等多生态展开布局。集成电路制造方面，中芯国际已具备 28nm 量产能力，并围绕自身特点形成了清晰的工艺升级路径，联合海思等开展 14nm 工艺研发部署。存储方面，武汉新芯投资超千亿元，2014 年启动闪存（3D NAND Flash）项目，2016 年启动国家存储基地建设，推动存储产品的快速商用。材料应用方面，氮化镓在国内已形成了三大集聚区域，国内科研企业围绕通信领域应用对接华为、中兴等推进试验。

二、2016 年 ICT 制造业热点分析

（一）虚拟现实—— 开拓技术产业新体系

1. 门槛降低与资本聚焦促使 VR 兴起，“VR+”辐射生产、生活

自 2015 年起虚拟现实[5]产业就开始起飞。VR 由来已久，钱学森院士将其翻译为“灵境”，采用以计算机技术为核心的现代信息技术生成逼真的视、听、触觉一体化的一定范围的虚拟环境，用户可以借助必要的装备以自然的方式与虚拟环境中的物体进行交互、相互影响，从而获得身临其境的感受和体验。自 1962 年第一部 VR 设备出现至今，50 多年后 VR 得以在大众市场兴起主要源于两方面的因素，即门槛降低与资本聚焦。硬件门槛方面，随着智能手机的普及，硬件成本大幅降低，VR 设备的售价从之前的数万美元降至数百美元，这一成本变化最主要体现在屏幕与处理器上；资本力量方面，经过谷歌眼镜的预热，2014 年 Facebook 20 亿美元收购 Oculus，释放重大产业信号，VR 投资市场爆发。

终端快速增长，“VR+”时代临近。据 IHS 统计，全球 VR 终端存量规模约为 2000 万台，其中移动 VR 终端占比 80% 以上，全球 VR 终端产品销售额预计将达 36 亿美元。2016 年我国 VR 用户数将达 140 万，VR 终端出货量预计 120 万台。虚拟现实业务形态丰富，产业潜力大，社会效益强。目前主要应用于视频游戏、事件直播、视频娱乐、医疗保健、房地产、零售、教育、工程和军事等行业，并加速向生活与生产领域渗透。对于大众市场，体验式消费时代为以虚拟现实为特点的主题乐园与零售购物提供了发展空间，例如迪士尼、环球影城已将其用于主题乐园，阿里巴巴推出了基于 VR 技术的“Buy+”购物服务。对于行业应用，VR 可用于提升工业设计、智能制造能力，如宝马计划在汽车设计中采用虚拟现实技术，蒂森克虏伯同微软公司开展合作，为旗下超过万余名工程师提供虚拟现实终端。

2. 虚拟现实技术体系开始成型

从关键技术的构成来看，以五大关键技术（追踪交互、近眼显示、异构计算、无

5 虚拟现实（Virtual Reality，VR）、增强现实（Augmented Reality，AR），广义来看，VR 包含 AR，下文中采用广义界定。

线通信、内容生产）为主的技术体系正在形成。追踪交互方面，传感融合、多通道交互与机器视觉技术反映了追踪交互向高精度、多元化与自然高效的方向发展。近眼显示方面，柔性 AMOLED、光场显示等新型显示技术开始逐步取代传统液晶显示。与手机、电视等传统终端相比，VR 对分辨率、刷新率、视场角、响应速度、重量、功耗、柔性、3D 等方面的要求促进了显示技术多元化发展，即在画质优化的同时，积极发展屏幕去刚性化、健康护眼、触觉显示、眩晕控制等适人化技术。异构计算方面，在 2016 年全球使用的 PC 中，支持高端 VR 的电脑不足 1%，高性能 GPU 技术趋势表现为针对高画质、低功耗的硬件升级与低时延的算法优化。无线通信方面，优质 VR 体验对 4K 以上的分辨率、90Hz 以上的刷新率、360 全景、广视角与系统时延的要求与 5G 高带宽、低时延的应用场景高度契合。内容生产方面，由于 VR 的交互特性，用户不再被动观看既定内容，专属编导、全景拍摄、缝合编辑、压缩传输、操作系统等技术成为内容生产领域的重点。如图 13 所示。

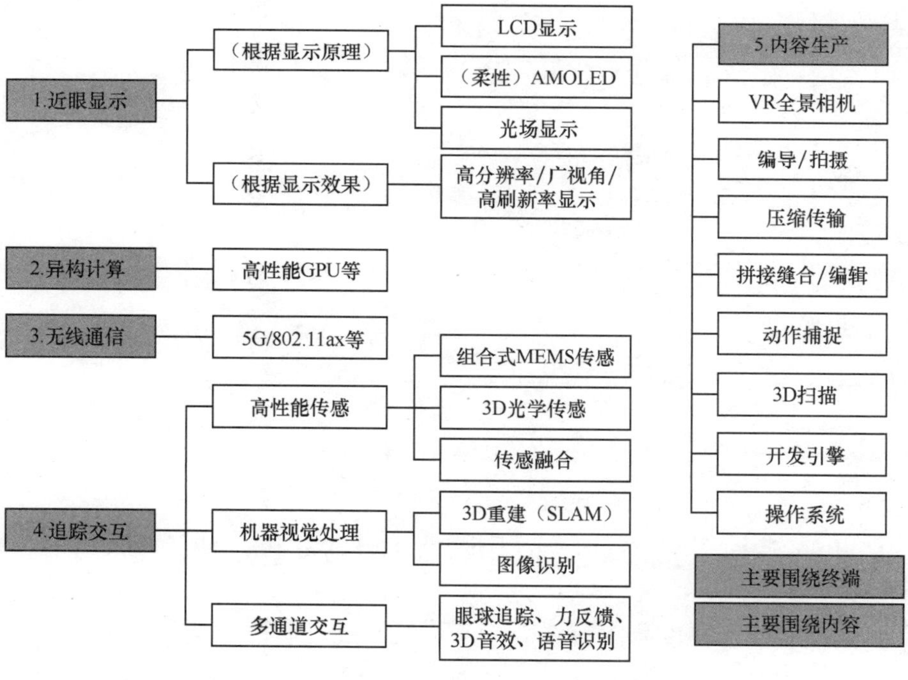

图 13　虚拟现实关键技术体系

3. 关键技术间的融合集成趋势显著

从关键技术间的关联来看，VR 技术凸显各单点技术间的融合创新，辐射“端管云”。基于 VR 所固有的多领域交叉复合的发展特性，VR 以跨界融合性技术为主，鲜见相对独立的关键技术，且多处于发展初期，技术轨道尚在定型。目前，VR 跨界融合性技术主要呈现两种创新形式：一是叠加式创新，以时延控制技术为例，需要近眼显示、异构计算、高性能传感、传输通信等环节共同减小时延；二是深度融合性创新，以近眼显示技术为例，需要基于人眼生理学特性，针对眼底负责清晰度、内分泌的感光细胞，研发相应的 GPU 渲染、亮度调节等技术。此外，VR 技术辐射面广，带动性强，从 ICT 领域云管端的结构划分来看，其影响力不局限于端设备，考虑到超高清、低时延与全景等因素对传输的更高要求，VR 将为网络乃至云市场提供发展动能，因此思科等网络设备巨头近年来密集收购 VR 厂商。VR 技术的关联性如图 14 所示。

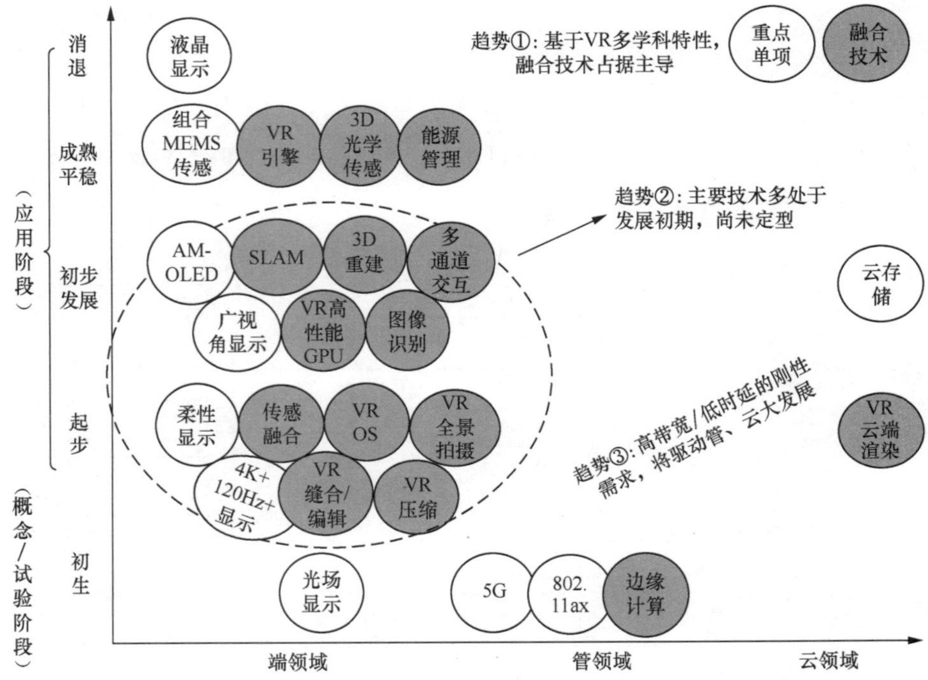

图 14　VR 技术的关联性

4. VR 产业体系与手机产业看似相同实则差异巨大

VR 产业体系依托硬件与内容生态，与手机产业“和而不同”。VR 产业由硬件与内容两大生态支持，总体来看，产业链主体与手机相近。其中，硬件上的差异表现为手机的“性能过剩”，成为 VR 的“性能门槛”。源于 VR 的交互特性，内容上的差异存在于制作 / 传输过程中，部分关键环节改变很大。

5. 当前盒子式终端成为主流，移动 VR 生态开始形成

手机生态的影响力致使盒子式终端统治市场，三类 VR 终端将持续并存。目前，

VR 产品呈现三大阵营，分别是盒子式、主机式与一体式。预计 2016—2020 年，高端定位的主机式 VR 份额将持续上升，一体式 VR 涌现。盒子式占据市场主导地位主要是三方面的因素：一是谷歌强大的生态影响力；二是手机企业的热情；三是大众对价格的敏感。VR 产业视图如图 15 所示，VR 终端三大阵营如图 16 所示。

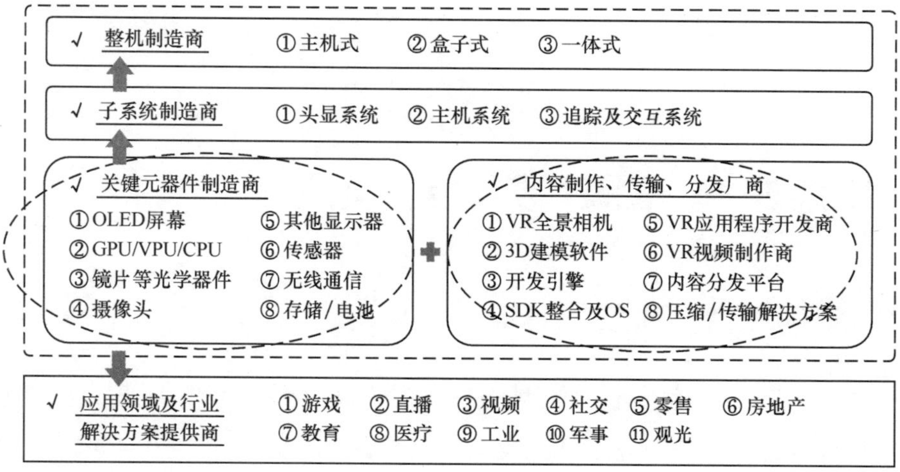

图 15 VR 产业视图

图 16 VR 终端三大阵营

移动 VR 生态正在形成。Daydream 接棒 Cardboard，开始构建基于 OS + 手机 + 交互 + 内容的移动生态。Google 新近发布的 Daydream 平台主要包含四部分：一是必须达到手机性能门槛（Daydream Ready 认证手机）；二是必须达到手机盒子性能门槛；三是必须配备人机交互手柄，且达到性能门槛；四是必须搭载适配 VR 内容的操作系统与应用商店。如图 17 所示。

图 17　谷歌 Daydream VR 平台

（二）物联网——开辟产业发展新空间

1. 万物互联为 ICT 产业发展开辟新空间

物联网作为信息通信技术的典型代表，在全球范围内呈现加速发展的态势。不同行业和不同类型的物联网应用的普及和逐渐成熟推动物联网的发展进入万物互联的新时代，可穿戴设备、智能家电、自动驾驶汽车、智能机器人等数以百亿计的新设备将接入网络。据统计，2016 年全球物联网市场规模达 4000 亿美元，我国物联网产业规模达到 9300 亿元[6]，如图 18 所示。伴随物联网市场规模的不断扩大，包含业务层、支撑层、通信层、消费层的物联网产业体系逐渐成熟，产业要素趋于完备。当前物联网技术产业体现出以下特征，**一是大数据变现**，基于不断增长的数据资源及逐步成熟的大数据分析工具，整合多个数据源的物联网大数据应用步入发展初期，合作、标准、安全、隐私保护是推动物联网数据变现的关键手段。**二是平台化服务**，利用物联网平台打破垂直行业的“应用孤岛”，促进大规模开环应用的发展，形成新的业态，实现服务的增值化。同时利用平台对数据的汇聚，在平台上挖掘物联网的数据价值，衍生新的应用类型和应用模式。**三是泛在化连接**，广域网和短距离通信技术的不断应用推动更多的传感器设备接入网络，为物联网提供大范围、大规模的连接能力，实现物联网的数据实时传输与动态处理，在梅特卡夫定律的作用下，泛在化连接将不断增大物联网的产业价值。**四是智能化终端**，物联网操作系统解决了底层软硬件分离和硬件“碎片化”问题，支持不同设备本地化协同。伴随物联网平台规模的不断扩大以及产业应用的不断丰富，未来平台支撑和业务应用层价值将持续放大。

6　数据来源：根据智研、工业和信息化部数据整理。

图 18　全球物联网市场规模

2. 差异化应用场景驱动低功耗广域网技术快速发展

当前，物联网正处于技术创新与融合发展的新时期，并已逐步成为传统行业、传统应用转型升级的重要手段，消费型、生产型、管理型物联网应用快速涌现。与此同时，个人消费、工业生产、车辆互联、医疗保障、管理调度等差异化应用场景对物联网网络技术提出了全新的要求，如低功耗、大连接、高灵活、低时延、高可靠、高移动、开放性等。短期来看，具备更远距离、低功耗特点的蓝牙 5.0、HaLow 等短距离通信技术标准的发布解决了部分物联网网络技术需求，但长期来看，具备超低功耗、高密度泛在连接、可定制网络资源调度、业务感知及 ICT 资源整合、灵活组网、网络能力开放等特点的低功耗广域网技术更加符合未来物联网网络的发展潮流。物联网网络技术特征如图 19 所示。

3. 物联网终端与大数据、人工智能及各行业融合带动技术创新升级

据预测，2020 年物联网设备数量将逼近 300 亿台，相比之下，包括手机、平板电脑在内的其他智能设备数量仅为 100 亿台[7]，种类繁多的物联网终端正加速向更广泛领域延伸扩散。同时，物联网技术体系的逐步完善，推动了 ICT 技术间的融合创新，丰富了现有 ICT 技术产业“云—管—端”体系的内涵。在此基础上，物联网终端软硬件技术正在向集成、融合、协同创新的方向演进，如基础计算、通信、传感芯片针对物

7　数据来源：BI INTELLIGENCE。

联网特定应用场景进行了优化；“终端 + 人工智能”创新应用快速涌现；语音识别、语义理解等新型交互技术广泛应用等。

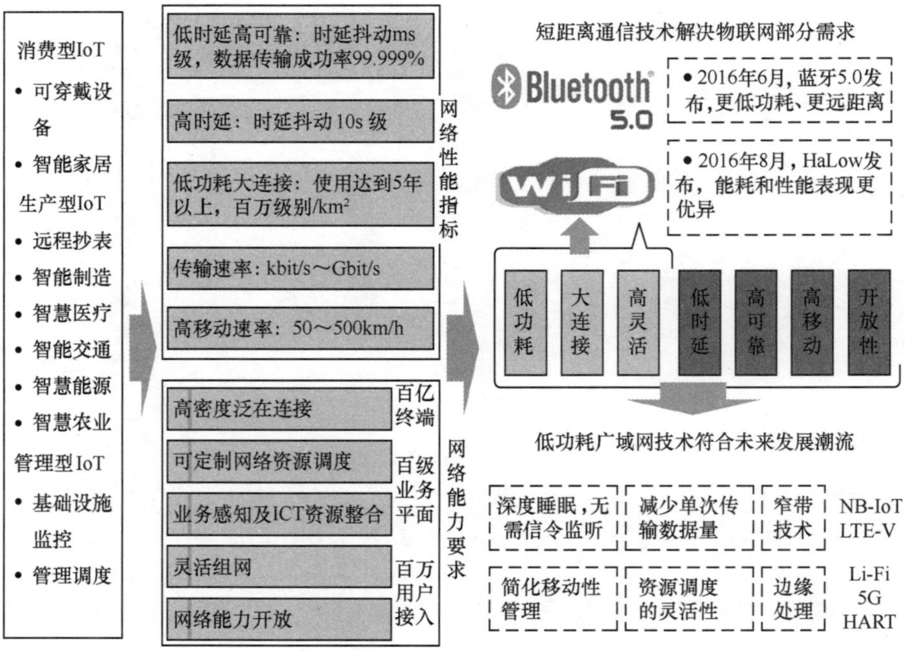

图 19　物联网网络技术特征

物联网技术体系如图 20 所示。

4. 物联网平台已成为构建产业生态的主要路径

应用（核心应用）、平台（业务分析、应用支撑、连接管理、设备管理）、连接（短距离连接、广域网连接）、软件（软件中间件、操作系统）、硬件（传感器、边缘网关、终端模组）、芯片（处理芯片、通信芯片）是构成物联网生态的六大基本要素。当前，通过物联网平台的水平整合以及上下游管控能力来把握物联网产业发展已经成为众多巨头企业构建物联网产业生态的重要路径。据统计，截至 2016 年 6 月，全球知名物联网平台已超 360 个，约 70% 均为 2013 年后新增 [8]，如图 21 所示。云平台、解决方案、互联网等企业纷纷围绕自身竞争优势开启物联网布局，构建产业生态。其中，云平台提供商联合上游硬件商，补强设备连接和管理能力，联合应用集成商向行业领域渗透。解决方案企业利用深耕行业优势，搭建产业生态。互联网企业利用用户优势，加强人物互联，构建消费领域的物联网产业生态。

8　数据来源：IoT analystics。

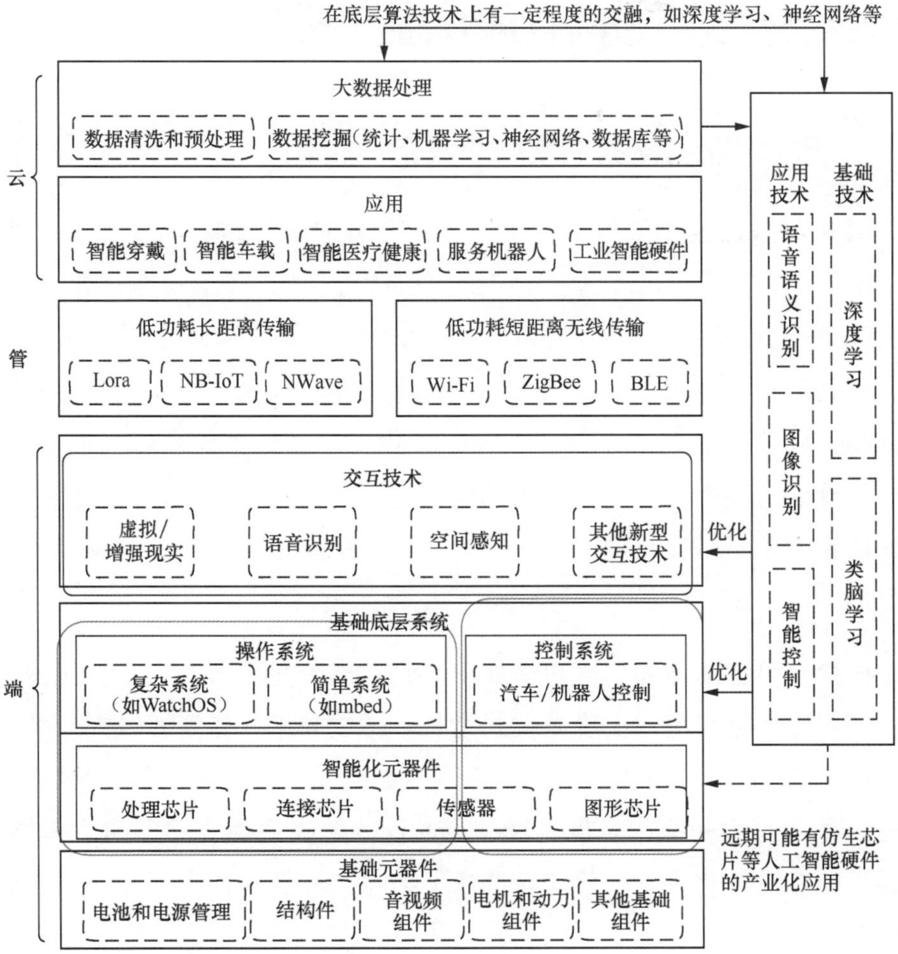

图 20　物联网技术体系

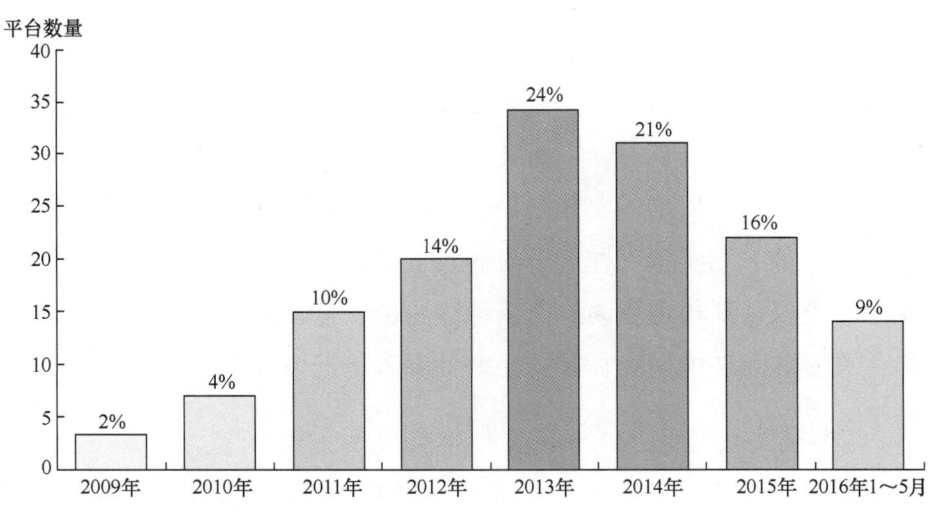

图 21　2009—2016 年历年新增物联网平台比例（数据来源：IoT analytics）

（三）人工智能——开启万物智能新时代

1. 人工智能技术红利释放引发产业浪潮

ICT 云化释放自主学习潜能，引发人工智能发展浪潮。人工智能的发展历经近半个世纪，由于算法、计算速度、计算能力、存储容量等水平的局限，一直未能取得显著进展。近年来，以云计算为代表的新型计算技术、计算模式快速发展，极大地提升了运算速度，并大幅降低计算成本。大数据技术推动互联网海量数据的有效汇集与整合，为人工智能的发展提供了丰富的数据资源。同时，GPU 及专用芯片计算能力的提升、存储技术的发展等，均构成了人工智能的坚实支点，推动人工智能自主学习潜能迅速释放，使人工智能快速走向应用，引发人工智能产业的发展浪潮。

人工智能应用迅速爆发，当前仍处于初级发展阶段。随着人工智能技术潜能的释放，人工智能产品和应用呈现爆发式增长。微软同声传译能够做到较准确的现场翻译，IBM 将 Watson 的相关技术应用到了医疗、法律、经济、时尚等领域。然而，人工智能仍处在较为初级的发展阶段，当前仅能解决数据驱动下的简单场景问题，对复杂场景或非结构化场景，仍存在抽象能力差、性能不稳等问题，产业应用也有待进一步深入。

2. 通用 AI+ 核心算法 + 支撑技术构建人工智能技术体系

以数据驱动的模型学习是人工智能当前的主要发展路径。人工智能存在两条发展路径：**一是以数据驱动的模型学习路径，是以海量数据为基础展开模型学习。**该路径通过对海量数据进行训练，根据实际场景学习得出模型参数，并依据具体需求自适应动态调整参数。依据样本数据是否进行标记为准则，基于模型的学习方法分为有监督、半监督、无监督三种，当前的人工智能技术，主要以数据驱动的有监督学习为主。**二是以认知仿生驱动的类脑计算路径，是以模拟大脑运行机制为基础开展类脑芯片和类脑算法的研究，如神经态计算等。**美国、欧盟、韩国、中国等均在大力布局类脑研究。

人工智能技术体系有狭义和广义之分。从狭义上来说，人工智能技术体系包括核心算法与通用技术。机器学习作为人工智能的核心算法，包含神经网络、深度学习、迁移学习、增强学习等算法。深度学习算法，因其能够高效刻画问题内部的复杂结构特征，从效率、准确率、成本角度极大地提升了通用 AI 的算法性能，在本轮人工智能产业浪潮中发挥了巨大作用。通用 AI 是人工智能核心算法的具体应用，包含识别、理解、交互方面的具体技术，如人脸识别、语音识别、机器翻译、信息检索、问答系统、VR/AR 等技术，这些技术加速人工智能的产业化进程；从广义上来说，人工智能技术体系也包括基础软件和硬件，GPU、传感器、大数据、云计算、存储系统技术等都支撑人工智能技术快速实现应用。如图 22 所示。

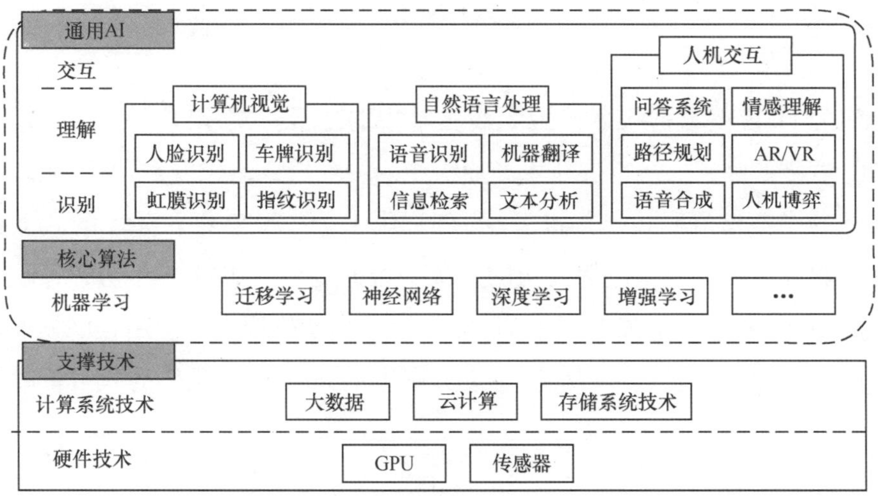

图 22　人工智能技术体系

3. 深度学习成为人工智能走向应用的加速器

深度学习算法的突破推动人工智能技术快速走向应用。深度学习算法是目前人工智能领域应用最广泛的核心算法。该算法使用多重非线性变换构成的多处理层对数据进行高层抽象，可模拟人脑从外界环境中学习、理解甚至解决模糊歧义的过程，能够取代复杂特征的人工提取过程，使计算机视觉、自然语言处理、人机交互等技术的识别率和准确率大大提升。谷歌、微软、百度、科大讯飞等公司均使用深度学习算法大幅提升其产品性能。例如，微软与深度学习专家 Hitton 合作，将深度学习首次引入到语音识别声学模型训练中，使语音识别错误率相对降低了 30%。深度学习模型分类及应用领域如图 23 所示。

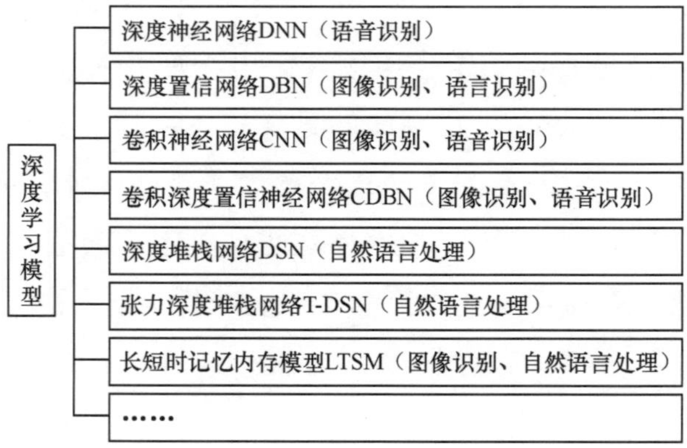

图 23　深度学习模型分类及应用领域

开源成为 IT 巨头掌握技术产业组织主动权的主要方式。IT 巨头纷纷开源其人工智能和深度学习平台，加快掌握技术产业组织的主动权，占领客户、应用和数据资源，逐步建立新的产业格局和技术标准。据 IDC 预测，到 2020 年，60% 的人工智能应用程序将在谷歌、微软、亚马逊等公司的开源平台上运行。2017 年年初，谷歌开源的人工智能平台 TensorFlow 又发布了 1.0 版本，该版本使机器学习应用程序能够运行于移动设备，这将极大地拓展人工智能与移动互联网的结合。IT 巨头的人工智能开源项目见表 1。

表 1　IT 巨头的人工智能开源项目

企业	开源项目	开源时间
谷歌	TensorFlow	2015 年 11 月
Facebook	Torch 工具	2015 年 1 月
	Big Sur 服务器	2015 年 12 月
IBM	System ML	2015 年 11 月
微软	CNTK	2016 年 1 月
	Project Malmo	2016 年 7 月
百度	Paddle	2016 年 9 月

4. 人工智能产业生态加速形成

行业应用迅速渗透，产业链加速形成。人工智能产业链主要包括硬件、软件、应用 3 个层面，不同厂商根据其优势由不同的层面切入，迅速拓展人工智能应用。

硬件层主要包括计算芯片和各类终端设备，旨在为智能技术提供充分的计算能力和数据信息。该层主要由传统芯片厂商、新兴人工智能芯片厂商及智能终端厂商引领，如 IBM、英伟达、地平线等；软件层主要包括核心算法和通用技术，提供机器学习核心算法和应用技术的通用平台与服务接口等，目前以互联网公司和垂直领域技术公司为主，凭借其技术实力实现机器视觉、语音识别等关键技术切入，如谷歌、百度、科大讯飞等；应用层主要包括行业应用，带动传统行业由自动化向智能化升级，主要以大型互联网企业为主，如谷歌、百度、阿里等。人工智能全球产业视图如图 24 所示。

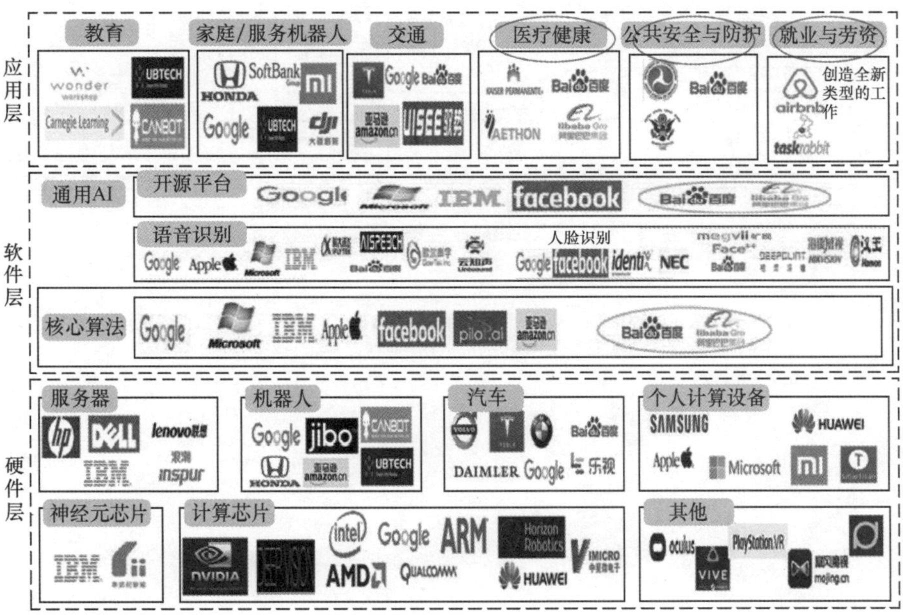

图 24　人工智能全球产业视图

人工智能产业生态模式多样化发展。人工智能产业尚处于发展初期，多方企业积极探索，从硬件、软件和应用等不同环节入手，初步形成了 4 种生态组织模式，如图 25 所示。一是水平扩展加纵向延伸模式，如谷歌在硬件上推出 TPU 处理器，软件上发展深度学习等算法和 TensorFlow 开源平台，应用上开发无人驾驶、Google Now 等多领域产品，打造全产业生态，引领产业发展；二是依托原有优势领域向上游延展模式，如 Facebook 进一步发展深度学习算法和开源平台等人工智能软件技术，使其原有商业模式智能化，推出智能助理、VR 等；三是垂直领域的专业深耕模式，如科大讯飞借助人机交互基础 AI 发展语音识别解决方案，带动垂直领域应用生态；四是下一代基础硬科技打造模式，如 IBM 布局 TrueNorth 人工智能芯片。

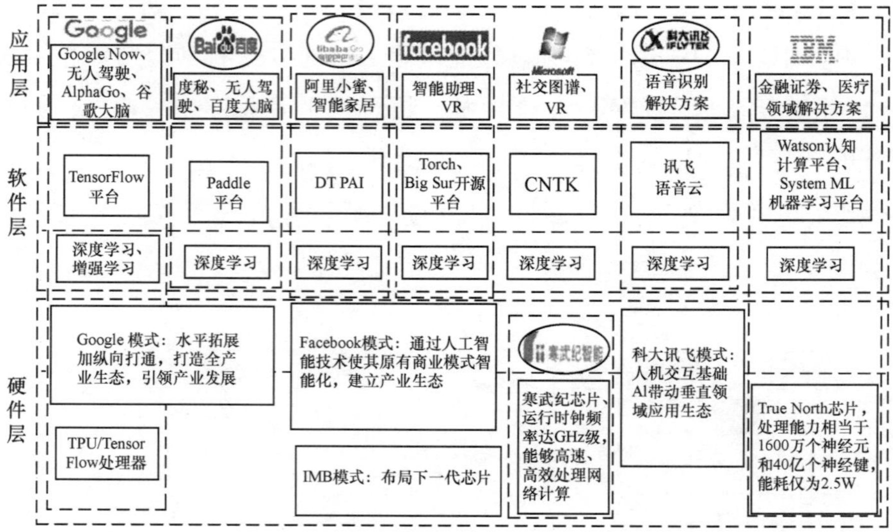

图 25　人工智能产业生态组织模式

三、2017 年 ICT 制造业发展展望

（一）我国的电子信息制造业发展规模预测

我国经济的平稳较快增长，将为电子信息制造业的发展提供良好的动力，保证整体产业未来五年维持 6.5% 以上的增长。预计未来五年，我国经济仍将维持 6% 以上的平稳较快增长，在这种市场需求的带动下，叠加移动互联网较快发展、智能硬件快速推进、云服务加速智能化、集成电路产业在变革中突破等产业机遇，将使得我国电子信息制造业的增速保持高于 GDP 的平稳较快增长态势，如图 26 所示。同时，随着 5G 产业的逐步到来，以及物联网产业和虚拟现实产业的逐步成熟，预计在 2017 年之后，产业收入增速将逐步加快。

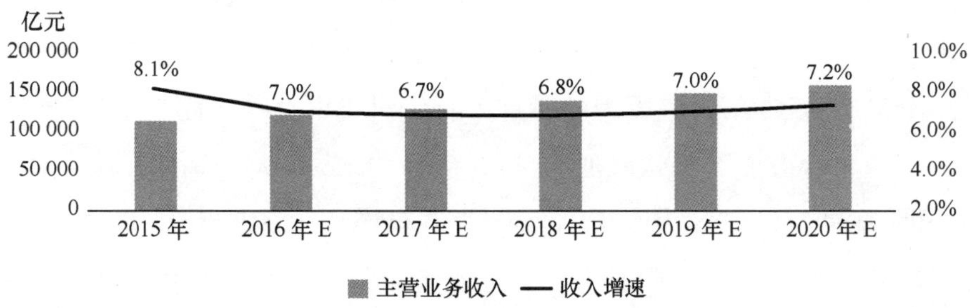

图 26　我国电子信息制造业主营业务收入预判

我国内销产值占比过半，未来国内市场的景气程度将影响产业规模增速。我国内销产值占比 2015 年已经超过 50%，相比 2014 年进一步提升（如图 27 所示），其中电子元件内销产值占比增长到 65%，通信设备提升到 53%，国内市场对产值的影响越来越大，未来国内市场是否景气将是影响产值增长的重要因素。

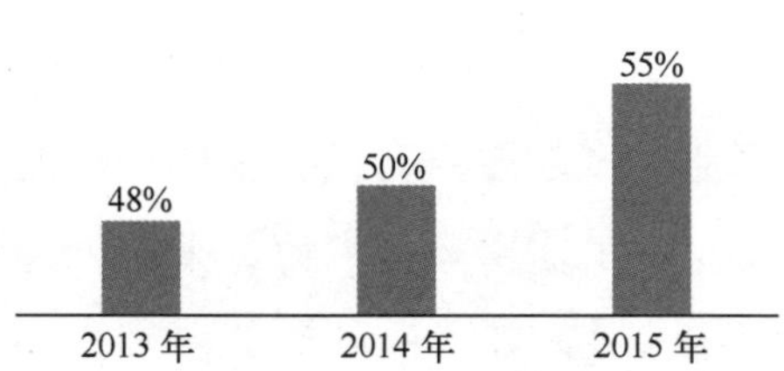

图 27　2013—2015 年我国内销产值占销售产值比重变化

（二）云——人工智能平台加速布局，我国应用服务创新活跃

全球人工智能产业稳健增长，全面布局展开，技术创新活跃，仍处在上升通道。2017 年，人工智能产业仍将是最火热的领域之一，业界布局将全面展开，通用算法平台将加速布局，专用领域深入发展，无人驾驶、高性能计算、GPU 等快速发展。在硬件层面，硬件厂商凭借硬件性能提升打造其核心竞争力，高性能计算能力将继续提升，GPU 厂商或迎来发展契机；在软件层面，机器学习核心算法将深入发展，推动通用技术创新，逐步解决半监督、无监督、小样本等难题，使基础软件的优势大大增强；在应用层面，专用领域通过技术优势深度整合形成显著的垂直优势，从而推动行业应用解决方案全面发展；在生态层面，巨头公司加速布局平台技术，加速技术创新人才与资本的聚拢，构建产业生态。

我国人工智能产业快速增长，布局加快，应用服务创新将继续表现突出。2017 年，我国产业也将在底层技术、算法平台、通用和专用服务平台等方面加速布局。在底层技术方面，重点发展芯片、专用 OS 和系统等，例如，寒武纪公司研发的深度学习专用芯片将进入市场，地平线机器人公司的安徒生平台和雨果平台进入商用阶段，华为公司的 Network Mind 专用系统成为业界首个有望取代现有网络控制系统的机器学习网络大脑；在算法平台方面，加快核心算法平台技术研发，充分调动龙头企业的引领作用，例如，百度以技术为驱动引导应用型全生态布局，开发 Paddle 开源平台、搜索引擎、自动驾驶等产品；在应用服务方面，创新特定领域应用服务能力。通用服务供应商加速智能化其商业模式，例如，阿里巴巴以阿里云数据为基础推出 DTPAI 平台、电商大脑、城市数据大脑等产品。专用服务供应商深度整合增强专用领域竞争力，例如，科大讯飞以语音交互技术为核心开放云平台，推出语音识别、语音合成等产品。

（三）管——物联网逐步成为 ICT 产业扩张的重点方向，我国产业发展提速

物联网逐步成为 ICT 产业扩张的重点方向，我国产业发展提速。未来以物联网大数据、人工智能、虚拟现实、认知计算等技术为基础的云化、开放化、智能化和融合化的技术理念将推动物联网技术进入新一轮的创新浪潮。一是平台功能扩张与应用支撑能力提升同步推进。物联网平台功能日趋丰富，连接与标准化、设备管理、事件处

理、数据库、数据分析、外部接口等成为标配功能模块。平台支撑能力持续提升，如高连接灵活性、高扩展性、全链数据安全、简易应用开发、高可靠性等。本土互联网企业、运营商、行业巨头等依托自身数据分析、连接、行业应用等优势构建各具特色的物联网平台。二是 NB-IoT 走向大规模商用，重点城市率先部署。沃达丰计划 2017 年商用 NB-IoT，核心网和无线网已开始部署。国内方面，三大运营商已着手开启重点城市 NB-IoT 的部署，商业化进程加速。三是终端及核心软硬件的升级与创新持续进行。物联网芯片加速向 32 位、低功耗和高集成“MCU+”方向演进，本土企业加紧布局 NB-IoT 芯片研发，产品和终端模组将规模出货。物联网操作系统软件架构趋于一致，侧重实现高可靠、低功耗、海量连接和灵活性，整体将延续开源为主、闭源并存的发展模式。如图 28 所示。

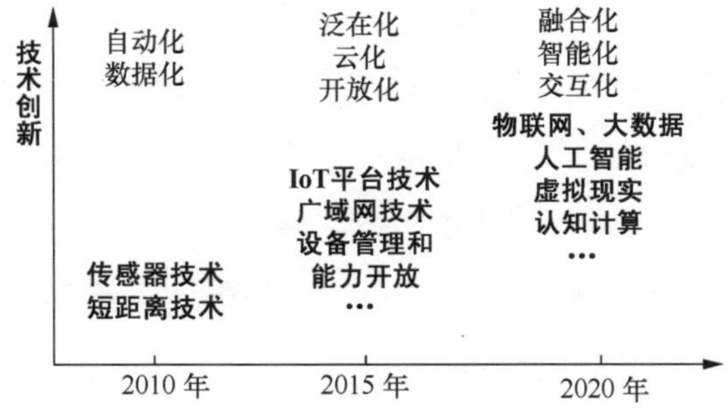

图 28　物联网产业创新发展趋势

（四）端——追踪交互、内容生产、头戴终端、内容平台是 VR 近期发展的四大重点

追踪交互与内容生产是全球 VR/AR 产业发展的重点，在这两大方面，我国与国际趋势保持一致。追踪交互成为 VR/AR 区别于手机的核心特征，投入少，产业影响大，知识产权申请数量较多，投融资活跃，成为众多初创企业与 ICT 巨头的新技术阅兵场。此外，内容生产成为 2016 年 VR/AR 投融资的重点，该领域主要聚焦 VR 游戏 / 场景、VR 影视 / 直播两大方面，其中影视 / 直播制作挑战更大，需解决 VR 特有的拍摄、缝合、压缩、传输等问题。

VR 头显终端与平台建设成为我国区别于全球的发展重点。目前全球三大主机式与两大盒子式 VR 头显终端在中国市场份额有限，本土厂商具备较大的市场空间。VR 平台方面，线下体验店与基于 VR 支付的线上平台成为我国在这一领域的发展方向。

其中，为了保证用户体验的连贯性，同时考虑我国用户的消费习惯，基于 Freemium 的 VR 支付成为阿里巴巴等诸多互联网厂商着力打通的产业环节。

（五）我国 ICT 关键技术产业展望：立足国家战略，突出新兴领域

立足国家战略、突出新兴领域将成为我国 ICT 关键技术产业未来演进的重要路径。一方面，紧抓战略制高点，对基础核心信息技术加大自主突破力度，稳固 ICT 产业发展技术。一是在现有布局的基础之上，加快实现国产 CPU 和 OS 生态的快速完善，强化 CPU 设计与专用制造和封测间的紧耦合，打通服务器应用生态链条，完善基于国产 CPU 和 OS 发展所需的中间件、应用软件及软硬件开发环境，加快推动国产 CPU 和 OS 的规模应用。二是加快推动核心关键技术和设备的进一步发展。围绕国家核心信息产业安全发展的需求，重点加强包括高端服务器、高端存储、网络安全技术和设备等核心信息设备的自主发展，加快光器件、高端显示器件、半导体存储芯片等核心元器件的协同进步，着力推动 5G 技术及相关网络设备的快速突破。三是加快实现国产信息系统安全可控，打造形成覆盖自主加密算法、自主加密芯片、自主加密系统、自主加密产品的完整安全系统整体解决方案。

另一方面，围绕重点新兴领域，重点突破趋势型创新技术，形成未来产业升级的新动能。一是重点突破与 VR/AR、物联网等新兴领域相关的核心元器件技术，包括屏幕、传感、高性能 GPU、低功耗 MCU、电子 / 汽车等行业专用芯片等，推动我国面向新兴领域的自主完备供应链的建立，提升整体竞争优势。二是提升产业软实力，推动资源调度及数据管理等云计算关键技术、智能硬件操作系统、物联网操作系统、人工智能算法及开源平台的突破，抢占生态制高点。三是紧抓技术变革创新关键期，打造前瞻可控的技术体系，推动包括石墨烯 / 碳纳米管等新材料、量子光学 / 硅光子集成 / 光电子等新器件、未来网络 / 太赫兹通信 / 陆海空天一体化光网等新网络的前沿技术的超前布局。

两化融合篇

导　读

当前，新一代信息技术和传统行业融合发展的进程正进入提速期。从国家战略政策角度来看，美国先进制造战略、德国“工业 4.0”战略、中国制造 2025 等战略普遍进入实施期，制造中心、创新实验室、测试床、应用案例等一批战略举措加速推进；从产业和关键技术角度来看，数据密集型产业正进入增长爆发期，智能装备、工业云、新型网络及互操作协议等正加快释放两化融合关键支撑产业增长潜力；从行业应用发展角度来看，随着我国一批智能制造相关的试点示范项目和专项落地，一批智能制造新模式、新业态逐步涌现，并且高端装备、原材料、消费品、电子四类行业结合实际需求和基础能力，探索出差异化的智能制造发展路径。

回顾 2016 年，两化融合领域热点频出，特别是工业互联网、工业互联网平台、工业大数据三大板块快速发展，带动全球两化融合发展进入新的高潮。在工业互联网领域，参考架构对标准制定的引领作用日趋增强，工业互联网联盟、“工业 4.0”平台、中国工业互联网产业联盟等组织纷纷推出参考架构细化版本，并将其与标准化进程紧密关联，同时面向技术融合创新的测试床、行业应用的试点项目呈加速增长态势，美、德、中等国家的全球合作正成为全球工业互联网发展的主旋律。在工业互联网平台领域，工业互联网平台凭借其对潜在数据的挖掘、集成、利用能力，正成为释放数据价值、驱动传统行业智能化发展的核心抓手，围绕平台形成的生态聚合与市场争夺也日趋增强，成为两化融合发展的技术和产业焦点。在工业大数据领域，随着工业大数据应用技术的不断成熟和应用价值的不断释放，围绕工业大数据所形成的产业生态日臻完善，企业开展两化融合实践的突破重点正是构建大数据驱动的智能化应用，但与此同时，工业大数据空间和安全保障能力建设也成为新焦点。

展望 2017 年，两化融合发展在标准、技术、安全、产业和生态等方面将呈现更为迅猛的发展趋势，两化融合领域也将由与制造融合走向与交通、能源、电力、医疗、农业等更广泛的传统行业融合，加速形成一场以产业互联网为驱动的科技革命和产业变革。

本篇作者：

朱敏　刘默　田洪川　刘棣斐　刘钊　李铮　蒋昕昊　杨希　王晓玲　刘贺贺
刘丽辉　胡碧波　张田　魏云峰　刘国君　李强

一、2016 年两化融合领域发展综述

（一）两化融合战略政策实施情况

1. 以先进制造为核心的新一轮数字经济浪潮席卷全球

近年来，随着互联网、大数据、云计算等新一代信息技术的兴起，以先进制造为核心的新一轮数字经济浪潮席卷全球。美国、德国、英国、法国、日本、韩国和欧盟等主要发达国家和地区均发力制造业，纷纷发布新型制造业战略。

在北美，2012 年美国发布《先进制造战略》旨在强化本土的制造业竞争能力，确保其在世界制造强国中的领先地位。美国先后提出下一代机器人、关键材料、节能制造工艺、纳米制造、生物制造等 12 个技术方向，并开展了多项研发与产业化工作。2013 年后，美国重点关注领域逐渐聚焦到三大领域，分别是先进传感、控制和平台（ASCPM），可视化、信息化、数字化制造技术（VIDM），以及先进材料制造（AMM）。

在欧洲，英国早在 2008 年就提出了《高价值战略》，以鼓励先进制造业发展、提高制造业价值含量，加大制造业在促进英国经济增长中的作用；2013 年英国发布《高价值战略》，提出重振英国制造业，并通过发展高价值制造提升英国制造业的国际竞争力。同年，德国发布《工业 4.0 战略》，旨在发展以 CPS 为核心的智能工厂，使得德国处于供应商领先和市场领先的“双领先”地位。法国发布《新工业法国战略》，提出通过创新重塑法国工业实力，使法国处于全球工业竞争力第一梯队。2016 年 4 月，欧盟发布“数字化工业战略”引领欧盟各国工厂迈入人工智能和自动化时代。

在亚洲，2014 年韩国推出了被誉为韩国版“工业 4.0”的《制造业创新 3.0 战略》。我国于 2015 年 5 月发布了《中国制造 2025》战略，明确制造强国路线，计划到 2025 年迈入制造强国行列。日本发布机器人新战略，确保在机器人领域的世界领先地位。

2. 各国先进制造的推进步伐在加快和落地

各国以发布细化指南、推动创新、发布测试床和应用案例、开展试点示范、鼓励

中小企业参与等方式积极推进先进制造发展，此处以美国、德国和中国为例进行阐述。

美国先进制造执行委员会（PCAST）先后发布了AMP1.0和AMP2.0战略，明确先进制造的重要性并提出了具体发展措施。美国先进制造国家办公室（AMNPO）、美国国家标准与技术研究院（NIST）等部门相继发布了《国家制造创新网络初步设计》《国家制造创新网络知识产权指南》《美国国家制造创新网络绩效评估指南》等文件，推进制造业创新网络（NNMI）的建设，推进3D打印、数字化制造、智能制造等技术的应用创新与产业化，目前已成立了9家制造业创新研究中心，共发布了250多个项目。此外，还发布了《智能制造系统现行标准体系》《CPS系统框架》等标准指南文件，为先进制造技术的发展提供标准基础。中小企业是创新技术应用的主力，也是先进制造产业化的动力，美国大力支持中小企业发展，目前已发布了5个产业化项目，促进中小企业主管部门制造业扩展伙伴计划（MEP）与创新研究中心合作，推进技术应用与产业化。

德国“工业4.0”战略由经济能源部、教育研究部和工业4.0平台共同推动。2013年战略发布之初，就发布了工业4.0战略参考架构（RAMI4.0）和标准化路线图（第一版），并不断细化和更新相关标准；2016年4月又专门成立了标准化理事会，专门推动工业4.0相关标准的制定和国际化，着力解决标准缺失与交叉重复的问题。为推进相关技术创新研究，德国经济能源部发布了63个研究项目，支持智能技术系统、安全等领域的技术研发，共计投入1.2亿欧元；教育研究部发布了15个“工业4.0”自主研究项目，涉及立法、信息技术安全、未来的劳动条件和技能、标准化四大领域，累计投入5000万欧元。为推动中小企业实施，政府建设了5个能力创新中心，帮助中小企业实现数字化，夯实中小企业工业4.0的实施基础，同时工业4.0平台发布了《中小企业工业4.0实施指南》和《工业4.0 IT安全指南》，发布了260个案例和30个测试床，为广大企业提供工业4.0先进实施经验。

我国也在积极推动智能制造发展，推动落实供给侧改革，提振实体经济。一是加快制定智能顶层设计，自2015年发布《中国制造2025》以来，已相继发布《智能制造工程实施指南》《制造业创新中心建设工程实施指南》等五大工程实施指南，为智能制造的实施提供规划和指导。二是加快标准研制，2015年我国发布了《国家智能制造标准体系建设指南》和智能制造综合标准化项目，推动智能制造相关标准制定。三是推进制造中心建设，目前已推动成立国家动力电池和增材制造两个国家级制造业创新中心和19个地方级制造业创新中心，发布18个智能制造相关的工业转型升级项目，推动技术创新。四是开展试点示范和专项项目建设，2015—2016 年我国已发布 110 个智能制造试点示范和 238 个智能制造专项项目，支持企业探索智能制造。五是积极构建跨界生态，目前我国在智能制造领域已成立两化融合、工业互联网产业联盟等 6 个联盟，聚合产学研用力量，共同推进智能制造产业发展。

（二）两化融合产业技术发展情况

1. 产业高速增长，数据密集型产业环节表现抢眼

整体上看，工业互联网与智能制造相关产业呈现逆势上扬态势。受各国相继推出的先进制造利好政策等多方因素影响，全球工业互联网产业触底反弹。2015 年产业增速高达 7.3%，超出全球经济增长水平 4.8 个百分点。异于全球发展轨迹的小幅震荡，我国工业互联网产业高速增长，近三年增速均达到 16%，高出全球工业互联网产业平均增速近 9 个百分点，同时也高出我国 GDP 增速 9 个百分点[9]，如图 1 所示。

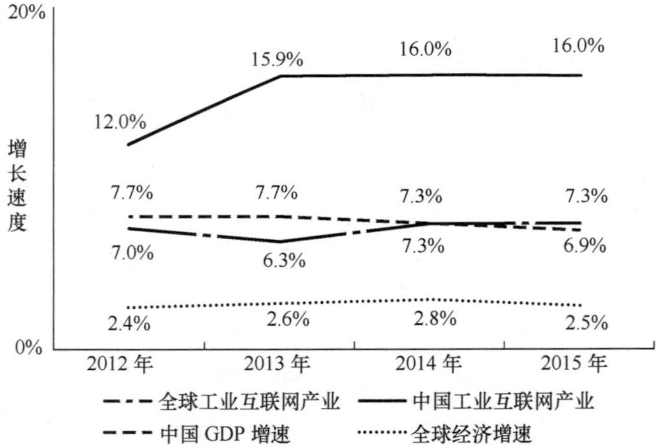

图 1　工业互联网产业发展趋势

细分到不同领域，则呈现出数据密集型产业环节增长迅猛的特点。在以工业机器人、工控系统和工业传感器为代表的装备与控制领域，自动化装备与传感器的部署不断加快，企业生产现场数据的获取能力得到明显提升。在以工业网络和 IoT 平台为代表的网络与平台领域，工业数据平台增长表现出明显加速的特征，推动现场数据和远程设备数据的集成能力提升。而在 ERP、SCM、CAE、MES 等软件领域中，数据分析类软件发展迅猛，开始得到广泛应用、部署。另外，MES 软件因其作为智能制造基础

9　数据来源：国家统计局、Gartner、HIS、BERG、中国工控网等。

支撑软件和 OT-IT 打通中介的特质，开始进入全面普及期。

2. 信息技术赋予智能装备产业发展变革新动能

（1）智能系统的广泛应用促使数控机床产业向服务型升级

互联网技术和软件技术与传统数控系统的融合催生了以沈阳机床 i5 和德马吉森 CELOS 为代表的，具备智能编程、智能诊断、远程维护和联网集成等先进功能的新一代智能系统。智能系统的广泛应用一方面促使机床企业从传统的硬件设备生产者向软件应用提供者进行转变，例如德马吉森基于 CELOS 系统进行机床辅助应用程序开发；另一方面也将以往单一的产品销售模式逐渐转化为依托产品的服务营销模式，例如沈阳机床厂借助 i5 智能机床打造 iSESOL 云制造平台，开展 U2U 开机付费、产能交易等新型模式的探索。企业角色和经营模式的转变，再加上传统金属加工机床产业成熟饱和之后所面临的收缩趋势，都加速推动了数控机床产业的服务化转型升级进程。

（2）人机协作技术的逐渐成熟塑造工业机器人产业新格局

传统的工业机器人用于替代工人完成重复性和规律性的劳动，往往不具备对环境变化和突发情况的适应能力。而随着触觉、视觉等新型传感技术与自适应控制、力控制等新型控制技术的成熟应用，人机协作机器人开始成为新一代工业机器人的典型代表，并凭借其协同工作和自主适应环境变化等突出特点，正在逐渐颠覆传统工业机器人的产业格局。伴随着人机协作机器人的兴起和发展，以 UR、Rethink Robotics 为代表的新型科技公司凭借技术优势开始向 ABB、KUKA、安川、发那科等传统工业机器人巨头发起挑战，在新兴市场中处于领先地位。同时，人机协作机器人的成熟应用进一步拓展了工业机器人的应用领域和市场范围，进一步提升了工业机器人的产业热度，引发应用端开始凭借资本力量强势介入和布局上游机器人产业，欧姆龙全资收购美国第一大工业机器人制造商 Adept 和美的控股德国 KUKA 成为典型案例。与当前工业机器人产业格局变化相对应的是，整个工业机器人产业也正处于快速扩张期，2015 年产值规模达到 123 亿美元，增速达到 14.9%[10]，高速增长的市场与产业新格局塑造起到了相辅相成的作用。

（3）金属打印技术的突破预示 3D 打印产业即将迎来爆发期

3D 打印技术正逐渐步入实用化阶段，在金属 3D 打印领域所取得的工艺与材料技

10　数据来源：IFR。

术突破呈现迸发态势。而金属打印相关技术的进步与发展推动了 3D 打印应用从以往用来打印塑料模型的桌面级向用于打印金属零部件的工业级转化，3D 打印在工业制造过程中的应用进一步加深。工业界的领军企业也敏锐地觉察到 3D 打印技术突破所带来的潜在机遇，纷纷开始布局 3D 打印产业，尤其是金属零件打印领域。例如，自动化巨头西门子在瑞典开设金属 3D 打印工厂进行大规模零件制造，工程机械巨头卡特彼勒则成立了 3D 打印创新中心用于进行产品研发和零部件设计。技术的突破和成熟应用带来市场的超高速增长，再考虑到当前市场的总体规模仍然相对较小，因此在未来一段时期内，3D 打印产业有望迎来爆发期。

3. 云计算爆发催热工业云，软件由企业外围向核心云化

（1）云应用不断挤占传统应用软件市场

2016 年我国应用软件市场规模达到 74.7 亿美元，其中公有云应用软件市场占比达到 8.2%，同比增长 28.1%，远高于传统应用软件市场 7.6% 的增速。未来五年，公有云应用软件市场将继续保持快速增长，2016—2020 年复合增长率仍将高达 26.7%，而传统应用软件市场的复合增长率将降至 6.7%；公有云应用软件市场份额将持续提升，2020 年占比将上升至 17.3%，如图 2 所示。

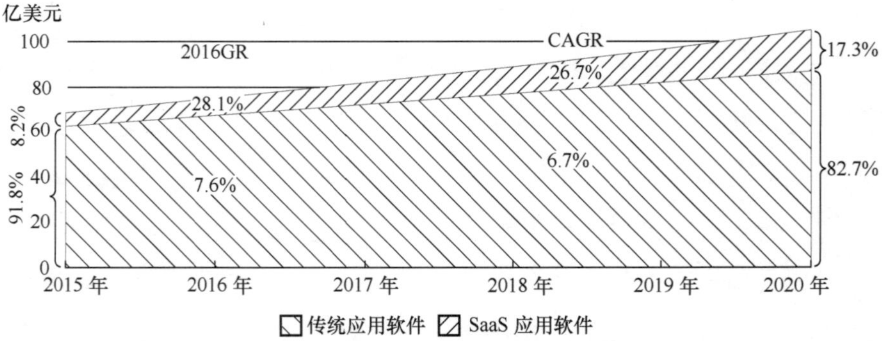

图 2　2015—2020 年中国应用软件市场规模及增速（数据来源：IDC）

（2）龙头企业全面布局公有云市场

在云计算的热潮下，龙头软件企业纷纷通过收购或自主研发力拓云服务能力，谋求业务创新和转型。西门子将 MindSphere 引入微软 Azure 云平台，计划在 2017 年提供平台和关联应用程序服务。2016 年 Oracle 连续收购 3 家 SaaS 软件商，包括建筑行业合同和服务管理商 Textura、公用事业行业客户互动和能源效率服务商 Opower、ERP

云服务商 Netsuite。过去几年，SAP 也相继收购了 SuccessFactors、Ariba、Concur 等多家 SaaS 服务商，完成了公有云布局。

（3）应用软件部署加快向分布式架构转型

随着计算机系统规模变得越来越大，将所有业务单元集中部署在一个或若干个大型机上的体系结构，已不能满足企业业务快速扩张和互联网应用与日俱增的需要，传统集中式架构向高可用、易扩展、低成本的分布式架构转型成为企业首选。根据 IDC、Gartner、AWS 三方数据，2015 年有 20% 的应用是基于分布式架构部署的，到 2020 年该比例将增加为 60%，分析型应用随着海量数据的增长不断增加，基于传统集中式架构的接入访问型应用将重构为大量基于分布式架构的 Web 接入、移动、社交类应用，如图 3 所示。

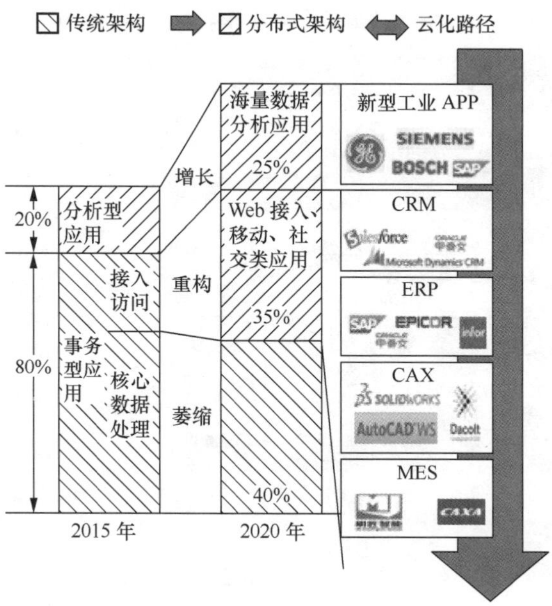

图 3　应用软件部署架构及云化路径（资料来源：IDC，Gartner，AWS）

（4）传统应用从企业外围向核心逐渐云化

应用软件云化随着软件架构的分布式转型渐行渐远，新型工业 APP 基于大数据、云计算等技术发展而来，可视为原生的云应用。客户关系管理（CRM）关注客户互动体验，具有明显的社交属性，在移动互联网、电子商务等飞速发展的驱动下成为云化先锋。企业资源计划（ERP）受供应商管理、采购管理、电子商务等管理和业务需要驱动，对互联网协作、上下游协同等的需求不断增加，成为公有云市场的下一个竞争高地。随着云应用不断深入和普及，网络化设计与制造等新模式不断涌现，工具类软件（CAX）和生产管理（MES）等核心应用软件的云化也将不断展开。

4. 网络互操作和数据互操作孕育智能制造发展新空间

（1）数据互操作是智能制造的关键，三大阵营鼎立

与通用互联网的发展轨迹类似，随着以太网在工业领域的快速普及和应用，通用的 IP 网络成为未来智能制造数据互联互通的底层共性技术。在以太网实现底层网络互通的基础上，由西门子、罗克韦尔、施耐德等工控企业主导的私有应用协议、工业领域事实通用标准 OPC 应用协议、由通用领域向工业领域渗透的物联网应用协议形成了未来工业领域数据互联互通的三大技术阵营，并将长期共存，如图 4 所示。

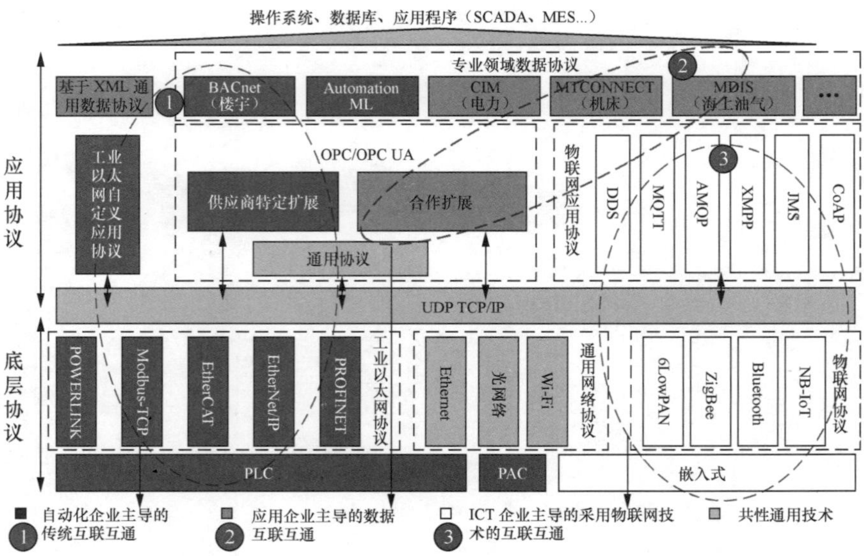

图 4　数据互操作技术格局

西门子等工控领域龙头企业利用自身在工业总线、工业以太网领域的深厚技术和市场积累，面向市场推出工业数据集成一体化服务，通过与自身工控产品的强绑定，是当前互通性能最优、市场份额最大的主导性技术。经过长期的发展，OPC 标准高度成熟，能够实现不同企业工控设备间应用层以上的互联互通，是工业领域数据互通的事实标准，并进一步向楼宇、电力、机床、海上油气等专业领域数据协议拓展。同时，OPC-UA 的推出，进一步补强了 OPC 标准的性能短板，提升了对底层硬件的支持。物联网技术经过近年来的突飞猛进，在吸纳航空、互联网等领域应用协议和标准的基础上，已形成了成熟可用的应用协议簇，同时随着物联网向工业现场的进一步渗透，DDS、MQTT 等应用协议也开始在自动化领域获得应用。

（2）工业连接主流仍是总线，但网络通用化趋势初现

在底层网络连接方面，目前总线网络依然占据着存量市场的绝对主流，占比超过70%，并呈现领先企业主导的市场格局，西门子、罗克韦尔、施耐德等企业主导的主流总线协议存量占比超过70%，细分总线协议只占30%的存量份额，如图5所示。目前，新建工厂中仍有很大部分PLC与现场设备间的连接依然选择总线，短期内总线依然能够保持市场主流[11]。

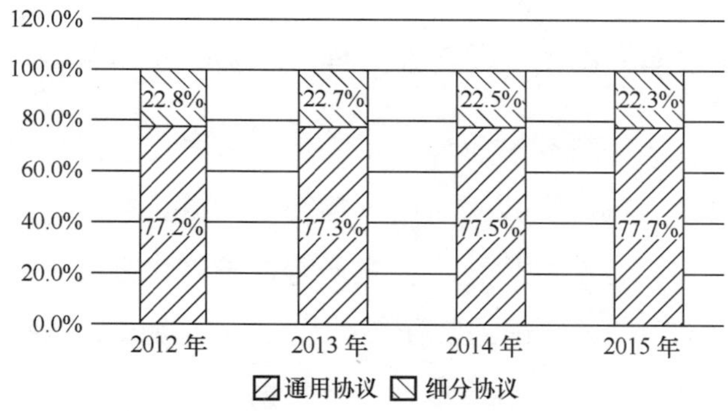

图5　总线存量市场占比

工业以太网总体上占据30%左右的市场，其中基于TCP/IP的通用协议占比最高，超过30%，其余市场被西门子的Profine、罗克韦尔的EtherNet/IP、施耐德的Modbus-TCP/IP所瓜分，总体占据60%的存量份额，工业以太网细分协议市场空间有限，仅占6%左右的存量份额，如图6所示。以太网市场的总体格局说明，目前有很多企业选择通用以太网和工业以太网连接PLC和上层设备，网络通用化趋势初现[12]。

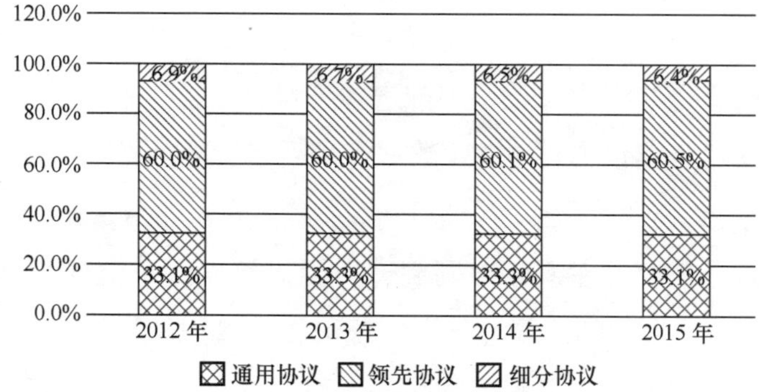

图6　工业以太网存量市场占比

11　数据来源：IHS。

12　数据来源：IHS。

（三）两化融合行业应用发展情况

目前，我国已初步建立起门类齐全的智能制造支撑产业，鼓励发展了一批智能制造行业应用试点和示范项目，整体智能制造发展水平不断提升。同时，基于不同企业的差异化需求和条件，我国的智能制造形成了多路径发展特点。

1. 各行业结合实际探索差异化两化融合推进路径

（1）打造以智能装备、网络互联与数据集成为核心的智能工厂

以石化、钢铁为代表的**原材料行业**，自动化、数字化、信息化建设起步较早，发展程度较高，智能制造实施主要以工厂内外各环节数据打通及应用为重点，实现生产管控一体化、供应链协同与能耗优化。**在生产管控一体化方面**，九江石化的智能工厂建设，在生产现场通过 4G 无线网络、防爆智能终端实现装置数据的采集与传输，并结合炼油全流程一体化平台实现供应链、生产数据的集成分析，大幅提升生产管理与装置优化水平。**在供应链协同方面**，东岳化工通过对物流、能流、安全、资产的全流程监控与数据集成，建立数据采集和管控系统，实现从响应式制造到预测制造的智能供应链转变，产品成本下降 20%。**在能耗优化方面**，鲁西化工以“互联网 + 化肥”方式改造传统的化肥生产，通过建立数据采集和监控系统，并与控制系统有机结合，实现重点污染物排放监控的全覆盖，吨合成氨综合能耗降低 8% 以上。

（2）推进面向高价值产品的智能设计、协同制造和远程运维

航空、汽车、船舶、工程机械等**高端装备行业**，具有资金技术密集、产品附加值高的特点，企业生产过程普遍建立了良好的自动化、数字化基础，智能制造实施的主要需求在于结合数字化、网络化技术，推进虚拟设计、协同制造和远程运维。**在数字化设计方面**，武汉船机建设三维 PDM 数据管理系统，应用数字化三维设计与工艺技术，实现产品数据流打通“设计—分析—工艺—制造”环节，研制周期缩短 30% ～ 40%，生产效率提升 30%。**在网络协同制造方面**，长安汽车搭建全球协同研发平台，推动基于同一模型与数据源的协同设计，实现了 24 小时不间断协同开发，新车型长安逸动研发周期缩短近 30%。**在远程运维服务方面**，三一重工依托工程机械服务平台为客户提供故障诊断、性能优化托管等智能服务，产品市场占有率整体提高 5%，服务营收占比提高 28%。

（3）探索用户需求导向的个性化定制

家电、服装、家具、汽车等**消费品行业**，具有显著的订单拉动式生产特点，企业积极拓展个性化定制模式。**在服装行业**，报喜鸟公司开发西服私享定制平台，实现对用户个性化需求特征的挖掘和分析，应用虚拟现实仿真技术与 3D 渲染技术，实现“一人一版、一衣一款”的西装自主设计与定制生产。**在家电行业**，海尔集团打造“互联工厂”，前端打造“众创汇”的用户交互平台，终端依托沈阳、郑州、佛山和青岛四个互联工厂，后端依托“海达源”模块商资源平台，实现冰箱、空调等产品的定制化生产。**在家居行业**，九牧厨卫基于 O2O 定制平台集成设计系统与生产系统，实现自动户型导入、3D 空间生成、样板空间选择、DIY 布局等在线设计与展示，带动销量大幅提升。

（4）强化以局部环节自动化、数字化改造为突破点的生产智能管控

以信息通信、光学元器件、可穿戴设备等为代表的**电子行业**，在检测、装配、物流环节普遍存在较大的自动化、数字化短板，企业智能制造实施主要以局部环节改造为切入口，逐步提升生产的数据采集与利用能力，提高生产效率和产品质量。**在质量检测方面**，中兴无线基站产品智能工厂，通过工业机器人、自动化检测设备、定制化夹具的综合集成，突破模块化电源检测的自动化瓶颈，单条检测线减少 12 个人工需求，检测作业效率提升 33%。**在产线控制优化方面**，华星光电子在自动化及传送设备的基础上，对设备运行数据、原材料数据、生产过程数据进行综合集成，构建 G8.5 代液晶显示器智能工厂，实现生产线的自动化组织与控制优化，生产效率提升 25%，产品不良率降低 20%。**在智慧物流方面**，歌尔声学依托基于射频识别（RFID）技术的智能物流管理系统，实现物料从采购入库、出库到车间物料流转的跟踪、自动拣选和精准配送，大幅提升工厂的物流仓储效率。

（5）中小企业探索低成本两化融合发展的路径

受制于资金、技术和人才，中小企业低成本实施智能制造是现实的选择。**在硬件方面**，中小企业通过对单点旧设备进行升级改造、智能设备以租代买等方式节省成本。山东威达机械充分利用原有旧设备，改造升级 PLC 系统、线轨等关键部分，并入新系统组成智能制造生产线，节省了 50% 的投资成本。**在软件方面**，中小企业可通过“按需付费、按次付费”取代“成套购买”的方式，降低使用门槛。航天科工打造“航天云网”，提供软件云端租用服务，降低中小企业的软件应用成本。

2. 总体基础仍然薄弱，并联式发展面临诸多挑战

（1）行业间、企业间发展基础存在差异，数据应用能力有待加强

与发达国家企业普遍走过了机械化、电气化和自动化的串联式道路不同，我国企业 1.0、2.0、3.0 的发展阶段并存，不同行业、不同企业智能制造的实施基础和路径存在较大差异。**行业间差距**，航空、电子、汽车、石化、钢铁等行业的信息化建设起步早、基础好，涌现出了海尔、航天科工、上汽、宝钢等一批向 4.0 阶段迈进的企业，先进企业的自动化率基本达到 80%，数据自动采集率达到 90%[13]，智能制造发展水平正从单点局部智能向综合集成方向发展；相比之下，纺织、建材等行业的集中度较低、企业规模偏小，行业平均自动化普及率仅能达到 60%[14]，还处于实现单点自动化、向数字化阶段迈进的进程中。**企业间差距**，以化工行业为例，九江石化、中煤榆林等一批大型先进企业基本实现了全方位的数字化，数据自动采集率达到 95% 以上[15]，并向基于数据集成与应用的智能化阶段迈进；而一大批类似海天化工、民基化工的中小企业，在生产、检测和物流环节仍处于半自动化水平，正努力向 2.0 阶段迈进。此外，各行业普遍暴露出数据集成和综合利用能力不足的短板，制约了智能化水平的提升。

（2）生态体系尚未形成，智能制造持续创新发展的能力有待健全

在产业主体方面，我国缺乏跨界巨头和系统集成商。虽然有一批行业性领军企业，但缺乏类似 GE、西门子的跨界巨头企业和系统集成商，产业生态规模与竞争力不足。例如，我国沈阳机床厂以智能云科平台为载体，构建行业用户与供应商生态圈，目前虽有 600 多家制造商入驻，但影响力和竞争力仍然无法与覆盖 140 多个国家的德玛吉等国际机床巨头相比。**在产品方面**，我国缺乏平台性的集成创新产品，当前 GE、IBM、SAP 等国际领先企业均已开始积极布局新型工业数据平台并实现了初步应用。我国目前虽然有华为、和利时等企业在探索工业数据平台产品的研发，但产业资源整合、数据挖掘利用、应用开发推广等方面面临较大困难，平台产品的研发和产业化推广速度不及国外企业。

---

13 资料来源：智能制造试点示范企业申报材料。
14 资料来源：中国企业互联网化指数 2015。
15 资料来源：智能制造试点示范企业申报材料。

二、2016 年两化融合领域热点分析

（一）工业互联网揭开融合发展新篇章

1. 参考架构对互联互通与标准制定的指引作用逐渐显现

参考架构是工业互联网的顶层设计，是对重大需求、核心功能、关键要素的明晰和界定。在参考架构的基础上，通过标准制定或规范应用层协议来实现系统的互联互通互操作。

一是总体架构指引的标准化推进路线。2016 年 12 月，IEC/TC65 基于 RAMI4.0 发布了技术规范 IEC/PAS 63088《智能制造——工业 4.0 参考架构模型》，主要内容包括："工业 4.0"中的资产、RAMI4.0、"工业 4.0"组件、"工业 4.0"组件的管理壳，以及"工业 4.0"组件的形式。该文件是智能制造新概念提出之后公布的第一个国际标准化规范，开启了智能制造参考架构国际标准制定进程。

二是产业应用与标准化合作相结合的探索。围绕 OPC-UA、MQTT、DDS、OneM2M 等应用协议开展评估，鼓励企业在此基础上实现不同层面的设备互操作。IIC 与 IEC、ISO、3GPP、IEEE 等国际标准化组织建立合作关系，未来共同推动工业互联网标准制定。IIC 和 IEEE 标准协会（IEEE-SA）合作开发可互操作的工业物联网体系架构。IEEE P2413 工作组将为 IIC 提供一份草案规范标准，与当前的工业物联网标准进行差距对比分析；而 IIC 将从工业的角度来向 IEEE 工作组提出工业物联网要求。

三是国家、联盟等多层次的标准化推动。2016 年 10 月，我国启动了关键技术标准"工业互联网总体网络架构"，以及智能制造关键共性标准"面向制造业的标识解析体系需求"两项国标立项。由国内工业领域、信息通信领域知名企事业单位、科研院所共同参与的工业互联网产业联盟，也开始启动"设备智能化使能""工业互联网平台总体架构"两项联盟标准研制。

2. 测试床建设提速，驱动前沿共性技术突破

测试床成为各类前沿共性技术应用探索的抓手，是工业互联网的创新源泉。测试

床建设已经从首轮快速扩张阶段进入第二轮快速扩张阶段。**新技术试验验证进入井喷期。**2016 年上半年，IIC 通过了 12 个测试床，总数达到 25 个，测试床建设成为企业最为关注的内容，如图 7 所示。**面向制造过程的验证是核心。**面向制造类技术的测试床 17 个，占测试床总数的 68%，其中面向生产过程优化的测试床占到近一半，主要场景包括了生产自动化、可视化、质量管理、预测维护等多个方面。**积极整合全球创新资源。**三菱、日立等日本企业，Infosys 等印度企业加快申报测试床。我国也有 2 个测试床入围，分别是制造质量管理（华为、海尔、中国电信、中国信息通信研究院）和智能供水（北京威派格科技发展有限公司、新思维（Thingswise）、中国信息通信研究院）。

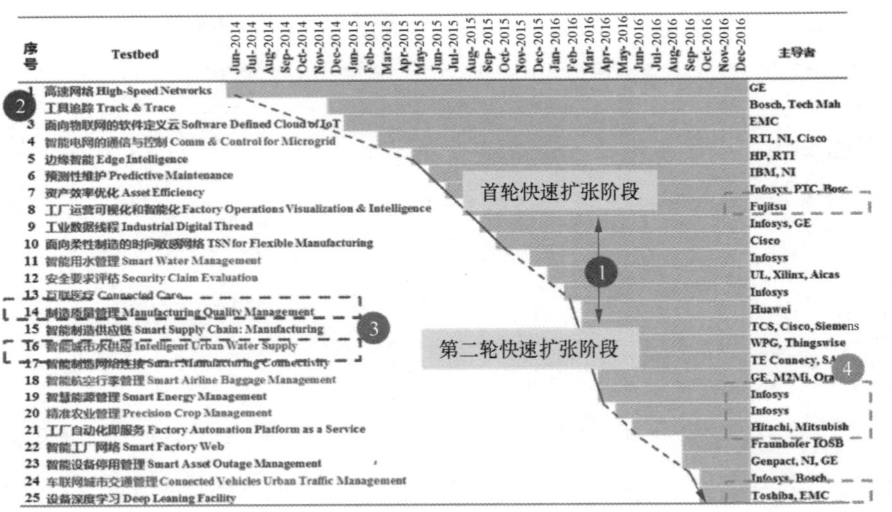

图 7　美国工业互联网联盟（IIC）测试床发展历程（资料来源：根据 IIC 资料整理）

新一代信息技术的集成应用与验证是测试床的技术核心。一是设备智能化。基于 Wi-Fi、蓝牙、红外等技术实现高精度定位，包含智能网关、边缘数据存储与分析、实时响应的边缘智能。**二是新型网络技术。**美国国家仪器、博世力士乐、思科、英特尔、KUKA、施耐德电气和 TTTech 等合作开发世界首个时间敏感网络（TSN）测试床，旨在展示新型以太网 IEEE 802 标准在制造生态系统中的应用，支持多厂商互操作性开放网络基础设施。新型网络技术的测试床还包括基于 AMQP、MQTT、DSS、OPC-UA 等应用层协议的数据集成。**三是云和数据分析。**此类测试床包括基于 SDN 的虚拟云、数字双胞胎、人工智能、深度学习、神经网络、增强现实等。

3. 先导应用不断涌现，试点示范加快推进

美、德加快应用试点征集和推广工作，多行业覆盖、多模式构建、共性技术实施

是主要特点。通过对“工业 4.0”平台和美国工业互联网联盟（IIC）应用案例的统计，现有应用可分为四大类，即服务化制造、个性化定制、网络化协同和智能化生产，如图 8 所示。

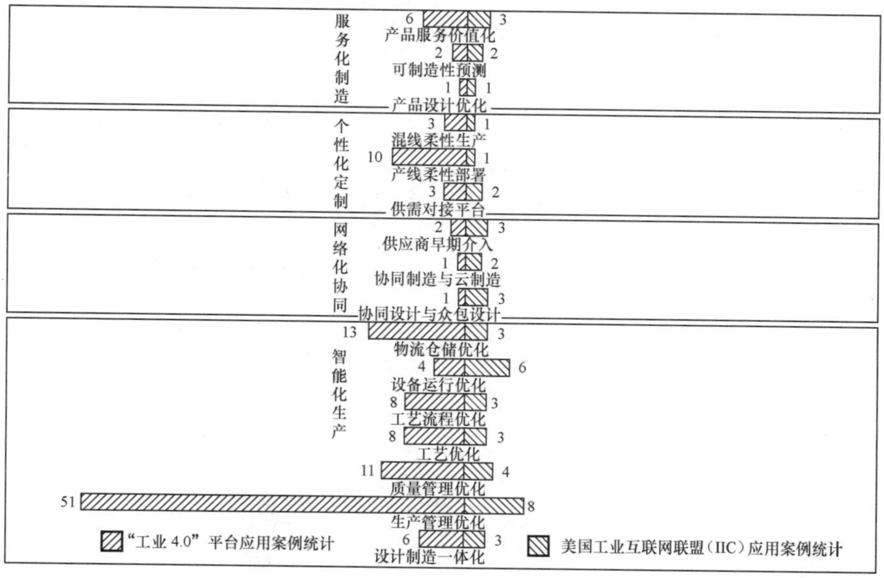

图 8 “工业 4.0”平台和 IIC 应用案例统计

德国“工业 4.0”平台目前有 130 个应用案例。**智能化生产是智能制造应用的发力点。**“工业 4.0”平台应用案例中多达 78% 的项目集中在智能化生产领域，其中，生产管理优化是重中之重。**自动化和装备企业主导智能制造应用。**超过 12 个行业开始智能制造探索，自动化和装备企业的应用占 40%。“工业 4.0”侧重于信息与制造技术融合。“工业 4.0”项目应用着重探索在线质量控制优化、设备故障预测、设计制造一体化等技术。

目前 IIC 有 48 个应用案例。**IIC 的应用案例行业覆盖较宽泛，制造类应用占四成。**在这 48 个案例中，涵盖交通、零售、医疗、农业等行业领域，其中制造领域 20 个，占总数的 40%。**制造案例主要聚焦智能化生产。**62.5% 的制造应用项目集中在智能化生产模式上，而个性化定制类的应用案例相对较少。**IIC 应用案例较多关注共性技术应用。**48 个案例中，有 9 个案例面向共性技术，涵盖网络连接、数据管理、数据认知、应用开发、安全等方面。

4. 联盟汇聚产业资源，生态体系初步呈现

以联盟为平台加快产业资源汇聚。工业互联网产业联盟目前有 252 个成员，类型

涵盖工业企业、行业协会、信息技术、运营商 / 互联网、科研院所、投融资、外资企业、安全类企业等。2016 年 9 月，工业互联网产业联盟发布《工业互联网体系架构（版本 1.0）》，由科研院所、工业制造、IT、运营商、互联网等 14 家单位联合编制。审核通过了 8 个测试床，涉及生产质量管理、工业网络互联与数据采集、城市智慧供水、云制造服务等。审核通过了 14 个应用案例，涉及生产过程优化、个性化定制、网络协同制造、智能物流仓储、产品远程服务等应用场景。如图 9 所示。

图 9　工业互联网产业联盟成员类型

各方积极布局，初步形成三大生态。一是基于技术成果转化的创新生态。上海市经信委和中国信息通信研究院合作，在上海率先形成工业互联网创新中心，面向关键技术产业化，形成地区级共性技术创新生态。**二是基于平台化产品的产业生态。**数码大方工业云平台、航天云网、COSMO 平台、智能云科等多个平台产品涌现，促进产业资源共享和能力协同，形成大众创新、万众创业的产业生态。**三是基于跨界合作的应用生态。**跨界主体开展跨领域、跨行业的系统创新，构建新型工业互联网应用生态，中国电信与潍柴、华为与长虹、阿里云与威派格等纷纷开展跨界合作，加快信息通信技术与制造技术的融合应用。

5. 国际合作将由“战略共识”走向“协同务实”

美德“架构互认”标志战略共识正式形成。美国工业互联网联盟的 IIRA 与德国“工业 4.0”平台的 RAMI4.0 开展一致性认定，2016 年 3 月，“工业 4.0”平台和工业互联网联盟的代表在瑞士苏黎世会面，共同探讨双方分别推出的架构的潜在一致性。双方就两种模型的互补性达成共识，并以初稿对应图来反映两种元素之间的直接关系。双方同意构建清晰的路线图，以确保未来的互操作性。IIRA 与 RAMI4.0 的合作将有可能打破技术孤岛壁垒，大幅简化技术选择，并显著提升互操作性，为全球标准化创造条件，对推动工业互联网的发展具有非常积极的作用。

中美、中德合作成为全球战略合作新亮点。2016 年 11 月，中国信息通信研究院（CAICT）与美国工业互联网联盟（IIC）签署战略合作协议，旨在连接世界各地的业内同行，共同商讨工业互联网架构，加强双方在工业互联网领域的合作，共同促进全球工业互联网的发展。2016 年 11 月，中德智能制造合作首次副部长级会议在德国召开，在标准和架构、重点领域合作等方面达成了诸多共识。

美德合作进入务实协作新阶段。美德合作从 2015 年 9 月至今，已经从战略共识深入到具体实施阶段。2016 年的汉诺威工博会上，默克尔推动美德双方标准化合作。JTG4 统筹“IIC 互操作联合体 I3C”与“工业 4.0 平台互操作委员会”标准合作工作。美德合作组建产品解决方案、测试床、互操作标准、参考架构等六大联席工作组。双方确定合作路线图，计划于 2016 年共同发布安全架构、召开联席会议；2017 年，评估制造领域的创新产品可靠性；2018 年，形成标准化议案，评估其他领域产品。美德共建测试床，在博世力乐士洪堡工厂合建“智能制造设备维护”试验床，实施合作试验田，涵盖设备效率优化、生产过程优化、预测性维护、远程管理。

（二）工业互联网平台成为产业聚合枢纽

1. 工业互联网平台成为打通各层级数据与资源的关键

工业互联网平台是指具备底层设备数据采集集成和上层企业信息系统数据打通整合能力，并基于数据进行分析并面向多领域（如资源管理、运营管理、工业生产、智慧应用等多方面）提供应用服务的系统化平台。其本质内涵是实现 IT 层与 OT 层、企业 / 工厂内外的数据及资源的聚合打通。一个完整的工业互联网平台产品需要同时具备三大要素功能。

一是物联网要素，即设备的聚合能力。设备的聚合能力是工业互联网平台最基础的能力，能够将不同类型、不同年代甚至不同生产商的机械设备进行连接打通，实现机器到机器和机器到云的信息数据流动，能够使不同标准接口的设备通过一定的方式进行统一集成。

二是大数据与云计算要素，即大数据管理能力。一方面应具备不同结构（结构化和非结构化）与类型数据的集成能力，以及独立的存储、管理等数据库功能；另一方面要求平台必须能够对整合数据进行深入分析，产生全新的数据价值，进而实现对设备、资产、流程优化的支撑。

三是互联网要素，即平台的开放能力。要求平台具备开放能力，能够提供完整的开发环境使第三方基于平台进行工业 APP 的开发，实现行业应用的多方协同。

工业互联网平台是智能制造新增的关键技术环节，也是当前产业巨头布局的主要方向，众多国际巨头已经纷纷加入平台产品建设。目前全球工业互联网平台产业尚处于培育阶段，把握机遇，及早布局，发展强大的工业互联网平台产品及产业生态，对于我国抢占全球智能制造产业竞争制高点、构建完善的智能制造产业体系、巩固在制造业领域的优势地位具有尤为突出的意义。

2. 工业互联网平台产业发展迅速，竞争格局初步形成

随着信息通信技术与工业控制技术的快速融合，初步显现出以开放化平台为核心，向下整合硬件资源、向上承载软件应用的发展趋势。当前发达国家和地区均将工业互联网平台作为战略布局的重要方向。通用电气公司（GE）于 2013 年推出了以 PaaS 为核心的 Predix 工业互联网平台产品，正式开启国际工业互联网平台发展的序幕。随着 GE Predix 平台产品的推出，其他国际产业巨头纷纷加入工业互联网平台的竞争，西门子推出了 Sinalytic 平台，对所有跨业务的远程分析和维护服务进行整合；IBM 推出了以 PaaS 为核心的数据分析及应用开发平台；SAP 基于大数据分析引擎推出 HANA 平台等。而 2015 年后，更多的产业巨头加入到工业互联网平台的竞争格局中来，其中最具代表性的包括微软 Azure 平台、博世的工业互联网平台、英特尔的工业互联网平台、PTC 的 ThingWorx 平台、IBM 的 Bluemix 平台，以及发那科的资源管理平台等。

当前，我国工业互联网平台的发展已具备一定的基础，一批领先企业率先推出相关产品及解决方案。如和利时开发工业自动化通用技术平台 IAP，三一重工基于 Hadoop 搭建工业大数据分析平台，明匠开发出工厂数据集成管理系统，海尔构建人机物互联平台 Cosmo 等。然而，国内的平台产品在性能和适用性上仍存在一定的问题，一方面，国内现有工业互联网平台架构偏重传统工业，系统架构理念过时，对云、大数据、开源操作系统等新兴技术应用不足；另一方面，国内工业互联网平台系统的集成能力有限，在细分领域基于经验知识的数据建模和分析能力不足。此外，国内数据平台多为专用系统和单项应用，缺乏基于平台二次开发的支撑能力。

3. 工业互联网平台产业主体形成，平台应用日趋成熟

工业互联网平台及解决方案提供商不断涌现。目前全球工业互联网平台提供商包含 4 类企业，即工业企业、IT 软件及互联网企业、IT 硬件企业和应用服务类企业。

一是以传统工业巨头企业为主体，兼具平台层和边缘层功能，发展领域聚焦于工业领域。代表产品是 GE Predix 平台，主要通过 Predix Machine 实现对 OT 层数据的打通及采集，并提供数据分析及应用开发等工业微服务。

二是以 IT 软件及互联网企业为主体，聚焦 IT 层功能，提供多行业大数据解决方案。代表产品是 SAP HANA，其本质是一个基于内存计算的大数据引擎，结合大量实时数据分析，为企业提供商业应用及解决方案。

三是以 IT 硬件企业为主，聚焦 OT 层功能，与 IT 企业合作提供多行业的行业解决方案。代表产品是 ARM Mbed 平台，通过基于 ARM® Cortex®-M 的 MCU 打造一种现代化全协议连接平台，并通过 mbed Device Server 软件实现大数据分析。

四是应用服务类企业，专注应用层，主要提供各领域服务应用及第三方开发环境，其他层级能力完全依赖第三方支持。代表产品是 Ayla 网络的 Ayla 平台，Ayla 平台所有的平台技术全部通过第三方集成，自身主要以应用开发及提供应用服务为主。

当前出现的工业互联网平台已应用于多领域、多环节。按照工业互联网平台的用户需求及应用环节的不同，可将当前工业互联网平台的应用模式概括为 5 类。（1）在设备层实现对生产设备的预测性维护，通过平台对生产设备进行实时监控，并通过采集数据处理分析实现预测运维，例如 GE Predix 平台通过对风机数据的打通分析，实现对风机设备的远程维护。（2）在车间层，实现生产流程的优化，通过数据分析及平台应用帮助企业在生产和运维方面提升精益化。例如，博世平台通过对现代汽车生产线数据的采集分析，实现对生产现场的优化管理。（3）在管理层，基于数据分析能力为企业提供软件应用服务，助力提升企业运营管理。例如，中联重科公司应用 SAP HANA 平台，将原有 ERP 集成入 HANA 平台，实现订单、维护等事务数据的分析处理。（4）在产品层，实现产品服务化，通过对生产产品数据的打通采集，分析并提供产品远程服务。例如，医疗产品服务提供商 NElekta 公司与 PTC 合作，通过 PTC 公司的 ThingWorx® IoT 开发平台，实现对产品的远程数据分析，并提供产品优化服务。（5）在设计层，实现个性化定制，对用户需求信息进行分析，并通过平台制定产品参数，

组合形成个性化产品。例如，欧特克仿真平台与 Backhand 合作定制自行车零部件。

4. 工业互联网平台生态链展示出强大的产业聚合力

工业互联网平台作为贯通 IT 层与 OT 层的关键性产品，成为构建智能制造生态体系的核心要素。国际产业巨头凭借工业互联网平台产品及行业应用，整合数据及经验，集聚 IT-OT 层上下游企业，逐步构建自主掌控的智能制造产业生态。

基于平台产品并购技术企业，扩展平台能力。以 GE 为例，GE 已率先围绕 Predix 平台构建了产业生态，2016 年围绕 Predix 平台的收购案近 10 起，总金额近 400 亿美元。具体包括：并购全球第三大油服公司贝克休斯，为平台扩展石油服务应用；收购 LM 获取风力发电领域的服务应用能力；收购 Bit Stew Systems 和 Wise.io 为 Predix 平台拓展电厂、飞机引擎数据分析能力；收购了 ServiceMax，拓展 IoT 平台管理能力。

平台生态构建初步成形，生态构建模式呈多样化。具体实现形式包括：一是围绕自身平台产品的生态构建模式。例如，GE Predix 首先通过核心应用产品 Predictivity 整合行业经验，推动关键领域合作，构建跨界平台型生态圈；其次通过企业战略合作，GE 与专业技术企业（如大数据建模、云计算等）建立战略合作，实现技术产品的共同研发；最后通过开放平台聚集资源，GE 构建 Predix I.O 向第三方开发商提供开放资源，为应用开发者提供统一的开发环境及技术交流社区，在行业应用开发领域集合生态资源。二是巨头强强联合的生态构建模式。以 SAP 和西门子的战略合作为例，SAP 的 HANA 平台主要聚焦在 IT 层，而平台在现场设备的打通能力不足；西门子的 MindSphere 平台在 OT 层具备核心能力，但 IT 层能力有所欠缺。SAP 与西门子公司围绕工业互联网平台开展合作，实现能力互补并通过战略合作构建平台产业生态。三是通过产品资源整合生态。达索平台主要是通过围绕自身产品实现对合作伙伴的整合，通过资源构建平台生态。

（三）工业大数据成为制造业转型升级的助推器

1. 工业大数据呈现出新资源和新技术相融合的发展态势

2012 年 GE 在《工业互联网：突破智慧和机器的界限》中率先提出了“工业大数据”的概念，明确工业大数据的来源是在工业领域自动化与信息化相关应用中所产生的海量数据，这里的“相关应用”既包括企业内的信息系统数据、工业设备和流程数据，也包含企业外部的互联网数据。工业数据资源的丰富，使得工业数据之“大”不仅体现在数据量上，也体现在数据类型、产生速度、分析维度、先验知识基础等领域，这也使得工业大数据与互联网大数据相比，呈现出行业应用经验、IT 技术和数据科学融合态势。

IT 技术为工业大数据提供了灵活、快速、低成本的计算能力。海量、异构、低关联是工业大数据的重要特征，这给数据处理带来了较大的挑战，大数据存储和计算技术仍然是整个工业大数据系统的基础。以 Hadoop、MapReduce 为代表的分布式系统和并行计算技术不仅可以以较低成本存储工业大数据，同时也提供了灵活、快速的计算能力，同时以 Hadoop 为代表的开源软件也大幅降低了工业大数据的计算和存储成本，这些大数据有先进技术与工业实际相结合，能够更好地满足工业数据对实时处理的应用需求。

机理模型、专家经验与数据科学的深度融合，提高了工业数据清洗、分析的效率和精度。在数据清洗环节，传统大数据抽取主要是将复杂的数据转化为单一或者便于处理的结构类型，当面临海量且价值分布不均的工业数据时，这个工作更加复杂。为提高工业数据清洗的效率，可围绕应用需求，利用专家经验建立数据价值判定模型，删除伪数据和缺陷数据，缩小数据范围，降低数据预处理的范围。

在数据分析预测环节，传统大数据多是应用聚类、分类等通用算法，并支持向量机、神经网络等进行概率性判定，然而工业系统的实时性高、动态性强，对分析结果的精度要求高，很难接受概率性预测。因此，针对工业领域的数据，首先需要将领域知识和经验进行系统化管理、识别，形成针对某个应用场景的模型，并叠加对特定行业的深入理解，不断萃取专家知识和历史数据进行模型的优化。同时，还需要考虑数据在物理世界的关联和工作机理，特别是针对机器设备产生的数据，对其进行分析务必要将数据和机器的工作机理、内在联系有机结合在一起，同时还要考虑相关联的其他机器，甚至工作的周边环境信息（如地理、天气等）。

2. 工业大数据产业生态系统日臻完善，分析应用已然成为竞争的焦点

作为新兴技术领域，工业数据的产业格局尚处于集聚与形成阶段，相关产业主体主要根植于大数据产业链，针对工业领域推出更适配和定制化的解决方案；同时，部分新主体通过推出平台类、APP 类产品进入大数据产业链，对产业上下游形成影响力。如图 10 所示。

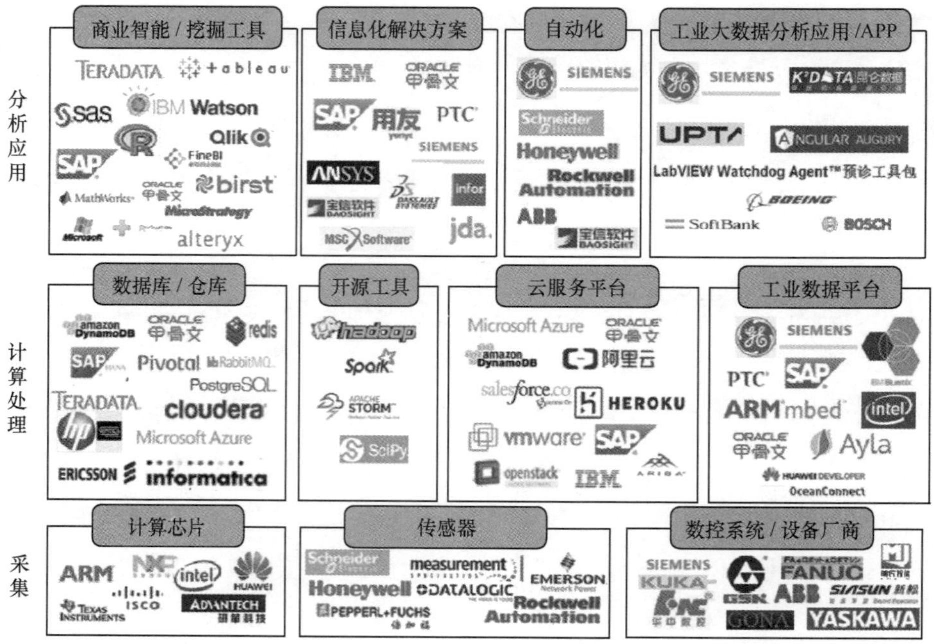

图 10　工业大数据产业生态（资料来源：中国信息通信研究院）

在工业数据采集环节，产业主体包括数控系统和设备厂商，以及传感器等。其中传统工业数控系统和设备厂商如西门子、ABB、库卡等主要对现场设备运行的数据进行采集处理，另外，快速发展的物联网也将成为越来越重要的工业大数据资源提供者，通过力学、视觉等多种数据采集终端，定向采集更具利用价值的数据源，主要厂商包括施耐德、霍尼韦尔、罗克韦尔、倍加福等。

在计算处理环节，一方面包括以 SAP、IBM、Oracle 为代表的，为车间和企业各级别的决策制定提供所需类型数据支持的战略集合的产品服务商，具体产品包括数据库、数据仓库、实时数据库等。另一方面，还存在对外提供数据存储和业务访问功能的云存储平台，他们也是工业大数据计算处理服务的重要提供商。此外，随着信息通信技术与工业控制技术的快速融合，向下整合硬件资源、向上承载软件应用的数据平台快速兴起，并成为工业大数据计算处理的主要力量。

在分析应用环节，形成了传统大数据分析厂商和自动化厂商主导、新兴初创企业不断涌入的市场竞争格局。其中**传统大数据分析厂商**主要由商业智能 / 数据挖掘企业和信息化解决方案企业组成，这些 IT 厂商依托现有成熟的大数据技术，提供通用解决方案、工业大数据分析工具、开发环境等，工业大数据分析成为其拓展用户市场新的抓手。同时，**传统自动化企业**在行业垂直分析应用市场扩散，对制造企业需求的深刻理解、对底层数据源的整合是构成这些企业成功的主要竞争力，如 GE 之于航空发动机数据分析应用、西门子之于风力发电设备数据分析等。此外，**大量新兴初创企业**借助开源技术、结合特定行业的认知能力，或将成为未来工业大数据分析领域的新兴产业力量，如我国昆仑数据推出 KMX 平台，针对复杂大型装备提供数据分析服务，三一重工则主要对工程机械数据进行分析应用等。

3. 工业大数据应用成为企业智能化实施的重点方向

工业大数据在智能化应用中主要起描述、诊断、预测、决策和控制的作用，覆盖工业的研发设计、生产制造、供应链管理、市场营销和售出服务等产品生命周期的各个环节。随着工业大数据在各个领域的应用持续升温，中国信息通信研究院 2016 年调查显示，70% 以上的智能制造试点示范企业提及工业大数据应用，面向设备和用户两类数据的分析成为最先应用的领域，具体如图 11 所示。

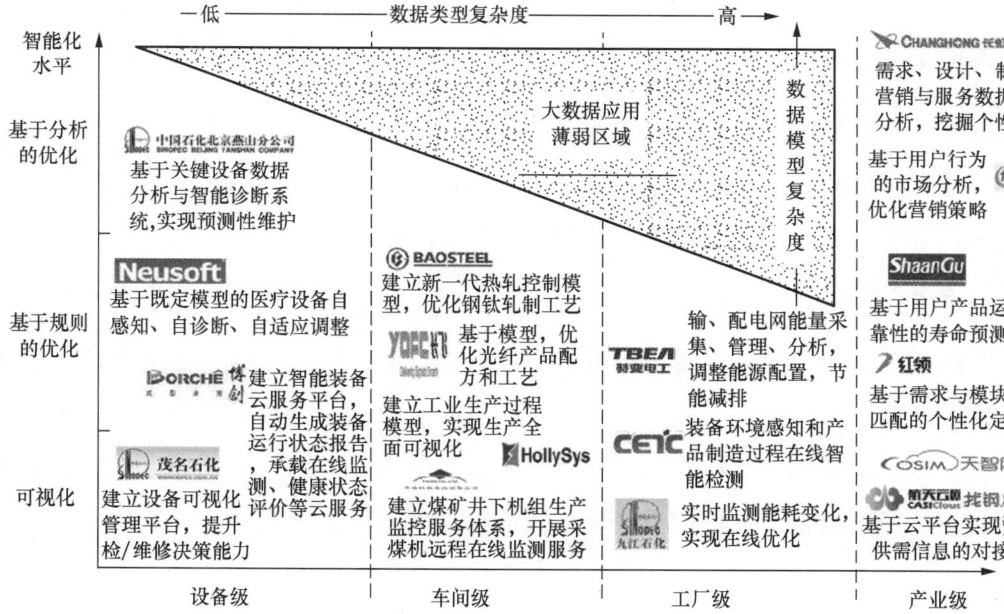

图 11　工业大数据应用视图（资料来源：中国信息通信研究院）

针对设备级的数据，工业大数据应用包括数据可视化，如茂名石化建立设备可视化管理平台，提升检 / 维修决策能力；博创智能装备股份有限公司建立智能装备云服务平台，自动生成装备运行状态报告，承载在线监测、健康状态评价等云服务；燕山石化则主要建立关键设备数据分析与智能诊断系统，实现预测性维护。

针对用户数据，一方面，在市场营销环节，可利用大数据挖掘用户需求和市场趋势，找到机会产品，进行生产指导和后期市场营销分析。如伊利建立用户对商品需求的分析体系，挖掘用户深层次的需求，优化营销策略；红领集团则深入挖掘用户需求，通过模块化产线实现个性化定制。另一方面，在产品服务环节，企业服务结合工业大数据，将促进企业从被动服务、定期服务发展成为主动服务、实时服务。通过搭建企业产品数据平台，围绕智能装备、智能家居、可穿戴设备、智能联网汽车等多类智能产品，采集产品数据，建立产品性能预测分析模型，提供智能产品服务，三一、陕鼓等均是典型应用企业。

但数据模型及经验积累不足仍制约着全流程、全系统的综合应用发展。中国信息通信研究院结合调查分析发现，面向工艺和复杂生产管理优化的大数据应用仍存在较明显的瓶颈区，主要原因是面向工厂内特定场景的优化模型与算法缺失，在数据类型从设备到工厂级不断增加的情况下，工业大数据应用存在明显的空白区域。此外，制造企业针对工业数据的应用尚处于早期部署阶段，因此他们的投资回报还未得到充分验证，工业大数据应用的全面铺开尚需时日。

4. 工业数据空间建设成为新焦点

随着工业大数据应用的推广，数据开放程度逐步提升，如何保障数据安全、建立可信的工业数据交换交易平台成为政府关注的重点。2016 年 1 月 26 日德国在柏林成立了工业数据空间联盟，成员包括 20 家德国工业企业，同时在德国联邦政府的支持下，弗劳恩霍夫研究院主导的工业数据空间计划成为“工业 4.0”的重要组成部分。

工业数据空间包括数据主权、数据管理、数据交易、数据集成、价值创造、信任机制、安全保障和数据治理八大核心要素，解决的重要问题是建立一套诚信机制，让数据可以在被认证的合作伙伴之间共享。出于务实考虑，德国提出了数据合法的掌握者决定数据的使用条款与条件，也就是在数据分享空间内，出数据的一方决定它的数据应该被怎样使用。

目前，工业数据空间已经在德国供应链、医疗、协同制造、产品监控四大领域得到初步应用。在供应链领域，主要解决交通工具、运输节点、订单、客户和供应商信息等数据交互问题。针对医疗行业，重点针对临床信息、个人医疗信息、用药效果等医疗数据集中共享等问题。为满足协同制造的需求，数据空间则主要聚焦于设备参数、维护信息、生产状态、生产规划等数据信息共享。产品数据空间则重在建立用户和供应商端到端的数据监控体系，了解产品运输数据信息。

三、2017 年两化融合领域发展展望

（一）智能制造标准成为国际竞合制高点

作为综合性的复合领域，智能制造运用了大量先进技术，涉及众多学科的交叉，出现了大量空白领域，需要制定新的标准。当前，不论是从德国“工业 4.0”的下一步重点发展方向，还是美国工业互联网的最新动态来看，智能制造相关标准的研究与制定已经成为未来新工业革命的战略高地，国际竞合将加剧。各国将以本国主导的参考架构为核心，重点推进新技术、融合技术领域标准实施，并加快向国际标准化组织输出标准。

各国发布标准的指引性文件，确定热点领域。美国的智能制造标准由国家标准研究院（NIST）主导，在其报告《当前智能制造系统的标准概况》中阐述，标准在全球经济增长中起到非常重要的作用。NIST 制定了先进制造国家战略框架下的智能制造相关标准，包括关键系统设备互操作的产业标准、CPS 安全和数据交换的政策标准、基于新材料特性的协同研发标准，确定了信息物理系统、物联网、大数据及云制造等热点领域。

德国在“工业 4.0 实施战略”中将推进标准化和参考架构排在八项行动首位。早在 2013 年年初，德国即依托 DIN 发布了《工业 4.0 标准化路线图 v1.0》，首先阐述了“工业 4.0”当前的标准化环境，然后分析了当前可识别的标准化需求，给出了详细的标准化行动建议，最后确定了工业通信、人员、增材制造、研发流程等标准化热点领域。2016 年，德国发布了《工业 4.0 标准化路线图 v2.0》。

我国的智能制造相关标准化工作进展迅速，2015 年 12 月，工业和信息化部、国家标准化管理委员会联合印发了《国家智能制造标准体系建设指南（2015 年版）》，作为智能制造相关标准的国家顶层设计，在基础共性标准、关键技术标准和行业标准 3 个方面制定框架架构，确定了智能装备、工业互联网、智能工厂等热点领域。

各国推进多边与跨组织合作。国家层面上，在 2016 年汉诺威工博会上，德国总统默克尔与美国总统奥巴马互动积极，均表示将进一步推动美德双方标准化合作。机构

层面上，美国工业互联网联盟（IIC）与德国“工业 4.0”平台在智能制造标准方面已开始深度合作。2016 年年中，双方成立了联合研究组 JTG4“标准与互操作需求”，统筹“IIC 互操作联合体 I3C”与“工业 4.0 平台互操作委员会”标准合作工作，推动形成联合工作模式。双方计划 18 个月内将形成标准列表，联合开发标准特点图谱，确定需优先研制的标准。未来 36 个月内，将进行推广实施。

各国积极进行国际输出，强化国际话语权。德国依托自身的核心标准化组织，积极参与并主导国际标准化组织，极力争取标准输出。DIN 与 DKE 联合成立“工业 4.0”指导工作组，下辖德国标准化路线图、无线电 I4.0、应用案例 3 个工作组。工作组负责认定具体的标准化需求，整合前期工作成果，推动基础概念等方面的工作。“工业 4.0”平台下设 5 个工作组：参考架构与标准化、研究与创新、互联系统安全、法律框架、教育与培训。“工业 4.0”指导工作组积极参与“工业 4.0”平台框架下标准的制定工作，DIN 与 DKE 参与“参考架构与标准化工作组”。国际层面，在主要的国际标准化组织中，DIN 与 DKE 在不同的专业领域强调国际一致标准的重要性，对于以出口为导向的德国工业而言，确定全球有效的标准系统意义尤为重大。目前德国已推动 IEC 成立“工业 4.0”参考架构（RAMI4.0）国际标准工作组，正逐步将 RAMI4.0 转换为国际标准。美国、中国也将加快标准国际化步伐。

（二）工业“一网到底”技术路径日趋明朗

目前工业网络通过 OPC 协议等方式初步解决了 PLC 以上连接的互联互通的有无问题，但整体性能依然无法满足智能制造时代的需求，领先企业依然在探索工业网络高性能解决方案，在保障工业领域高可靠、高安全、低时延要求的同时，降低网络实施成本，提升网络设备和技术的兼容性。

总体来看，工业以太网、通用以太网、时间敏感网络 3 类以太网技术的并行发展为未来工业互联网时代的网络技术应用奠定了基础。一是通用以太网的技术迭代路径，主要体现为车联网技术与通用以太网技术的融合，随着自动驾驶技术的快速发展，汽车领域急需一种海量带宽、极低时延、极低抖动并具有较高兼容性的网络技术。IEEE 设立了多个工作组研究具有强电磁干扰可用、可供电、高带宽特征的 802.3 子协议以替代 CAN 总线。未来相关协议向自动化领域的渗透将是工业网络技术发展的新方向。二是工业以太网技术迭代路径，传统的自动化企业遵循总线时代的发展路线，在实时以太网协议的研发中，通常仅保留最基本的通用性，通过私有协议提升网络性能。三是时间敏感以太网技术迭代路径，美国工业互联网联盟设立了时间敏感网络实验床，希望在改良上层协议提升带宽和降低时延的同时，保证通用性，减少专用设备，提升互联互通水平。上述 3 类技术迭代路径将长期发展，依托自有优势获得相应的市场地位。

（三）工业信息安全建设与治理加快推进

随着计算机和网络技术的发展，工业系统越来越多地采用通用协议和通用软硬件，并以各种方式与互联网等公共网络连接，因而病毒、木马等威胁不断向工业领域扩散，工业系统面临着较以往更大的信息安全风险。当前，世界各国高度重视工业信息安全保障工作，一方面通过发布新型安全架构，为技术创新和产业发展提供指引；另一方面通过发布安全实施指南和制度，为实施推进工业安全建设保驾护航。

2016 年 9 月，美国工业互联网联盟（IIC）发布了工业互联网安全架构，包括端点安全、通信网络安全、数据安全、安全监控和分析、安全配置和管理以及安全模型和策略。其中，端点安全是保障设备、云服务器等的机密性、完整性和可用性；通信网络安全是保障端点之间的通信网络安全；数据安全是保障系统中存储数据、传输数据以及使用中数据的安全；安全监控和分析是对端点和网络流量进行威胁检测和分析，并执行相应的安全策略；安全配置和管理是保障系统策略文件、配置文件等的安全管理；安全模型和策略是从系统全生命周期的角度定义系统的整体安全策略，保障系统的端到端安全。

2016 年 8 月，中国工业互联网产业联盟（AII）发布了《工业互联网体系架构》，其中安全架构包括五大重点：设备安全、网络安全、控制安全、应用安全和数据安全。其中，设备安全是指工业智能装备和智能产品的安全，包括芯片安全、嵌入式操作系统安全、相关应用软件安全以及功能安全等；网络安全是指工厂内有线网络、无线网络的安全，以及工厂外与用户、协作企业等实现互联的公共网络安全；控制安全是指生产控制安全，包括控制协议安全、控制平台安全、控制软件安全等；应用安全是指支撑工业互联网业务运行的应用软件及平台的安全；数据安全是指工厂内部重要的生产管理数据、生产操作数据以及工厂外部数据（如用户数据）等各类数据的安全。如图 12 所示。

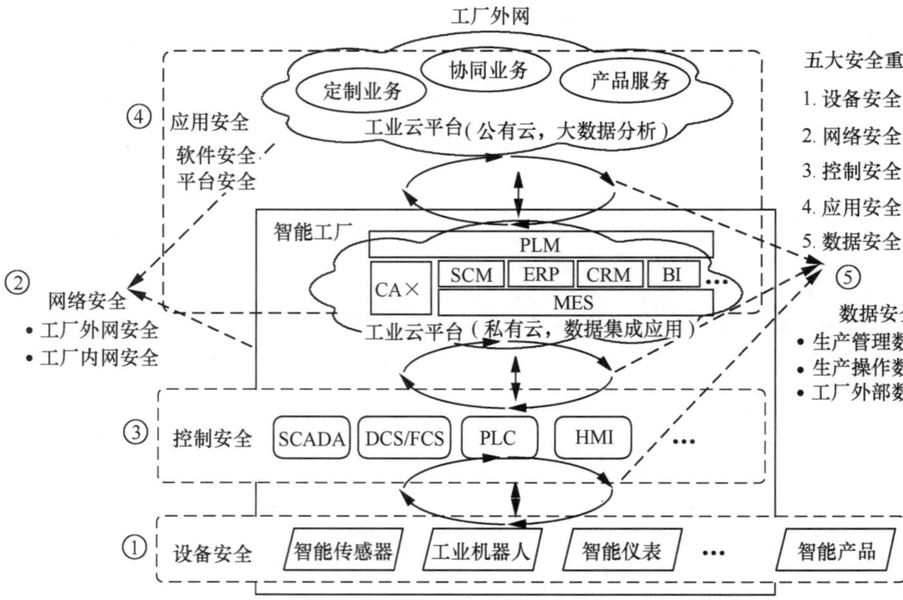

图 12　中国工业互联网产业联盟（AII）工业互联网安全架构

（资源来源：中国工业互联网产业联盟《工业互联网体系架构（1.0）》）

（四）智能制造产业将迎来爆发式增长

智能制造密切相关产业将迎来爆发式增长。以工业机器人和 PLM 为例，全球工业机器人市场继续保持高速增长，近期年平均增长率超过 15%，而 2014 年 PLM 市场也达到了约 7% 的较高增长速度，预计未来 5 年复合增长率将维持在 6% 左右。如图 13 所示。

平台化产品竞争进入白热化阶段。从 GE 率先推出 Predix 平台，到发那科宣布构建 FIELD System 平台、海尔发布 COSMO 平台、华为打造 OceanConnect 平台，国内外的平台化产品不断涌现，对底层数据资源和外部生态资源的掌控能力成为平台竞争的焦点。

涌现出一批专业化服务提供商。围绕智能制造建设实施过程中面临的数据集成、系统集成、数据分析和应用开发等需求，各类服务提供商迎来发展良机，并涌现出一批领先企业。例如，数据集成领域的 Pivotal、Informatica、Cloudera 等，系统集成领域的 Dematic、Reis 和宝信软件等，数据分析领域的 IBM、Teradata 和昆仑数据等，以及应用开发领域的 NI、SoftBank 等。

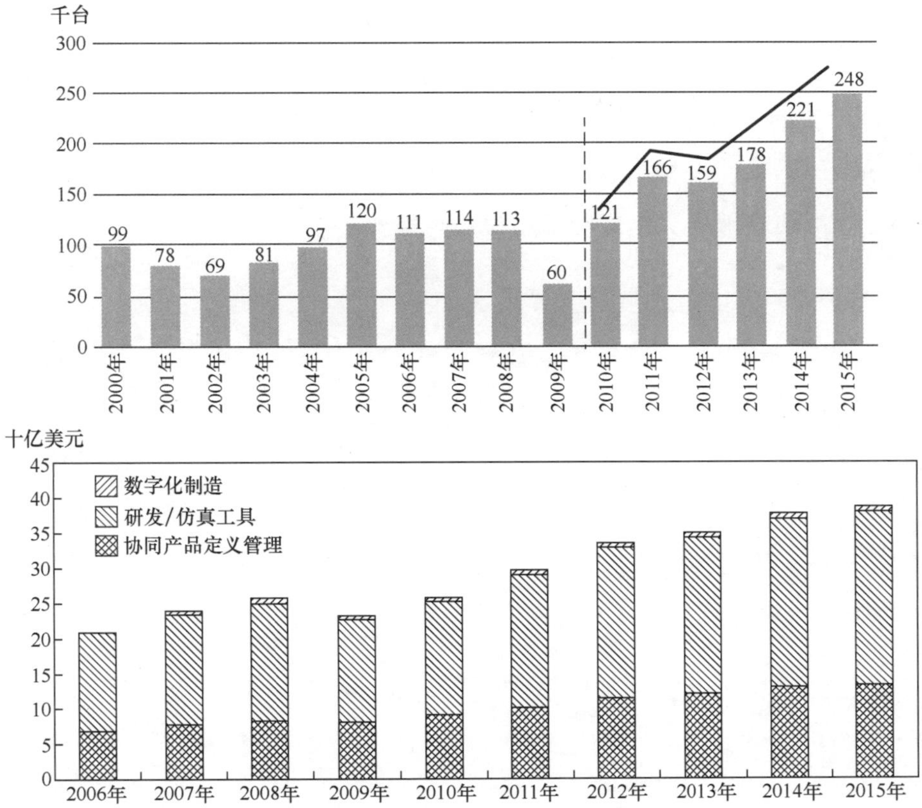

图 13　工业机器人与 PLM 市场规模（数据来源：IFR、CIMdata）

新兴技术催生出更多新产品。图像技术、虚拟现实技术和人工智能技术等新一代信息技术正不断向工业领域渗透，并催生了众多新的工业产品。例如，VR/AR 技术开始在工业设计领域得到广泛应用，Autodesk 将最新的 AR 技术整合到自家原有的 CAD 设计软件中，使原来的平面三维设计转化为真正的立体空间三维设计，从而能帮助工程人员更好、更快地进行产品设计；深度学习领域的最新成果也开始应用在工业机器人产品之中，日本发那科与人工智能创业公司 Preferred Networks 进行合作，采用深度神经网络帮助机器人实现对分拣工作的自主学习，以提升机器人产品的智能程度，降低使用难度。

（五）以数据流动为牵引的新型生态加速形成

跨界融合落地实施，面向特定场景的智能化合作项目加快推进。ICT 企业从数据集成和分析角度加速进入工业领域，逐步在软件开发、硬件制造方面与工业企业开展跨界合作，替代传统企业内研发或既有集成商研发模式，形成面向特定优化场景的新型跨界合作模式。如中国电信为潍柴动力车间进行网络改造，通过在生产端部署“无源光网络（PON）+LTE 专网”，实现数百台机床设备联网及设备运行状态、控制指令等全程数据的实时采集，打通厂内的纵向一体化数据通道；华为与川仪合作改进传统工业总线技术，将传输速率从 31kbit/s 提高到 200kbit/s，基本满足了现场大数据传输的需要；华为与海尔联合打造制造质量管理测试床，针对焊接过程噪音进行动态分析，诊断产品质量故障可能性，实现制造质量的智能化控制。

开源开放的平台化模式被工业界广泛接受。工业大数据平台横向整合多个环节，纵向打通企业管理层与生产现场层的数据通道，成为企业深层次决策优化的基础，并催生出多样化的智能制造应用。如金陵电厂依托 GE 的 Predix 平台，部署了机组与机群大数据分析模块，对机组和机群的运行状况进行实时监控，并通过历史数据及全球机群的数据对比，实现对燃机性能的全生命周期分析，并由此判断潜在故障、实现预测性维护；三一重工也提出开放自身能力，构建行业级的“云 + 端”工业大数据平台，打造数据驱动的制造生态链。

跨界联盟涌现，创新机制加速推广。产业联盟聚集企业主体，通过“统一参考架构 + 测试床 + 标准化修正 + 市场化推广”的方式构建跨界融合生态。首先构建统一的行业智能化参考架构，在架构下鼓励跨界企业开展技术融合创新和应用实施的试验验证，相关成果既可培育成新的产品或市场解决方案，同时也可以形成特定的行业标准和应用模式，更进一步构建了跨界企业主体融合发展的生态。目前，全球跨界联盟逐步涌现，美国智能制造领袖联盟（SMLC）、工业互联网联盟（IIC）、德国“工业 4.0”平台、中国工业互联网产业联盟、中国互联网和工业融合创新联盟、中国互联网工业联盟、日本“产业价值链主导权”联盟（Industrial Value chain Initiative）等一批联盟不断涌现，加速构建基于联盟机制创新的产业生态。

结束语

随着互联网向传统产业的融合程度不断加深、融合广度不断拓宽，制造、能源、金融、交通等行业均将呈现互联网化发展趋势，两化融合将实现从工业互联网到产业互联网的发展态势。智能交通、智能电网、智慧医疗、智慧农业、智慧城市等一批智能化应用模式将逐渐改变传统行业的运行方式，个性定制、长尾经济、分享经济、众包众创将成为“互联网 +”时代下社会资源组织方式变革的主旋律，引领全球的新一轮科技革命和产业变革。

网络与信息安全篇

导　读

网络空间已成为与陆地、海洋、天空、太空同等重要的人类活动新领域，国家主权拓展延伸到网络空间，网络空间主权已成为国家主权的重要组成部分。尊重网络空间主权，维护网络安全，谋求共治，实现共赢，正成为国际共识。当下，网络安全形势日益严峻，国家政治、经济、文化、社会、国防安全及公民在网络空间的合法权益面临严峻的风险和挑战。深入研究网络安全形势，维护网络空间主权已成为各国维护国家安全的当务之急。

本篇主要包括“2016 年网络与信息安全总体形势分析”“2016 年网络与信息安全重大热点问题剖析”“2017 年网络与信息安全发展趋势判断”三个部分。第一部分盘点了 2016 年网络与信息安全的总体形势：世界各国积极应对网络空间安全日益复杂的形势和挑战，相继加紧网络威慑能力和网络军事能力建设，国际网络空间竞合博弈持续升级；我国公共互联网领域治理初见成效，公共互联网治理形势有所好转；我国互联网安全立法取得里程碑式进展，《中华人民共和国网络安全法》将于 2017 年 6 月 1 日正式生效；2016 年安全产业黄金机遇期得以延续，安全产业规模不断扩大。

第二部分重点分析了电信网络诈骗和关键信息基础设施保护两大热点问题。当前，电信网络诈骗犯罪活动猖獗，主要涉及“精准信息、诈骗脚本、通信联络、银行转款”等关键环节，以及公检法、网信、电信、银行等行业和部门。中央高度重视防范打击电信网络诈骗犯罪，工业和信息化部于 2016 年 11 月 7 日发布《关于进一步防范和打击通讯信息诈骗工作的实施意见》，进一步明确工作思路。当下防范打击电信网络诈骗工作已取得了一定的成效，预计未来电信网络诈骗犯罪猖獗的势头将得到有力遏制，但治理工作依然任重道远。关键信息基础设施安全风险已引起世界各国普遍高度关注，自身网络安全防御能力不足和网络安全威胁快速演进变化是关键信息基础设施网络安全态势日趋严峻的主要内、外因。国外在关键信息基础设施安全保护方面基本呈现出以清单管理为基础、以协作管理体系为前提、以威胁情报共享为关键手段、加强应急恢复能力建设的新趋势。我国当前亟须加快关键信息基础设施安全保障体系建设，从完善管理体系、强化态势感知和威胁信息研判能力等方面入手，加快构建关键信息基础设施安全保障体系。

第三部分根据已有的事实与材料，本篇综合研判得出 2017 年网络与信息安全发展趋势：新兴技术普及导致安全威胁加剧，安全技术加速融合创新发展，产业整体布局不断优化，“依法治网”将全面落地实施，国际网络空间军事化趋势日趋显著。

本篇作者：
马科　陈湉　丰诗朵　戴方芳　赵爽　张振涛　杜霖　陈婉莹　杨彬　于成丽
陈其云　魏翔　周东

一、2016 年网络与信息安全总体形势分析

（一）国际网络与信息安全形势

国际网络空间安全威胁升级，各方力量持续竞合博弈。网络空间安全威胁和风险日益突出，并迅速向政治、经济、文化、社会、军事等领域传导、渗透，对现实世界的危害与日俱增，具体表现为：金融安全威胁升级、工控系统隐患严重、数据泄露事件高发、物联网安全态势堪忧、勒索软件持续活跃、身份窃取危害加剧。世界各国积极应对网络空间安全日益复杂的形势和挑战，相继加紧网络威慑能力和网络军事能力建设。以美国为首的西方网络强国将国际合作视为构建新规则的重要平台，合力推动制定符合“小团体”利益的国际网络空间“游戏规则”，网络空间正成为网络强国争相抢夺的“新大陆”。

（二）国内网络与信息安全形势

国内公共互联网治理形势有所好转，网络安全挑战依然严峻。一是公共互联网治理取得初步成效，主要表现为终端防护能力有所提升、网站防篡改能力增强、网络安全事件数量下降。以网站防护能力为例，2016 年 10 月境内被篡改网站数量为 4524 个，较 2015 年同期下降 36.5%[16]。二是网络空间面临的安全威胁加剧，网络安全高危漏洞频现，针对我国关键信息基础设施的高级持续性攻击（APT，Advanced Persistent Threat）威胁形势严峻。2016 年 10 月 CNVD 共收集整理信息系统安全漏洞 1284 个，其中高危漏洞 499 个，较 2015 年同期增长 71.2%[17]，其中可被利用实施远程攻击的漏洞 1139 个。

（三）法律法规建设加速

我国网络安全立法取得里程碑式进展。2016 年 11 月 7 日，十二届全国人大常委

16 数据来源：CNCERT。
17 数据来源：CNCERT。

会第二十四次会议经表决通过了《中华人民共和国网络安全法》，该法将于2017年6月1日起实施。即将生效的《中华人民共和国网络安全法》存在六大亮点：确立了关键信息基础设施重要数据跨境传输规则、明确了网络产品和服务提供者安全义务、网络运营者安全义务、网络空间主权原则、关键信息基础设施安全保护制度，进一步完善了个人信息保护规则。《中华人民共和国网络安全法》同时确立了我国推进网络安全工作的主要路线：以关键信息基础设施保护为重心，强调落实运营者责任，注重保护个人权益，加强动态感知快速反应，以技术、产业、人才为保障，立体化地推进网络安全工作。

（四）安全技术结合新兴技术寻求创新突破

技术研发由外挂式向内生性积极探索。随着安全威胁的不断纵向延伸、横向渗透，安全技术正在寻求发展思路的转变，外部防御与内生安全手段相互补充，不断完善安全防御技术体系。一方面，外部安全技术不断向精细化发展，原来在网络层、传输层以协议、端口为对象的安全防御和检测技术逐步上升到应用层以内容为对象。另一方面，解决内生脆弱性需求逐渐凸显，可信计算、异构安全、零信任网络等安全技术，从网络和系统本身出发，加强底层设计的安全性，与外部防御手段形成有效补充。

（五）安全产业持续快速向好发展

2015年全球安全市场规模达到847.27亿美元，增长15.5%。北美继续领跑全球市场，西欧、亚太紧追其后。与此同时，我国的安全产业规模快速增长，企业发展态势向好，产业规模稳步增长，2014—2018年我国网络与信息安全产业市场发展规模及预期如图1所示。

图1　2014—2018年我国网络与信息安全产业市场发展规模及预期

（数据来源：中国信息通信研究院）

二、2016 年网络与信息安全重大热点问题剖析

（一）电信网络诈骗形势严峻，综合治理成效初显

近年来，我国电信网络诈骗案件持续高发，并呈现案件数量快速增长、经济损失逐年扩大的显著特征。根据公安部统计数据，仅 2016 年上半年电信网络诈骗立案数已达到 28.7 万件，同比增长 33.6%，如图 2 所示。从实施方式来看，电话诈骗已经成为主流实施渠道，占比达 59.4%，如图 3 所示。

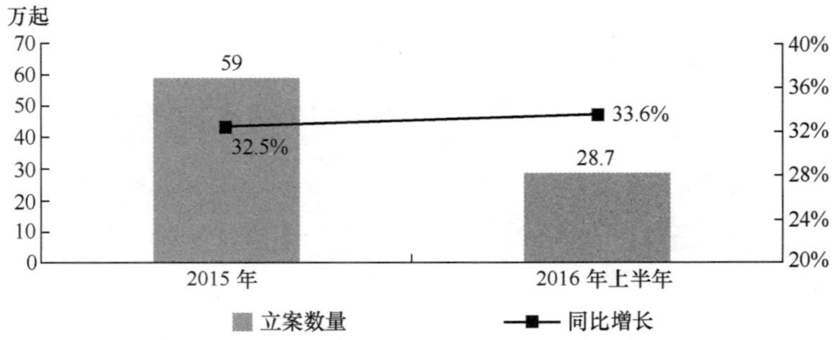

图 2　2015—2016 年电信网络诈骗案件数量统计

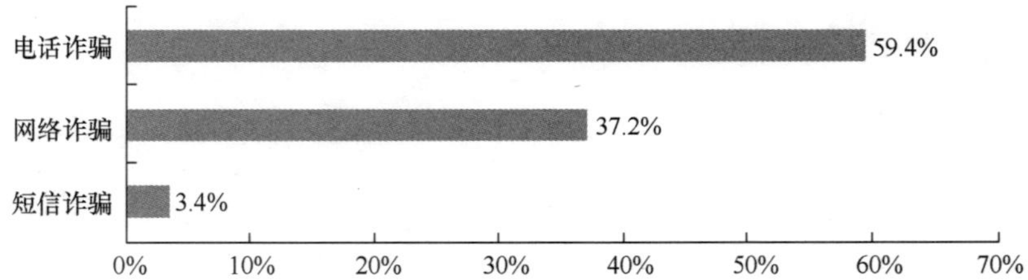

图 3　电信网络诈骗主流实施渠道统计

电信网络诈骗犯罪活动主要涉及“精准信息、诈骗脚本、通信联络、银行转款”等关键环节，具有较强的复杂性和系统性。首先，不法分子通过多种途径获取受害者的精准个人信息，例如非法交易用户信息的黑色产业链猖獗、内部人员贩卖用户信息牟利。其次，诈骗分子精心设计各种诈骗场景脚本，基于精准个人信息，有针对性地设计各种诈骗场景脚本。再者，诈骗分子借助电话、短信、互联网等通信渠道联络受害者实施诈骗。最后，诈骗分子利用金融行业管理漏洞实施银行转款，大量非实名银行卡被诈骗分子用来层层转账，快速提取赃款。

相关法律法规滞后是我国电信网络诈骗频发的主要原因之一。**一是无法可依。**对于个人出卖本人银联借记卡、买卖第三方支付账户、违规销售手机卡、上网卡等行为，根据现有法律法规打击时却缺少法律依据。**二是有法难依。**伪基站、黑广播、买卖公民个人信息等，虽已列罪名但未出台司法解释，基层司法机关往往认识不一，严重影响法律适用。**三是传统证据认定要求不适应新型犯罪。**传统诈骗案件的证据标准，需确切查证每名犯罪嫌疑人的作案次数及涉案金额，证据一一对应定罪量刑。**四是管辖权难确定。**电信网络诈骗往往发生在不同的城市、不同的国家之间，管辖权问题尚未明确，严重影响办案效率。

电信网络诈骗猖獗，造成了严重的负面影响，已引起中央及有关部门的高度重视。中央高度重视防范打击电信网络诈骗犯罪，综合治理工作持续深入推进，相关部门、相关行业的工作方向更加清晰。习近平总书记、李克强总理等中央领导同志作出一系列重要指示批示，要求各有关部门迅速行动，依法严厉打击，抓紧从根源上拿出治本之策。在信息通信行业方面，工业和信息化部细化落实《关于防范和打击电信网络诈骗犯罪的通告》要求，于 11 月 7 日发布了《关于进一步防范和打击通讯信息诈骗工作的实施意见》，提出八大方面、30 项具体工作任务，进一步明确后续工作方向。

预计未来电信网络诈骗将得到有力遏制。从相关统计数据来看，当前防范打击电信网络诈骗工作已取得了一定的成效，未来在各部门的合力打击下，电信网络诈骗犯罪的猖獗势头将得到进一步遏制。根据腾讯移动安全实验室《2016 年第三季度手机安全报告》的统计数据，第三季度腾讯手机管家诈骗电话标记数呈现大幅下降趋势，如图 4 所示。

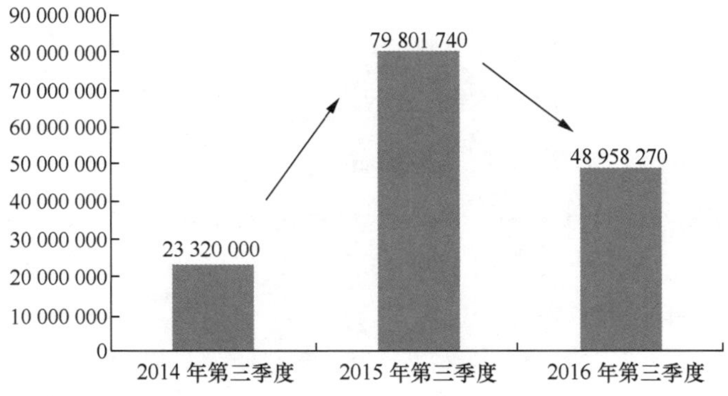

图 4　腾讯手机管家诈骗电话标记数统计

（二）关键信息基础设施面临新型安全威胁，亟待加强保护

2016 年，全球针对关键信息基础设施的网络攻击事件频发。能源、关键制造、电力等重要行业的关键信息基础设施成了网络攻击的“重灾区”，安全事件后果严重。2015 年年底，乌克兰电力部门遭黑客攻击，22.5 万民众失去电力供应。2016 年 10 月 21 日，一场始于美国东部的大规模互联网瘫痪席卷全美，造成了极为恶劣的社会影响，引起美国民众的极大愤慨。

分析造成当前关键信息基础设施网络安全形势严峻的原因：从外部来看，关键信息基础设施面临新型安全风险。网络攻击技术不断翻新，攻击手段不断创新，攻击方式多样化，APT 等新型高级复杂攻击不断涌现。更深层次的原因是信息技术的发展打破了网络空间与物理世界的边界，万物互联加剧关键信息基础设施的网络安全风险。从内部来看，关键信息基础设施安全防御能力不足，缺乏针对新技术场景的配套安全保护措施，网络安全态势感知能力有待提升，应急响应能力难以应对突发安全事件的不可控性。

为应对上述挑战，各国频出政策应对关键信息基础设施安全问题，纵观其政策制定思路，基本呈现出以清单管理为基础、以协作管理体系为前提、以威胁情报共享为关键手段、加强应急恢复能力建设的新趋势。首先，在法律政策中对关键信息基础设施所属行业进行了列举式规定，明确界定关键信息基础设施的范畴；其次，建立高效统筹协作的管理体系，对关键信息基础设施进行长效管理；再者，推动威胁情报共享，提升态势感知能力，情报共享有助于加强合作；最后，建立应急处置制度，关注事后可恢复性，从相对安全观向安全保护工作重心后移。

我国同样高度重视关键信息基础设施的网络安全保护工作，《中华人民共和国网络安全法》的通过标志着我国关键信息基础设施的安全保护工作进入新局面。下一步，我国应从完善管理体系、推动政企实质性合作、强化态势感知和威胁信息研判能力、提升应急响应能力等方面入手，加快构建关键信息基础设施安全保障体系。

三、2017 年网络与信息安全发展趋势判断

（一）新兴技术普及导致安全威胁加剧

物联网、新型智能终端成为新的网络威胁来源。未来两年内，物联网设备将成为入侵、监控信息系统的有用攻击媒介，针对智能家居和互联网医疗设备的攻击将会不断加剧。随着机器学习在教育、商业和研究领域越来越普及，网络犯罪分子可以利用机器学习加快数据和用户习惯的分析，预计在 2017 年，机器学习的普及将加速并促进社会工程攻击的进步。

（二）安全技术加速融合创新发展

安全技术研发将打破传统的“打补丁”式防御思维，与人工智能、量子通信、大数据等先导性、前沿性技术交融碰撞，同时突破传统方法性能的局限，实现新兴领域融合创新。通信安全方面，量子密码成为新时期保障通信安全的重要利器。安全防御方面，高交互的虚拟化技术带动安全防御动态化转型。威胁分析方面，人工智能引领安全分析智能化发展。身份可信方面，区块链技术探索解决网络信任问题的新思路。

（三）产业整体布局不断优化

首先，中央加强网络安全顶层设计，网络空间人才建设全面展开。2016 年六部委联合发布《关于加强网络安全学科建设和人才培养的意见》，为网络安全人才培养提供有力的支持和指引。目前，全国百余所高校启动网络安全专业和学科建设，我国网络安全人才培养步伐明显提速。**其次，区域性网络安全产业基地加快建设。**2016 年 9 月，武汉启动“网络安全学院 + 创新产业谷”建设，实施“创谷计划”，打造产、学、研、用一体化的网络安全创新城。最后，产业政策持续加码。深圳相继推出“5 亿创客基金”“互联网 + 小镇”等一系列优惠政策，进一步鼓励和支持企业技术创新和人才归国创业。

（四）“依法治网”将全面落地实施

《中华人民共和国网络安全法》的正式生效将带来巨大的积极影响，我国的网络安全基本制度框架得到确立，网络安全工作的保障将不断加强，关键信息基础设施保护制度将进一步细化、完善，网络安全审查制度将逐步开展实施，个人信息保护力度将进一步加强。同时，社会公众对依法加强网络空间治理、规范网络信息传播秩序、惩治网络违法犯罪的期待将得到充分回应。

（五）国际网络空间军事化趋势日趋显著

美国多次公开部署网络军事建设，展现其全球领先的网络军事威慑力量。G20 峰会期间，奥巴马公开宣称美国拥有全球最大的数字军火库。2016 年年底美军网络部队计划增加至现在的 3 倍，达到约 6200 人的规模。与此同时，网络空间军事化成为国际双边、多边交流的热议话题，引发多国重点关注。2016 年联合国政府信息安全专家组第一次会议对网络军事力量透明化、网络反制、武装冲突法在网络空间的适用等问题进行了热烈讨论，发展中国家和发达国家对网络空间军事化的态度差异明显、主张多元。

法律与监管篇

导　读

2016 年是加快构建面向数字生态系统的法律法规体系和监管政策体系的重要一年。国际上看，国际电信联盟在《2016 年电信改革趋势》报告中指出，全球正加速步入数字经济时代，为释放数字经济潜力，造福于民，倡议各国政策制定者和监管者与时俱进，加快推进监管改革，营造良好的监管环境。发达国家一方面强化宽带网络的公共基础设施地位，欧盟提出 G 比特社会目标，美国提出“全民联网”计划；另一方面强化个人信息保护，纷纷出台个人信息保护立法，重点是细化信息控制者的责任，明确数据跨境流动规则。**国内来看**，我国加快健全信息通信法律体系，出台网络安全法，加快知识产权立法改革；持续深化改革和推进电信业务开放，塑造多元市场主体；坚持发展和规范并重，探索“互联网 +”融合监管；扎实推进电信普遍服务、深入开展网络提速降费行动、打击电信网络诈骗，多措并举惠及民生，提升用户获得感。

2016 年的热点聚焦在网络安全法、构建数字化时代监管体系和 ICT 标准专利规则三个方面。第一，网络安全法相继确立，明确基础性法律框架。包括欧盟、美国、英国在内的主要经济体先后发布网络安全基本立法及战略，确立国家网络安全顶层设计和管理体制。我国网络安全法于 2016 年 11 月正式出台，法律既与国际接轨，又凸显中国特色，全面勾勒了我国网络安全工作的轮廓，即以关键信息基础设施保护为重心，强调落实运营者责任，注重保护个人权益，强化跨境数据流管理，立体化地推进网络安全工作。**第二，推进监管改革和融合监管，构建数字化时代的监管体系。**2016 年国家要求加快推进“放管服”，提出要促进公平竞争、实施公正监管、探索审慎监管和推进综合监管。信息通信行业全力推进地方通信管理局权力清单制度建设，强化依法监督和权力制约；加快市场主体信用体系建设，将信用好的企业纳入年检绿色通道，夯实事中、事后监管基础；针对网约车、互联网金融、网络直播等，共同构建协同监管机制，行业监管重点是聚焦事前备案、事中维护秩序和网络数据安全、事后为其他部门提供技术手段溯源支持。**第三，中国成为 ICT 领域标准专利的主战场之一，规则话语权争夺战加剧。**2016 年，标准专利的相关争议仍然持续不断，并有从“传统战场”如美国、欧洲向“新兴战场”如中国、印度等国家蔓延之势。标准专利争议的背后是产业主体利益博弈，有的企业成为标准专利原有规则的守护者、有的成为标准专利原有规则的“搅局者”，专利运营公司的出现进一步使标准专利纠纷更为复杂。国外企业开始在中国发起系列标准专利相关诉讼，核心是探寻中国相关规则的走向，司法上如何阐释与应用正变得逐渐明晰。

展望 2017 年，预期我国信息通信法律和监管工作将在四个方面取得新的突破和进展。第一，网络法治体系不断健全，《中华人民共和国网络安全法》配套立法将成为 2017 年的立法重点，电子商务法将加快推进，各传统行业也将针对“互联网 +”具体业态出台具体办法，预期还将围绕人工智能、无人驾驶等领域进行前瞻性研究和立法应对。**第二，健全网络数据管理制度。**2017 年围绕网络数据采集、传输、存储、使用等行为的全生命周期管理制度制定将步入实质阶段，特别是数据开放、数据共享、数据交易等行为成为重点。**第三，加强监管政策供给创新**。2017 年联通集团将开启混合所有制改革进程，增加其他国资、民资，甚至外资等成分，这就要求行业监管体系加快转型，重点是保持竞争中立原则，完善竞争规则，进一步扩大市场开放，丰富监管手段。**第四，深化主体信用体系建设**。2017 年将逐步完善信息通信市场信用体系，形成覆盖市场主体全生命周期的统一信誉信息平台，与行业管理全流程有效结合，形成守信激励、失信惩戒的作用机制。

本篇作者：

马源　李海英　胡善冰　毕春丽　何波　李强治　张倩　石立娜　姚财福　贺佳
马慧　彭云

一、2016 年法律与监管领域发展综述

（一）国际电联倡议创新 ICT 监管，释放数字经济潜力

2016 年，国际电信联盟（ITU）在《2016 年电信改革趋势》旗舰报告中指出，全球正加速步入数字经济时代，为释放数字经济潜力，造福于民，各国政策制定者和监管者必须与时俱进，加快推进监管改革，营造良好的政策与监管环境。

第一，在投资策略创新上，ITU 提出鼓励加快行业整合和并购，以发挥规模经济，加大对固定和移动网络的投资；支持采用公私合作（PPP）模式，为不具有商业可行性的地区提供网络建设资金，监管机构在 PPP 项目中发挥重要作用，包括帮助开展网络规划，确保新进入运营商能够有效、透明、非歧视性地接入主导运营商网络或政府资助的网络等。此外，要支持市场新进入者如谷歌、微软和 Facebook 等对宽带网络和新兴技术进行投资。

第二，在宽带网络部署方面，ITU 指出大多数国家都制定了普遍提供负担得起的宽带服务的政策目标。要实现这个目标，往往需要部署新的移动和固定宽带网络，但是这些宽带网络不仅造价高昂，而且建设和需求方面的风险也较高。加快宽带部署是一项具有挑战性的工作，特别是在“高成本、低收益”地区，通过共享网络或共同投资来降低成本，便成为一种创新性解决方案。此时，从商业利益出发，自发达成共享或共同投资，降低部署成本就非常普遍。政府可采取激励性举措，如允许动态频谱共享，保证监管政策的稳定性，给合作双方一个清晰的政策宽限期或承诺期，从而促进达成合作投资协议。

第三，在物联网及其监管挑战方面，ITU 指出，未来十年，受传感器、处理技术和网络技术成本持续快速下滑的推动，预计将部署数百亿台物联网设备。这将给监管带来一系列挑战，其中最为紧迫的两大问题是物联网连接问题（机器之间的连接及机器与人之间的连接）和寻址问题（确保有足够的寻址资源，供数以百万计的联网设备使用），这凸显出在全球范围内采用下一版因特网协议 IPv6 的紧迫性。此外，还有牌照发放和频谱管理、交换和漫游、竞争、安全和隐私等问题，这些问题中有些是电信

监管机构所熟知的，而其他一些问题则可能是不同的监管机构所牵头负责的。

第四，数字生态系统中的互操作和兼容方面，ITU 指出，未来随着联网设备的增加，物联网更加依赖互操作，在这方面达成共识非常重要。互操作性的优点包括激励创新、促进竞争、丰富选择和强化接入，缺点包括增进同质化，加剧安全和隐私风险，降低可靠性、责任性和可接入性，甚至威胁现有商业模式等。监管部门可以通过不同的方式实行互操作性，从单边到更多的合作方式，如披露强制性标准或要求公布互操作信息等。

第五，移动业务应用监管方面，ITU 指出，随着消费者对移动业务和应用需求的增加，监管机构、消费者乃至全世界才刚刚开始了解移动业务和应用的真正发展潜力。为了使监管框架能够更好地响应移动业务和应用的创新生态系统，监管部门就必须摒弃僵化的规则，采取“低干预”的监管方法，对市场竞争、普遍服务、资源分配、互操作和标准的监管范围都需要重新审核。ITU 特别强调，只有采用灵活、透明、促进竞争的方式才能繁荣创新、激励投资，最终实现让消费者获益的目的。

（二）国际上强化宽带的基础地位，加大规则调整和政策支持

随着宽带应用的不断深化，全球各国对宽带网络的定位更基础化，对宽带网络的发展提出更高的要求，同时不断加强宽带相关政策力度。

第一，宽带网络的公共基础设施地位进一步强化。国家宽带战略的覆盖面愈发广泛，目前已有 151 个国家制定了宽带规划，有 7 个国家正积极出台国家宽带计划，并将宽带网络建设列为国家战略部署的优先领域。全球范围内，宽带网络的公共基础设施地位进一步确立，美国、法国等多个国家通过网络中立等法案将宽带确立为与水、电、煤气一样关系国计民生的关键基础设施，并通过立法加以部署和保护。

第二，各国对宽带基础设施接入和使用的阶段性目标和宽带标准的设定有了进一步的提升。欧盟委员会 2016 年 9 月发布的《数字单一市场下的网络连接——朝向 Gbit/s 社会》报告提出了一系列宽带网络发展目标，到 2025 年，每所学校、研究机构、交通枢纽、医院、行政楼以及以数字为中心的企业应获得对称的 Gbit/s 级宽带网络接入；免费公共 Wi-Fi、市区及交通线路实现不间断的 5G 移动网络无缝覆盖；所有欧洲家庭（不管是农村还是城市）都应该获得至少 100Mbit/s 的宽带接入，并可

升级到1Gbit/s。

第三，有关宽带网络的相关政策力度不断加强，普遍服务政策支持范围进一步扩大。2016年3月，美国白宫提出“全民联网”计划，目标是到2020年为2000万低收入美国人提供高速的互联网服务；并扩大生命线计划，预计每个月为低收入家庭提供9.25美元的上网费用补贴，帮助更多的低收入个人及家庭接入高速互联网，缩小数字鸿沟。德国实施频谱新政，规定运营商必须优先覆盖13个空白地区的90%的人口，只有这样，才能在城市地区使用800MHz频段进行组网。

（三）修订个人信息保护制度，构建大数据时代的用户保障体系

云计算、物联网、移动互联网等快速发展，对现有个人信息保护法律制度提出了挑战，各国修订、立法活动频繁，推动开启新一轮个人信息保护立法改革。2016年4月，欧盟史上最严格的《个人数据保护通用条例》（简称GDPR）正式出台，在欧盟范围内为自然人的个人数据提供了较高程度的统一保护。2016年6月27日，欧盟和美国就《欧美隐私盾协议》文本最终达成一致，进一步提高了跨大西洋个人数据传输的标准和要求。

此外，美国通信委员会（FCC）于2016年11月发布了《宽带互联网消费者隐私政策》，依照《1934年通信法》的要求，将已经普遍适用于通信技术和业务的隐私保护政策，适用到宽带互联网接入业务。韩国放送通信委员会（KCC）对《信息通信网络的利用促进与信息保护等相关法》进行了大幅修订，进一步完善了个人信息委托处理的规定，增加了对个人信息保护相关负责人的要求，以及新增了暴露的个人信息的删除和切断有关规定等。

2016年个人信息保护立法的变革主要呈现出以下几个趋势：**一是信息主体的权利不断强化**，针对新形势，加强个人对其自身信息的控制和保护能力。在原有知情权、访问权、反对权的基础上提出遗忘权、信息可携权。**二是信息控制者的责任更加细化**，明确不同主体对个人信息保护的责任。增加服务提供商对侵权行为的通知义务，便于用户采取预防和减损措施。**三是数据跨境流动规则进一步明晰**，进一步明确了个人信息跨境传输的条件和例外。**四是个人信息保护机构成为标配**，立法设立专门的个人数

据/信息保护机构，要求服务提供商设置个人信息保护专职岗位。

（四）我国加快立法进程，全方位健全信息通信法律体系

2016年我国的信息通信相关法律立改废工作有效开展，立法进程加快推进，并取得了卓有成效的成绩，信息通信法律体系不断健全。

第一，建立起以《中华人民共和国网络安全法》为基础和核心的网络安全法律体系。2016年11月7日，全国人大常委会通过了《中华人民共和国网络安全法》，全面规定了涉及网络安全管理、网络安全支持与促进、网络运行安全、关键信息基础设施保护、网络信息安全、监测预警与应急处置等网络安全的各项机制制度。其中主要亮点制度包括：（1）明确网络空间主权原则，建立了由国家网信部门负责统筹协调网络安全工作和相关监督管理工作，国务院电信主管部门、公安部门和其他有关机关在各自职责范围内负责网络安全保护和监督管理工作的管理机制。（2）明确网络产品和服务提供者的安全义务，要求网络关键设备和网络安全专用产品应当进行安全认证或者安全检测；网络产品、服务存在安全缺陷、漏洞等风险时，应当采取补救措施，并告知；网络产品、服务具有收集用户信息功能的，应符合个人信息保护要求。（3）明确网络运营者的安全义务，要求网络运营者加强内部安全管理，数据管理、网络用户真实身份管理，制定网络安全事件应急预案等。（4）明确关键信息基础设施保护制度，要求关键信息基础设施的运营者应当履行相关安全保护义务，采购网络产品和服务时通过国家安全审查，签订安全保密协议，个人信息和重要数据应当在境内存储，进行网络安全风险评估等。（5）加强了网络信息安全制度，明确收集、使用个人信息合法、正当、必要的原则，禁止使用网络进行违法犯罪活动，网络运营者应当加强对其用户发布的信息的管理，建立网络信息安全投诉、举报制度等。

第二，在网络资源层方面，基础资源管理立法加快。（1）2016年11月11日，国务院和中央军委公布了修订后的《**无线电管理条例**》。新条例完善了无线电频率开发利用、无线电台（站）管理、无线电发射设备管理、无线电监测和电波秩序维护、法律责任等制度，加大了对设置、使用“伪基站”“黑广播”等违法犯罪活动的惩戒力度。（2）2016年3月25日，工业和信息化部就《**互联网域名管理办法（修订征求意见稿）**》对外公开征求意见。与2004年的《**中国互联网络域名管理办法**》**（原信息产业部令第30号）**相比，修订征求意见稿调整了域名管理体系，强化了域名注册服务机构的责任。

（3）2016 年 11 月 24 日，工业和信息化部发布的**《关于规范云服务市场经营行为的通知》（征求意见稿）**对云服务业务中，境外投资者进入、经营者与有关单位开展技术合作的行为、云服务资质、与境外联网、接入管理责任、网络数据和用户个人信息安全、网络安全防护等进行了具体规范。（4）2016 年 9 月 23 日，**《工业和信息化部办公厅关于印发〈互联网信息安全管理系统使用及运行维护管理办法（试行）〉的通知》（工信厅网安〔2016〕135 号）**印发[18]，指导地方通信管理局以及经营互联网数据中心（含互联网资源协作服务）、互联网接入服务、内容分发网络服务等业务的互联网接入类企业规范做好互联网信息安全管理系统的使用与运行维护管理工作。

第三，在业务层方面，法律全面规范“互联网 +”各领域主体行为。（1）2016 年 2 月 25 日，国务院法制办公室就**《反不正当竞争法（修订草案送审稿）》**公开征求意见。修订草案送审稿新增了互联网不正当竞争条款，列举了经营者不得利用网络技术或者应用服务实施影响用户选择、干扰其他经营者正常经营的行为（第 13 条）[19]。（2）内容管理相关立法为适应新情况不断完善。如 2016 年 1 月 11 日，国家互联网信息办公室就**《互联网新闻信息服务管理规定（修订征求意见稿）》**公开征求意见；2016 年 7 月 4 日，工商总局发布**《互联网广告管理暂行办法》**（国家工商行政管理总局令第 87 号），旨在从互联网广告实际出发，落实新《广告法》的各项规定；2016 年 2 月 4 日，国家新闻出版广电总局、工业和信息化部联合公布**《网络出版服务管理规定》**，明确网络出版服务许可、网络出版服务管理、监督管理等要求。（3）明确新兴领域的管理要求。**《网络预约出租汽车经营服务管理暂行办法》《网络借贷信息中介机构业务活动管理暂行办法》《互联网直播服务管理规定》《移动互联网应用程序信息服务管理规定》**等规定，对“互联网 +”背景下新领域、新业务、新应用的管理加以明确。

第四，在用户层方面，全方位强化用户权益保护。（1）2016 年 12 月 27 日，**《民法总则（草案三次审议稿）》**对外征求意见，草案第 110 条专条明确“自然人的个人信息受法律保护。任何组织和个人不得非法收集、使用、加工、传输个人信息，不得非法买卖、提供或者公开个人信息”。（2）2017 年 1 月 6 日，国务院法制办公室就**《未成年人网络保护条例（送审稿）》**公开征求意见[20]。送审稿明确网络信息服务提供者提

18 http://www.miit.gov.cn/n1146295/n1652858/n1652930/n3757016/c5263897/content.html。

19 2017 年 2 月 22 日，《反不正当竞争法（修订草案）》首次提交全国人大常委会审议，http://www.npc.gov.cn/npc/lfzt/rlyw/node_32078.htm。

20 在这之前，2016 年 9 月 30 日，国家互联网信息办公室已就《未成年人网络保护条例（草案征求意见稿）》公开征求意见，http://www.cac.gov.cn/2016-09/30/c_1119656665.htm。

供网络平台服务的，应当对其所登载的信息进行审查（第7条）。（3）2016年5月26日，工业和信息化部公布了新的**《电信用户申诉处理办法》**（工业和信息化部令第35号），废止了原信息产业部2001年公布的《电信用户申诉处理暂行办法》（原信息产业部令第7号）[21]。新办法完善了用户申诉机制，明确申诉受理机构受理、调解的要求。（4）2016年9月23日，最高人民法院、最高人民检察院、公安部、工业和信息化部、中国人民银行、中国银行业监督管理委员会六部门联合印发了**《关于防范和打击电信网络诈骗犯罪的通告》**[22]，就防范和打击电信网络诈骗犯罪相关事项做出要求。

（五）加快知识产权立法改革，促进数字经济发展与保障网络技术发展成为政策平衡点

2016年，为应对数字技术发展所带来的挑战，世界各国加快知识产权立法改革，探索数字环境下权利人与技术、文化产业及社会利益的平衡。

欧盟方面，促进数字环境下对作品和其他版权客体的创造、传播和利用。2016年10月，欧盟发布《数字化单一市场版权指令》草案，增加以科研目的进行大数据分析、以教学目的进行数字方式和跨境的使用、文化遗产的保存3个领域版权的例外和限制，促进数字信息和服务的跨境使用；改进版权许可实践，促进作品最大化利用，使得公众可以更广泛地接触到作品；完善数字技术下的版权市场运行机制，规范新的商业模式，明确网络服务者在传播作品和其他版权内容中的地位。

美国方面，完善商业秘密立法体系。2016年4月4日，美国参议院一致通过《保护商业秘密法案2016》，新法案允许商业秘密所有者请求联邦法院下令没收财产，以阻止商业秘密进一步传播。法院还可发布禁令，根据盗用造成的实际损失判予损害赔偿，在特殊案件中判予额外的损害赔偿；法案还规定，在联邦法院审理案件期间应保护商业秘密免遭披露，法案还要求保护被诉侵权者免遭公开。

中国方面，加强新业态及热点领域创新成果的知识产权保护。2016年4月13日，北京市高级人民法院发布了《关于涉网络知识产权案件的审理指南》，在涉及信息存储空间、加框链接、定向搜索、网页快照、网络实时转播行为定性问题均有进一步的

21 《电信用户申诉处理办法》见工业和信息化部官网：http://www.miit.gov.cn/n1146295/n1146557/n1146624/c4825161/content.html。

22 http://www.mps.gov.cn/n2253534/n2253535/n2253537/c5499641/content.html。

指导意见，加强了对司法实践的指引，有效解决了互联网著作权法律纠纷中出现的热点问题；2016 年 10 月《专利审查指南修改草案（征求意见稿）》开始对外征求意见，该草案是为了适应互联网、电子商务、大数据等领域的知识产权保护规则的变化，加强新业态、新领域创新成果的知识产权保护，完善商业方法专利保护制度，推动完善相关专利审查标准。

（六）持续深化改革和推进开放，塑造多元主体市场格局

为落实党中央、国务院的改革要求，提升行业发展效率，我国的电信市场持续加快改革步伐。2014 年，三家基础电信运营商组建铁塔公司，为进一步提升行业投资效率、提升铁塔设施的共建共享率打下了良好的基础。2015 年 10 月，铁塔公司完成了对三家基础电信企业存量铁塔资产的收购整合，共计 2314 亿元。同时，铁塔公司引入新股东中国国新，优化股权结构和企业治理结构。引入国新后，中国铁塔将由中国移动持有 38% 股份、中国联通持有 28.1% 股份、中国电信持有 27.9% 股份、中国国新持有 6% 股份。2016 年，为落实国务院国企改革要求，优化国有企业股权结构，完善现代企业制度，推动中国联通开展混合所有制试点工作，在试点期间，中国联通集团将引入其他国有资本、相关产业资本和互联网企业入股；国有资本管理部门也将进一步优化国有企业管理体制机制，明确国有企业的市场主体地位，在薪酬管理、高管任命、项目投资、业绩考核方面给予企业更大的自主权。

同时，电信业加快对各类主体的开放进程，持续完善多资本主体的市场竞争格局。**在对民间资本开放方面**，继续加大移动转售和宽带接入网业务的开放力度。截至 2016 年年底，移动转售业务已发放 42 张试点批文，累计发展用户超过 4300 万户，占移动用户总数超过 3%，吸引民间投资达到 31 亿元。转售企业推出了流量不清零、无漫游费、零月租等多种资费方案，促进了电信市场的竞争；此外，还丰富了服务类型，为广大用户提供了更多的选择和差异化服务。宽带接入网业务方面，自 2015 年 3 月开展试点以来，工信部两次扩大试点城市规模，目前 27 个省（自治区、直辖市）超过 100 个城市参与试点，其中辽宁、福建、河南、湖北、广东、陕西、宁夏等 7 个省（自治区）地级以上城市全部纳入试点范围。截至 2016 年 9 月，已向 198 家（次）企业发放宽带接入网业务试点批文，发展宽带用户超过 1000 万户。**在对其他国有资本开放方面**，2016 年 3 月，中国交通通信信息中心（北京船舶通信导航有限公司）取得基础电

信业务经营许可证。2016 年 5 月工信部批准中国广播电视网络有限公司在全国范围内经营互联网国内数据传送业务和国内通信设施服务业务，并允许中国广播电视网络有限公司授权其控股子公司中国有线电视网络有限公司在全国范围内经营上述两项基础电信业务。

（七）坚持发展与规范并重，探索“互联网 +”业务监管

2016 年，多个传统行业监管部门陆续对“互联网 +”融合型业务发布了管理规范，探索新型监管模式。

第一，在“互联网 + 金融”方面，国办发布了《关于印发互联网金融风险专项整治工作实施方案的通知》，中国人民银行等 13 个部门发布了《非银行支付机构风险专项整治工作实施方案》，银监会等 15 个部门发布了《P2P 网络借贷风险专项整治工作实施方案》，保监会等 14 个部门发布了《互联网保险风险专项整治工作实施方案》，工商总局等 16 个部门发布了《开展互联网金融广告及以投资理财名义从事金融活动风险专项整治工作实施方案》。

第二，在“互联网 + 交通”方面，国办发布了《关于深化改革 推进出租汽车行业健康发展的指导意见》，交通部等 7 个部门发布了《网络预约出租汽车经营服务管理暂行办法》。

第三，在“互联网 + 文化”方面，文化部发布了《关于加强网络表演管理工作的通知》，广电总局发布了《关于加强网络视听节目直播服务管理有关问题的通知》，中央网信办发布了《互联网直播服务管理规定》。

第四，在“互联网 + 食药”方面，食药总局发布了《网络食品经营监督管理办法》（征求意见），中央网信办、工商总局、卫计委等对魏则西医疗事件进行调查，国务院法制办发布了《食品安全法实施条例（修订草案送审稿）》，强化网络食品交易第三方平台提供者和入网食品生产经营者的责任。

（八）多措并举惠及民生，持续提升“获得感”

习近平总书记在 2016 年 4 月 19 日网络安全和信息化工作座谈会上的讲话中指

出，“要适应人民期待和需求，加快信息化服务普及，降低应用成本，为老百姓提供用得上、用得起、用得好的信息服务，让亿万人民在共享互联网发展成果上有更多获得感。”2016 年，全行业着力围绕改善民生，持续加强行风建设，深入推进普遍服务，持续提升宽带服务质量，全面保护用户权益，不断提升“获得感”。

第一，“用得上”方面，工业和信息化部联合财政部实施电信普遍服务试点工作，加大投入力度，加快农村互联网建设步伐，扩大光纤网、宽带网在农村的有效覆盖。为此，专门成立了政府推进小组，协调各个部门及企业共同推进试点。2016 年中央财政安排专项资金，引导基础电信企业加大投资，合计超过 300 亿元，中央、地方、企业合力推动农村及边远地区 10 万个行政村通宽带，其中包括 3.1 万个贫困村。

第二，“用得起”方面，工业和信息化部持续推进网络“提速降费”行动。截至 2016 年 11 月底，在固定宽带方面，全国资费水平降低到 0.9 元 /Mbit/s，比 2015 年年底下降 62%；用户每月平均支出 46.5 元，比 2015 年年底下降 5.7%。在移动流量方面，移动流量的平均资费水平降低到 53 元 /GB，比 2015 年年底下降 35%。流量资费水平的下降极大地释放了消费者的通信需求，到 2016 年年底，全年月户均移动互联网接入流量达到 772MB，同比增长 98.3%。

第三，“用得好”方面，行业基本面良好，但还有改进和提升空间。根据中国信息通信研究院的跟踪监测数据，在固定电话、移动电话、移动互联网接入方面，我国电信行业满意度得分保持较高水平，尤其是移动互联网接入满意度提升明显，高于美国顾客满意度指数（ACSI）中的电信行业满意度水平。同时，根据《工业和信息化部关于电信服务质量的通告（2017 年第 1 号）》，2016 全年，工业和信息化部及各省（自治区、直辖市）电信用户申诉受理机构共受理电信用户申诉 83 558 人次，同比上升 14.0%；年度百万用户申诉率为 46.8 人次，同比上升 11.2%；这表明就满意度而言，还有进一步改进和提升的空间。

第四，“用得放心”方面，加大电信网络诈骗和恶意违规软件等社会关注热点的清理整顿。根据国务院打击治理电信网络新型违法犯罪工作的部署，工业和信息化部迅速行动，发布《关于进一步防范和打击通讯信息诈骗工作的实施意见》，明确“在 2016 年年底前实名率达到 100%，在规定时间内未完成补登记的，一律予以停机”等具体细则，并就整顿和规范重点电信业务提出具体要求。从公安部通报的情况来看，涉案号码数量逐月下降，2016 年 11 月环比下降 56%。从互联网企业的数据来看，

2016 年 9 月以来腾讯、奇虎 360、电话邦公司用户标记诈骗电话号码数量持续下降，11 月环比分别下降了 7.3%、13.4% 和 20%。此外，通过“安全百店”联动机制，联合应用商店、安全检测厂商对其中存在问题的 976 款不良手机应用进行了下架处理。

二、2016 年法律与监管领域热点分析

（一）网络安全立法相继确立，明确基础性法律框架

1. 全球主要经济体先后发布网络安全基本立法及战略

为应对日益严峻的网络安全形势，美国、欧盟、英国等全球主要经济体在 2016 年前后相继发布了网络安全基本立法及战略。2015 年 12 月，在美国国会每年例行通过的《2016 综合拨款法案》中，《网络安全法案》被夹在其中，一并出台。**《网络安全法案》**由《网络安全信息共享法》《国家网络安全促进法》等内容构成，是一部组合性质的法律。重点内容包括五个部分：第一，系列核心定义的范围被扩展，“网络安全”所指内容由之前单一的“信息系统安全”调整为“信息系统安全和网络数据安全”两大部分；第二，法案对国土安全部大力授权，助其成为美国网络安全权力架构的核心；第三，以网络安全为名，法案赋予美国网络服务提供商史无前例的网络监控权；第四，新设信息共享制度，将私营部门和联邦政府的各部门拧成一股绳；第五，强化网络安全人才教育和专业培养，百年树人，着眼长远。

欧盟方面，2016 年 7 月 6 日，欧洲议会全体会议通过了**《网络与信息安全指令》**（全称为《保障欧洲层面高水平的网络与信息安全的指令》，以下简称《指令》），欧盟层面的首部网络安全法案正式出台。指令要求欧盟成员国和欧盟层面提升网络安全能力及加强协作，并规定了经营关键基础设施的私营企业义务。提升国家网络安全能力方面，成员国将被要求制定本国的网络安全战略，在战略中明确特定的目标及配套的政策与监管措施，以保障实现网络安全。在加强协作方面，依据《指令》，欧盟将建立成员国之间的协作机构，以能够支持和协助欧盟成员国之间的信息共享和战略合作，并从中逐渐形成信任机制。在经营者责任方面，《指令》要求重要的服务运营商和数字服务提供商采取恰当的安全措施，向成员国主管部门及时报告事故。

2016 年 11 月 1 日，英国发布新版《国家网络安全战略（2016—2021）》（National cybersecurity strategy 2016—2021），重新勾勒英国未来网络发展路线图，意在打造一

个繁荣、可靠、安全、韧性的网络空间，确保其网络空间的优势地位。新战略篇幅较长，内容主要涉及以下方面：**一是点明网络威胁**，包括网络罪犯、国家或国家支持的组织、恐怖和极端组织及黑客团体都在积极研发“破坏性网络工具”。**二是确定主要原则**，包括秉承民主、平等、自由、开放、人权和法治等核心价值，保护民众利益和社会繁荣，保护公民隐私，将严重的网络攻击等同于传统的武力攻击，必要时采取自卫，界定国内各方责任以及支持国际合作等。**三是明确战略目标：目标一是防御**，包括实施积极的网络防御政策；保护政府部门、关键国家基础设施和其他核心部门的网络安全；改变公众和商业部门的行为模式，提升其网安意识和危机管理能力。**目标二是威慑**，包括打击网络犯罪；适时反击国外敌手；应对网络恐怖；提升进攻性网络能力和加密技术。**目标三是发展**，包括升级网络安全技术；大力发展网络安全专业机构；建立世界级的信息保障和网络专业人才力量；打造可信与安全的网络生态系统等。**四是打造全球网络合作联盟**。继续推动全球网络空间会议“伦敦进程”，支持多利益攸关方模式，开展网络安全能力援建，加深对“负责任国家行为”的共识，加强与北约、欧盟、G20 等组织的网络安全合作。

2. 我国的《网络安全法》正式出台，确立国家网络安全的基本制度

2016 年 11 月 7 日，经过全国人大常委会三次审议，我国的《网络安全法》正式通过并对外发布，法律将于 2017 年 6 月 1 日起生效。《网络安全法》共七章 79 条，从我们国家的国情出发，坚持问题导向，总结实践经验，也借鉴了其他国家的一些做法，建立保障网络安全的各项制度。

第一，明确了网络空间主权的原则。《网络安全法》在总则部分确立了网络主权原则，明确了网络安全管理体制和分工，及本法域外的适用效力。

第二，明确了网络产品和服务提供者的安全义务。主要体现在《网络安全法》第三章第一节中，具体包括强制国家标准义务、告知补救义务、安全维护义务、用户信息保护等。

第三，明确了网络运营者的安全义务。法律规定了网络运营者的安全义务，具体包括内部安全管理、技术措施、数据安全、网络身份管理、应急预案等内容。

第四，进一步完善了个人信息保护规则。《网络安全法》第四章规定了个人信息保护的相关要求，包括规则透明、目的限制、安全保密、删除改正等具体规则。

第五，建立了关键信息基础设施安全保护制度。第三章第二节对“关键信息基础设施”进行了规定，包括关键信息基础设施的内涵与范围、管理机制、建设要求以及关键信息基础设施运营者的安全保护义务等。

第六，确立了关键信息基础设施重要数据跨境传输的规则。《网络安全法》第三十七条明确规定，关键信息基础设施运营者在中国境内运营中收集和产生的个人信息和重要数据应当在境内存储。

3. 关键信息基础设施保护制度：国际接轨与中国特色并存

美、欧网络安全立法将关键信息基础设施（CII）作为重要内容，我国也将关键信息基础设施保护作为重要制度纳入《网络安全法》的范畴，其制度设计既与国际接轨，也体现出中国特色。

总体来看，我国关键信息基础设施保护主要制度架构的设计与国际社会基本保持一致。**一是将重要行业和关键领域纳入关键信息基础设施保护范畴。**例如，通信和信息服务、能源、交通、水利、金融、公共服务等都被纳入到关键信息基础设施的范围。**二是对重要数据跨境流动的管理。**例如，美国也对军用以及技术类数据许可限制。**三是关键信息基础设施运营者采购网络产品和服务的网络安全审查制度。**采购网络产品和服务，可能影响国家安全的，应当通过安全审查。**四是关键信息基础设施建设安全技术措施的要求。**建设关键信息基础设施应当保证安全技术措施同步规划、同步建设、同步使用。**五是将自愿参与作为关键信息基础设施保护的重要机制。**鼓励关键信息基础设施以外的网络运营者自愿参与关键信息基础设施保护体系建设。

但与国外不同的是，我国在网络安全等级保护制度的基础上对关键信息基础设施进行了重点保护。《网络安全法》要求网络运营者应当按照网络安全等级保护制度的要求，履行相关安全保护义务。

4. 跨境数据流动：在自由流动与本地存储中寻找平衡

全球数字经济的发展要求数据全球流动，以美国为代表的部分国家对外极力倡导数据跨境自由流动。而面对网络数据监控、个人隐私泄露、国家经济安全等跨境数据流动带来的风险，欧盟等国家也对个人数据的跨境流动提出了限制要求。

2016 年 2 月 4 日，跨太平洋伙伴关系协定（TPP）成员国部长级代表在新西兰奥克兰市正式签署了 TPP 协定。第 14.11 条规定了通过电子方式进行的跨境信息传输，即跨境数据流动，要求当通过电子方式跨境传输信息是为涵盖的人执行其业务时，缔约方应允许此跨境传输，包括个人信息。同时，本条也指出“本条不得禁止缔约各方为实现合法公共政策目标而采取或维持与规定不符的措施，前提是该措施：（1）其实施并未构成任意或不合理的歧视或构成对贸易的变相限制；及（2）对信息传输所施加的限制并未超过为实现合法目标所必需的限度”。

我国的《网络安全法》第三十七条对跨境数据流动也做了相关规定，要求：关键信息基础设施的运营者在中华人民共和国境内运营中收集和产生的个人信息和重要数据应当在境内存储。因业务需要，确需向境外提供的，应当按照国家网信部门会同国务院有关部门制定的办法进行安全评估；法律、行政法规另有规定的，依照其规定。

欧盟 2016 年的《一般个人数据保护条例》（GDPR）确立了个人数据跨境转移规则。个人数据跨境转移规则适用于将处理中的个人数据转移到第三方国家或者国际组织，或者将个人数据转移到第三方国家或者国际组织进行处理，包括从第三方国家或者国际组织再次转移到其他第三方国家或者其他国际组织，目的是确保 GDPR 对个人数据提供的保护不因个人数据跨境转移而遭到贬损。（1）基于充分保护决定转移：根据 GDPR 第 41 条，当欧洲委员会认为第三方国家或者国际组织对个人数据和隐私的保护水准和欧盟相当，做出充分保护决定时，转移个人数据就不需要获得特别授权。充分保护决定的做出，需要评估法治、对人权和基本自由的尊重、相关立法等一系列因素。充分保护决定需要接受周期性审查，每四年一次，必要时可以废止、修改或者暂缓充分保护决定。（2）适当的保障措施：根据 GDPR 第 42 条，当不存在一个充分保护决定时，企业可以诉诸适当的保障措施，同时确保用户的权利可执行、有效的法律救济存在。保障措施包括有效公司规则，数据转移合同，被认可的行为准则连带企业的有效、可执行的承诺，被认可的认证机制连带企业的有效、可执行的承诺。

5. 个人信息保护：明晰基本原则概念，确立企业责任义务

我国的《网络安全法》也将个人信息保护纳入其中，在充分总结国内个人信息保护立法实践和借鉴国际个人信息保护立法经验的基础上确立了我国个人信息保护基本

制度。

一是统一了“个人信息”的定义和范围。国际上的通行定义认为：个人信息是指能够直接或间接识别特定个人身份的信息。我国早期的《人大决定》将其保护的信息界定为“公民个人电子信息”；而 2013 年工业和信息化部的《电信和互联网用户个人信息保护规定》（第 24 号令）则采用了“用户个人信息”的表述。《网络安全法》中统一采用了“个人信息”的表述，并将个人信息定义为“以电子或者其他方式记录的能够单独或者与其他信息结合识别自然人个人身份的各种信息，包括但不限于自然人的姓名、出生日期、身份证件号码、个人生物识别信息、住址、电话号码等”。

二是确立了个人信息收集使用的基本原则。《网络安全法》在《人大决定》和工信部第 24 号令的基础上，充分吸收国际个人信息保护通行规则，确立了个人信息收集使用的基本原则。具体体现在 5 个方面：（1）合法正当原则，网络运营者收集使用个人信息必须出于正当目的，采用合法形式；（2）知情同意原则，要求网络运营者公开隐私规则，获得用户同意；（3）目的限制原则，网络运营者不得超范围收集、不得违法和违约收集；（4）安全保密原则，网络运营者不得泄露、毁损个人信息，要采取预防措施、补救措施防止个人信息事故；（5）删除改正原则，网络运营者应当应个人要求删除违法、违约信息，改正有误信息。

三是规定了违反个人信息保护的法律责任，弥补了《人大决定》中没有罚则的不足。《网络安全法》第六十四条赋予了主管部门根据违法情节采取责令改正、警告、没收违法所得、罚款、责令暂停相关业务、停业整顿、关闭网站、吊销相关业务许可证或者吊销营业执照等层次分明的行政处罚的措施。同时，第七十四条也规定了违反本法规定应当依法承担民事责任、治安处罚和刑事责任。通过建立完善的法律责任体系，《网络安全法》为公民个人信息保护提供了强有力的保障，也为主管部门在个人信息数据管理执法方面提供了丰富的执法手段。

（二）推进监管改革和融合监管，构建数字化时代的监管体系

1. 推进“放管服”要求监管改革，融合创新要求协同监管

党中央、国务院深入推进政府体制改革，加快职能转变，推进“放管服”。一是降低准入门槛，激发市场主体的积极性，参与市场竞争。二是实施公正监管，全面推行

"双随机"的管理机制和信用监管"一张网"的管理方式。三是探索审慎监管，对"互联网+"新业态量身定制监管模式。四是推进综合监管，通过跨部门、跨区域联动执法，提高监管效率，形成监管合力。

"互联网+"业务融合创新对既有监管体系形成全方位挑战，促使ICT监管变革。近年来，ICT监管对象不断扩张，由传统的电信企业、互联网企业向"互联网+"各产业和领域拓展，与传统的经济社会管理融合交叉。在此背景下，要求监管部门转变监管理念、创新监管方式，通过制定政府权力清单和责任清单、完善市场主体信誉体系、鼓励创新支持包容发展、促进监管协同和明确平台责任等多种方式，建立适应"互联网+"时代发展的融合监管体系。

2. 实施政府权力清单公开制度，强化依法监管和权力制约

推行政府部门权力和责任清单制度是党的十八届三中、四中全会部署的重要改革任务，是国家治理体系和治理能力现代化建设的重要举措，对于深化行政体制改革，建设法治政府、创新政府、廉洁政府和服务型政府具有重要意义。

（1）2016年工业和信息化部继续推进通信管理局权力清单制度建设

2016年全部31个省、自治区、直辖市通信管理局编制的权力清单和责任清单已完成报工业和信息化部审核批复工作，并相应予以公布。通信管理局编制的权力清单和责任清单事项主要情况如下。

权力清单方面，以表格形式列明行政职权事项的序号、编码、行使主体、职权类型、职权名称、职权描述、依据、监督方式和备注等，共58项职权，其中，行政许可6项、行政处罚29项、行政强制无、行政征收1项、行政给付无、行政确认1项、行政奖励1项、行政裁决2项、行政检查14项、其他职权4项。同时，对每项行政职权，按照透明、高效、便民的原则，制定了行政职权运行流程图，明确每个环节的办理要求、办理程序、办理时限等，提高行政职权运行的规范化水平。

责任清单方面，主要包括以下三方面：一是通信管理局的主要职责。依据中央编办《关于进一步明确工业和信息化部派驻地方通信管理局主要职责有关事宜的批复》（中央编办复字〔2012〕17号）和工业和信息化部新"三定"等相关规定，按照具体职责事项，列出通信管理局的16项主要职责，以及相关法律法规、行政规章和规范性文件对相关职责事项的规定及相应的法律责任。二是通信管理局行政职权对应的具体

职责事项与法律责任。依据相关法律、法规、规章等的规定，一一列明不同类型的行政职权对应的具体职责事项及其法律责任。三是对社会公众有重要影响的共性职责。列明通信管理局职责范围内，面向社会公众并可能对社会公众权益产生重要影响的两项共性职责，主要包括受理信访的职责和政府信息公开的职责。

（2）下一步将健全权力清单动态管理机制，开展工业和信息化部权力清单编制工作

为贯彻落实《法治政府建设实施纲要（2015—2020 年）》，推进工业和信息化领域法治政府建设，2016 年工业和信息化部相继印发了《工业和信息化部办公厅关于印发落实〈法治政府建设实施纲要（2015—2020 年）〉重点任务部内分工的通知》（工信厅政〔2016〕62 号）和《工业和信息化部关于印发贯彻落实〈法治政府建设实施纲要（2015—2020 年）〉实施方案的通知》（工信部政〔2016〕406 号），要求大力推行权力清单、责任清单制度并实行动态管理，完善各省、自治区、直辖市通信管理局的权力清单和责任清单动态管理机制；借鉴试点经验开展工业和信息化部权力清单和责任清单的编制工作[23]，并明确了各司局任务分工。

在权力清单动态调整上，需要根据法律法规立改废释情况、机构和职能调整情况等，及时调整权力清单，建立权力清单的动态调整和长效管理机制。

3. 加快市场主体信用体系建设，夯实事中、事后监管根基

近年来，工信部一直着力推进信用体系建设，创新市场主体管理模式，逐步实现全周期管理。2016 年开始，工信部将信用信息用到年检绿色通道审核中，显著提升了管理效率，优化了企业服务。

一是进一步推动信用体系建设，实现信息通信企业主体信息和违法不良记录信息的查询利用，创新监管方式，提高监管效能。一方面是整合企业主体信息数据，包括从事电信业务企业的工商注册情况、许可情况、授权子公司情况等基本信息；另一方面是收集和整理全国电信管理机构记录的企业违法不良记录信息，内容包括持有电信业务经营许可证或经持证企业授权的企业受到行政处罚及行政处理记录，另外还包括非持证企业涉及无证经营电信业务、申请许可证过程中提供虚假材料等行为的记录。

23 目前，工业和信息化部层面按照国务院的要求，在国务院官网公布了行政许可权力的清单，http://www.gov.cn/fuwu/2016-07/26/content_5094904.htm。

二是试行"绿色通道"。筛选无不良信用记录、社会信誉良好、遵守信息报送制度、落实网络信息安全的企业进入绿色通道。对于进入绿色通道的企业，减少年检的形式审查程序和事项，缩短审查和通过时间。2016 年，在 3881 家应检企业中，有 1895 家企业提出绿色通道快速年检申请，共 1402 家通过申请。

4. 多部门联合发力，共同探索构建跨部门协同监管机制

"互联网 +"兼具多重属性，凸显监管制度滞后、监管能力不足，以及协同机制的缺失。从三项重点业务来看，各负其责、共同发力的协同监管机制正在确立。一是对于网约车业务，2016 年 7 月，交通部联合工业和信息化部、公安部、商务部、工商总局、质检总局、国家网信办发布了《网络预约出租汽车经营服务管理暂行办法》。该办法确定了网约车高品质服务、差异化经营的发展定位，规定了平台公司承运人的责任及平台企业、车辆和驾驶员应该具备的条件，并对平台企业经营行为、车辆报废、驾驶员专 / 兼职从业、部门联合监管等做出了具体规定。此外，依据有关法律法规的规定和行政处罚的权限范围，明确了相关的法律责任。**二是对于网络直播业务**，针对其互联网文化属性、互联网视听节目服务属性和互联网信息服务属性，分别由文化部、广电总局新闻出版总署和工信、公安及其他行业管理部门进行管理。2016 年 7 月，文化部发布了《关于加强网络表演管理工作的通知》。9 月，广电总局新闻出版总署发布了《关于加强网络视听节目直播服务管理有关问题的通知》。各监管部门不断强化网络文化、信息网络传播视听和电信业务经营许可管理；明确网络直播经营主体和主播责任，加强违法违规网络行为查处，建立网络直播行业自律公约。**三是对于互联网金融业务**，建立条块结合、协同管理机制。互联网金融业务管理涉及多个部门，其中，一行三会负责金融服务监管，工信部和相关技术团体负责电信业务监管和技术认证，工商总局、商业部等行业管理部门负责竞争监管，数据保护机构和消费者保护团体负责消费者权益保护，法院、立法机构和知识产权机构负责相关违法事件的司法介入。

5. 理清行业监管职责，强化网络平台主体责任

行业监管应聚焦事前备案、事中维护秩序和网络数据安全、事后提供技术手段支持。平台肩负入驻主体资质审查、信息留存、行为巡查、协助执法等职责。在事前，监管机构要求涉及电信业务的申请许可；对网站或移动 APP 进行备案管理；对新技术、新业务进行相关评估。要求平台加强入驻车辆、主播及商家的合法资质审

查；并建立服务评价体系和用户投诉处理制度。**在事中**，监管机构承担维护市场秩序、保障网络和信息安全、完善信用体系、规范跨境数据流动的管理责任。平台应记录服务提供过程中的各类日志信息；网络安全防护和数据保护；强化网上巡查，禁止传播有害信息并予以制止；不得妨碍公平竞争。**在事后**，监管机构负责吊销违法违规企业的牌照；行政处罚；禁止接入。平台应配合执法，提供必要的技术支持与协助；强化信息披露和说明。

（三）中国成为 ICT 领域标准专利的“主战场”之一，规则话语权争夺战加剧

1. ICT 领域标准专利纠纷持续不断，中国成为“主战场”之一

2016 年，标准专利相关争议仍然持续不断，并有从“传统战场”如美国、欧洲不断向“新兴战场”如中国、印度等国家蔓延之势。在美国，华为与 T-Mobile、诺基亚与华为、华为与三星、GENBAND 与 Yealink、Core Wireless 与 LG 等公司展开标准专利诉讼；在欧洲，Unwired Planet 与华为、三星，以及 Sisvel 与海尔等公司也纷纷陷入标准专利纠纷。在印度，中国终端厂商 OPPO、VIVO 与杜比公司就标准专利产生争议。在中国，国外企业开始越来越多地在中国积极发起标准专利相关诉讼，以探寻中国相关规则的走向。如三星与华为在中国多地法院展开的专利诉讼、高通针对魅族在中国提起的垄断民事纠纷诉讼和专利侵权诉讼、WiLAN 在中国对索尼提起的标准专利侵权诉讼、苹果在中国对高通提起的垄断民事纠纷诉讼等。中国的相关规则如何制定与阐释、对标准专利权利人的约束程度和约束边界等具体问题，正引发国内外产业主体的积极博弈，中国逐渐成为解决标准专利相关争议的“主战场”之一。

2. 标准专利争议背后产业主体利益的激烈博弈

一是产业格局变化引发标准专利规则的激烈博弈。中国的 ICT 企业尤其是智能终端企业在国际上逐渐兴起，但是在利润分配上仍处于弱势地位。产业格局变化中的不同产业主体基于自身专利实力、商业战略考量等因素，为分配产业利益选择了不同的站位，有的成为标准专利原有规则的守护者、有的成为标准专利原有规则的“搅局者”。而中国作为重要的司法辖区和市场地，企业在中国或通过诉讼试探中国的政策法

律底线、或施压中国现有制度规则的调整、或打击竞争对手在中国市场的竞争力等，使得中国成为各方博弈的主要地域之一。

二是 NPEs 的搅局令标准专利纠纷形势更为复杂。在标准专利频发的纠纷中，NPEs 是其中重要的起诉方。但 NPEs 与实体企业存在显著差别：一方面，实体企业之间可以施行的反制措施对其并不适用；另一方面，NPEs 数量庞杂，通常是“神龙见首不见尾”，被诉企业无法事先有效地预防与防范。此外，值得注意的是，NPEs 呈现的一些最新发展态势令标准专利纠纷的形势更为复杂。例如，实体企业与 NPEs 之间的合作越来越常见；政府介入专利运营使得问题更加复杂等。

3. 个案探索中规则逐步明晰，但更加考验相关部门的智慧与技巧

第一，个案本身的示范作用影响深远。所涉纠纷案件中，起诉方的主要目的一方面是通过司法程序确定合理的专利费率；另一方面是试探中国政策制度下对于 FRAND 原则的具体适用。随着中国以“遵循先例”为核心的知识产权案例指导制度逐步探索与建立，相关个案的示范意义更加突显。

第二，标准专利权利人的权利主张诉求将越来越多。随着标准专利权利人逐渐加大向终端厂商收取专利许可费的意愿和力度，中国终端产业主体的专利积极储备意识在市场的锤炼中将或主动或被动地增强；标准专利权利人在中国提起的专利诉讼可能会越来越多，标准专利纠纷通过司法机关的个案解决也逐渐成为一种趋势。

第三，中国制度规则走向更考验相关部门的智慧与技巧。中国逐渐成为标准专利纠纷的主战场，产业利益的不同，对规则的制定与阐释将会对相关部门的智慧与技巧提出更高的要求。

4. 中国语境下标准专利相关原则的具体阐释与应用逐渐明晰

对于标准专利的规制，我国的相关规则正逐步完善、清晰。部门规章层面，国家标准委、国家知识产权局联合发布的《国家标准涉及专利的管理规定（暂行）》对国家标准涉及的专利信息披露、专利实施许可等问题进行了细致的规定。国家工商总局《关于禁止滥用知识产权排除、限制竞争行为的规定》第 13 条对具有市场支配地位的经营者利用标准的制定和实施从事排除、限制竞争的行为进行了限制。司法解释层面，

最高人民法院《关于审理侵犯专利权纠纷案件应用法律若干问题的解释（二）》第 24 条对推荐性国家、行业或地方标准涉及的专利纠纷问题的处置、专利实施许可条件的确定及考量因素等进行了明确。

针对现有的标准专利相关问题，不同主体方都做出了积极的回应。无论是 IEEE 相对激进的知识产权政策修改，还是如上所述中国一系列规章制度中对相关问题的明晰等，都是在现阶段对这些问题的积极探索。在争议案件的不断处理与各方主体的利益博弈中，中国语境下标准专利相关原则如何具体阐释与应用将逐渐明晰。

三、2017 年法律与监管领域发展展望

（一）网络法治体系不断健全，助航数字经济发展

信息通信技术的快速升级和业务应用的迭代创新，对行业立法提出了迫切的需求。在 2016 年《中华人民共和国网络安全法》颁布的基础上，预期 2017 年，我国在网络法治体系建设方面，将围绕促进数字经济发展，在以下四个方面加快立法：一是在网络层面，制定《网络安全法》配套立法将成为 2017 年的立法重点，其中关键信息基础设施保护条例是重中之重；《电信法》也将继续推进。二是在“互联网 +”方面，电子商务法预期将加快推进，确立数字经济基本规则，各传统行业也将针对“互联网 +”具体业态出台具体办法。三是在数据方面，网络数据正成为数字经济发展的核心驱动力，如何在利用数据的同时保护好个人信息成为博弈的焦点，《个人信息保护法》立法呼声高涨。四是在新技术、新业务立法方面，预期将围绕人工智能、无人驾驶等领域进行前瞻性研究和立法应对。

（二）健全网络数据管理制度，打造全生命周期执法依据

数据管理法律制度将是未来我国立法的重点领域和主攻方向之一。坚持安全与发展并重、规范与促进并举的原则，落实“十三五”规划纲要、《中华人民共和国网络安全法》等法律政策对网络数据管理做出的部署和要求将是未来一年的重点工作。预期 2017 年，围绕网络数据采集、传输、存储、使用等行为的全生命周期管理规章制度的制定将步入实质阶段。**一方面，制定整体性、基础性制度**。制定专门的规章制度，明确电信和互联网网络数据收集、传输、存储、使用全生命周期的基本要求，确定监管职责、手段和机制。**另一方面，就重点问题制定针对性制度**。例如，用户数据、用户个人信息的界定和使用规则；涉及数据价值变动和法律关系变化的重点行为；数据开放、数据共享、数据交易、数据承接等活动；以及与权益保护相关的制度等。

（三）加强监管政策供给创新，完善混合所有制配套制度

国有电信企业混合所有制改革深入，要求目前以国企为监管主体、行政管理为主

要监管手段的电信监管体系，加快向竞争中立、规则完善、手段丰富的监管体系转变。国有企业混合所有制改革将推动国有电信企业成为真正的市场主体。混合所有制改革将使基础电信企业中的国有资本成分明显下降，增加其他国资、民资，甚至外资等成分，企业治理结构将不断优化，国有企业在薪酬管理、高管选聘、业绩考核等方面将拥有更多的自主权，逐步使企业成为真正的市场主体。这就要求电信监管体系适应这一趋势加快转型。**一是保持竞争中立原则**。要对各类市场主体在监管要求上一视同仁，不搞所有制歧视，不对国有企业在监管政策上有所倾斜。**二是完善竞争规则**。完善公平接入规则，保障市场新进入者能够接入瓶颈资源，真正与在位运营商开展竞争。**三是进一步扩大市场开放**。对于具备开放条件的、竞争性较强的电信业务，进一步扩大开放，通过竞争促进行业发展。**四是丰富监管手段**。改变以行政管理为主要手段的现状，综合运用法律、经济、技术、行政等多种手段，加强监管。

（四）深化主体信用体系建设，夯实全流程监管根基

2017 年，预期将逐步完善信息通信市场信用体系，形成覆盖市场主体全生命周期的统一信誉信息平台，与行业管理全流程有效结合，形成守信激励、失信惩戒的作用机制。

完善信息通信企业主体信用体系的信息来源。一方面是进一步整合行业监管信息资源，如事前许可信息，事中行政处罚、抽查检查、投诉处理、安全防护等信息；另一方面是逐步引入外部委信息，例如加强对工商注册信息、司法相关信息、税务信息、央行信息等数据的跨部门共享。

进一步扩大信息通信行业主体信用体系的应用范围。一是在行业监管全流程应用方面，响应简政放权、放管结合、优化服务等要求，通过信用信息的分析和评价，全面普及年检绿色通道、审核开具诚信证明资格、评判是否记入黑名单或限制进入名单、研究制定企业退出的触发条件和实现机制。二是在加强社会监督和联合惩戒方面，逐步向社会公开相关信息，形成失信企业名单；推动跨地区、跨部门、跨领域联合惩戒，增加企业失信成本，增强失信惩戒威慑力。